산사명작

일러두기

- 부처님은 모두 불(佛)로 통일하였다. ex) 아미타불
  단, 역사상 실존했던 '부처님'은 석가모니 부처님으로 통일해 사용하였다.

- 특정한 그림이나 여타 작품을 표현할 때는 꺾쇠(〈 〉)를 사용하였다.
  하지만 작품 일반을 아우를 경우에는 이를 적용하지 않았다.
  ex) 꺾쇠를 적용한 경우: 안성 청룡사 〈반야용선도〉 등 특정한 곳의 특정한 작품을 가리키는 경우.
  꺾쇠를 적용하지 않은 경우: 반야용선도, 극락왕생도 등 작품 일반을 아우를 경우.

- 불상이나 불화 등은 본문에서는 일반적으로 부르는 이름을 허용하였으나
  그림 설명에는 문화재청이나 박물관 등에서 사용하는 공식 명칭을 적용하였다.

- 유물의 위치는 부처님을 기준으로 한 경우와 보는 방향을 기준으로 한 경우
  두 가지를 모두 적용하였다. 향좌측, 향우측 등은 우리가 보는 방향을 기준으로 한 경우다.
  하지만 반드시 가운데 계신 부처님을 중심으로 표현해야 할 경우
  좌보처, 우보처 등으로 표현하였는데 이 경우는 우리가 보는 방향이 아니라
  부처님이 우리를 보는 방향에서 좌측, 우측을 표현한 것이다.

도판에 대하여

- 글과 사진은 모두 저자의 것입니다.
  '박물관' 사진 등도 대개 저자가 촬영한 것이나 그렇지 않은 경우가 몇 장 있습니다.
  이 경우 출처를 따로 밝혔습니다. 혹시 도판 사용 중 출처 표기가 잘못되었거나
  허락을 얻지 않고 사용한 것이 있을 경우 연락 주시면 재쇄 시 수정하겠습니다.

산사 명작

사찰의
돌, 나무,
그림이
들려주는

오래된
이야기

숨겨진
이야기

아름다운
이야기

노
재
학
글·사진

불광출판사

나에게 문자향과 붓향을 일깨워 주신
아버지 고 노한용님께 이 책을 바칩니다.

머리말

사진 작업을 하거나 책을 쓸 때 『중용』 제20장의 구절을 혼잣말로 되뇌곤 한다.

혹생이지지 或生而知之
혹학이지지 或學而知之
혹곤이지지 或困而知之
급기지지, 일야 及其知之, 一也

어떤 사람은 나면서부터 알고
어떤 사람은 배워서 알고
어떤 사람은 고생하며 노력해서 안다.
그러나 알고 나면 매한가지다.

나의 모든 기록은 발로 쓴 것이다. 가고 또 가는 방법 외엔 의지할 데가 없다. 전문 지식도 없고, 강단의 스승도 없고, 인맥도 없다. 오직 직접 찾아가서 보고 살폈다. 세심하게 살피고 카메라로 기록했다. 오랫동안 한 대상을 보고 또 보면 현상의 껍질이 벗겨지면서 본질이 홀연히 드러난다. 본질은 현상의 원리를 낱낱이 밝혀 준다. 본질을 간파하고 나면 현상의 표현이나 묘사가 자유로워진다. "알고 나면 매한가지다." 무명의 저편에서 한줄기 빛을 보았을 때 이루 다 말할 수 없는 환희지와 함께 무심결에 그 문장이 진언처럼 툭, 터져 나왔다.

나는 1년 365일 중에서 근 300일을 밖으로 나다닌다. 집 밖이 나의 거대한 학교이고, 수행 장이다. 스승이 없다고 했지만 사실은 삼라만상이 나의 고귀한 스승이시다. 나무와 풀, 들꽃, 구름, 바람, 비, 햇살, 초승달, 별, 저녁노을, 새벽, 새소리, 안개, 오솔길, 강, 시냇물, 들판….

그 자연의 이름들은 하나같이 나에게 무정설법의 감로를 베푼다. 가만히 응시하고 귀기울이면 내게로 온다. 가슴에 꽃으로 피고, 별로 뜨고, 강물로 흐르고, 붉은 노을로 물들이고, 초승달로 뜬다. 그런 날들이 계속될 때 한 공간을 중심에 두고 내 삶이 공전하고 있음을 알았다. 공전의 중심에 '고요한 산사'가 있었다. 산사에서 관조하는 모든 것은 보이지 않는 끈으로 연결돼 푸르게 빛났다. 가고 또 가고 … 옛사람들이 지극한 정성과 서원으로 건설한 우리 안의 정토에서 내 영혼을 길들였다.

문화체육관광부 통계자료에 의하면 2022년 7월 현재 전국의 사찰 수는 17,141개에 이른다. 그 중 전통사찰로 지정 등록된 곳은 974곳으로 알려진다. 근 30년 동안 나의 걸음은 전통사찰과 전통사찰 사이를 거미줄처럼 잇고 다녔다.

나는 길을 알고, 길은 나의 걸음을 안다.

산사가 간직해 온 고귀한 빛이 내게로 왔다.

전통사찰은 저마다 고귀한 빛을 간직하고 있다. 그 빛은 고요하고 내밀하다. 또한 오래된 빛이다. 사찰의 고귀한 빛은 한 그루 노거수에, 건축에, 꽃살문이나 불단 같은 목조각에, 단청장엄에, 불상과 불화 등에 두루 침잠해 있다. 결마다, 획마다 지극한 정성과 극진한 예경의 태도가 뱄다. 종교는 예술을 신성하게 하고, 예술은 종교를 거룩하게 한다. 종교 속에 예술이 있고, 예술 속에 종교가 있다. 둘은 불이(不二)의 관계로 서로를 고양하며 불후의 명작을 탄생시킨다. 한국의 전통사찰에 고귀한 명작들이 고요하게 빛난다.

2016년 한 해 동안 그 빛을 〈현대불교신문〉에 연재했다. '그 절집의 빛'이라는 제목의 기획연재였다. 이 책의 뼈대는 당시 연재에서 가져왔다. 그리고 살을 붙였다. 2020년 여름에 이상근 주간으로부터 출판 제안을 받았다. 2021년 가을 무렵에 보충해서 완성한 원고를 전달하기로 하였으나 출판과 강의, 전시, 사진 작업 등으로 계속 미뤄졌다. 2022년 7월이 되어서야 사진과 원고를 전달했다. 이상근 주간의 제안과 넓은 이해가 없었더라면 이 책은 세상에 나오지 못했을 것이다. 부처님께서도 긴 시간 오고 간 내력을 아시고는 미소 지으실 것이다. 원고 없이 빈손으로 찾아가더라도 고요한 미소로 맞이해 주시던 류지호 대표님께도 이 편에 예를 올린다.

나는 여전히 고생하며 조금씩 알아가는 철부지다.

그래서 오늘도 카메라 메고 집 밖을 나선다.

바람이 분다.

임인년 11월 만추 학락재에서

산맥 노재학

목차

I

극락으로 가는 배,
반야용선

1
아미타불,
배를 끌고 오시다

ㅡ 안성 청룡사 대웅전 〈반야용선도〉

접인도사(接引導師) 아미타불

아미타불의 원력으로 이룬 극락정토는 지극한 즐거움으로 가득한 곳이다. 그래서 불교도의 '이상향'이다. 그곳은 멀고 넓다. 경전에 따르면 십만 억 국토를 지나야 다다를 수 있고, 천체 우주의 개념에 빗대면 태양계 크기를 능가하는 곳이다. 달리 이상향이 아니다. 당연히 작은 선근이나 공덕으로는 가기 힘든 곳이다. 자력으로도 쉽지 않다. 대개 아미타불의 인도가 필요하다. 그곳에 가는 방법은 간단하다. 누구나 지극한 정성과 신심으로 아미타불을 염불하면 된다. 그러면 아미타불은 손수 중생을 맞이하고 극락으로 이끄신다.

연화화생과 반야용선

그런데 구체적으로 어떤 경로로 극락정토에 왕생할 수 있는가? 일반적으로 연꽃 속에 홀연히 태어나는 연화화생(蓮華化生)의 방법으로 극락에 왕생한다. 아미타불께서는 왕생자를 직접 맞이하신다. 관세음보살, 대세지보살과 함께 삼존의 형식으로 오시기도 하며, 혹은 팔대보살을 대동하시기도 한다. 이런 장면을 그림으로 표현한 것이 아미타내영도(阿彌陀來迎圖)다. '내영'은 '마중 나간다.'는 의미다. 내영의 걸음을 통해서 왕생자에게 광명을 놓거나 연화좌를 건네신다. 심지어는 그 자리에서 부처가 될 것을 수기하기도 하신다. 개인별로 찾아가서 맞이하는 방식이다. 대단히 극적이고 감동적인 장면이다. 하지만 때로는 보다 집합적인 중생교화 방식도 취한다. 한 무리의 사람들이 고통의 바다를 건너게 해서 피안으로 이끄는 방법이다. 용이 끄는 지혜의 배, 반야용선(般若龍船)에 태워 극락으로 인도한다. 그 장면을 그린 탱화나 벽화를 '반야용선도', 또는 '용선접인도(龍船接引圖)'라 한다.

그림으로 반야용선을 표현하기도 하지만 법당 그 자체가 반야용선이

1-1 강진 무위사 극락보전 〈아미타내영도〉(1476년)
아미타불을 중심으로 팔대보살이 늘어서 있고 뒷줄에는 여덟 명의 비구가 서 있다.

되기도 한다. 법당은 말 그대로 '법의 집'이다. 법당 어칸(어간(御間)이라고도 하며 법당 중앙 출입 칸을 가리킨다.)의 양 기둥 상부에 대부분 용을 조각한다. 두 마리 용이 배의 앞머리에 있는 형국이다. 반야용선의 상징적 의미가 투영돼 있다. 여수 흥국사 대웅전이나 청도 대적사 극락전의 경우 기단에 거북이나 게 등을 조각해서 법당을 고해의 바다를 건너는 용선의 의미로 적극 해석한다.

불화에서 반야용선은 극락왕생도나 관경16관변상도의 한 부분으로 그려지기도 하고, 단독으로 그려지기도 한다. 일본 서복사 소장 고려불화 〈관경16관변상도〉, 영천 은해사 〈염불왕생첩경도〉, 서울 안양암 대웅전의 〈극락구품왕생도〉 등은 전자의 사례고, 깃발의 일종인 통도사 성보박물관의 〈반야용선도〉 당번(幢幡)은 후자의 사례에 해당한다. 특히 현재 교토박물관에 보관 중인 고려불화, 일본 묘만사 소장 〈미륵하생경변상도〉(1294년)에서처럼 불화 하단 좌우에 하나씩 두 척의 반야용선도가 등장하는 희귀한 경우도 있다.

몇몇 사찰에는 옛 반야용선 벽화가 아직 남아 있다. 양산 통도사 극락보

1-2 제천 신륵사 극락전 외벽 〈반야용선 접인도〉(조선 후기)

전 외벽, 제천 신륵사 극락전 외벽, 파주 보광사 대웅전 외부 판벽, 구미 수다
사 명부전 외벽, 안성 청룡사 대웅전 내벽, 경주 불국사 극락전 내벽 등에서
반야용선을 확인할 수 있다. 대개는 화제(畵題)가 없지만 제천 신륵사 극락전
벽화에는 정확히 '반야용선도'라 밝혀 뒀다.

반야용선의 구조와 탑승자

반야용선도는 일반적으로 세 공간으로 구획해서 그린다. 배 이물 부분인 선
수(船首)와 선실이 있는 중앙부, 배 꼬리 부분인 선미(船尾)다. 공간에 따라 등
장인물도 다르고 장엄 소재도 다르다. 그림마다 차이가 있지만 대개는 다음
표와 같은 형식이다.

　　반야용선에서 용은 항해의 추진체인 동시에 외호의 신이다. 대체로 한
마리의 용이 끌지만 서울 안양암 대웅전의 〈반야용선도〉에서처럼 두 마리

선수   선실   선미

용머리·인로왕보살   아미타여래삼존·극락왕생자   지장보살·용 꼬리

용이 쌍으로 끌기도 한다. 용머리는 파도를 가르는 뱃머리 역할을 한다. 인로 왕보살은 용선의 항해사로서 길라잡이 역할을 맡는다. 지장보살은 왕생자를 배에 태우는 구원자이면서 항해의 안전을 책임지는 든든한 존재다. 배에 오른 왕생자들은 지성으로 염불 수행을 닦아온 사람들이다. 승속과 남녀의 차

1-3 여수 흥국사 대웅전 정면
어칸 좌우에 용을 장식해 법당을 반야용선의 의미로도 이해하게 한다.

별없이 다양한 사람들이 승선한다. 보편적인 조형 원리는 배의 앞뒤로 인로왕보살과 지장보살이 두루 배의 운항과 안전을 살피고, 배의 중간에 아미타불과 관음보살, 대세지보살의 아미타여래 삼존께서 왕생자들을 맞이하는 구도다. 그림의 형식만을 놓고 보면 반야용선도는 고해를 건너는 반야의 배와 아미타내영도가 결합한 변상의 일종이다. 통도사 극락보전 벽화처럼 아미타내영의 부분을 구성에서 제외하기도 한다.

안성 청룡사 대웅전 〈반야용선도〉는 소재 구성의 완전성과 색채, 구도, 표현력 등 예술로서의 자기 완결성도 갖추고 있어 국내 반야용선도의 대표적인 작품으로 손꼽힌다. 반야용선도는 천장 바로 밑 내목도리 상벽에 베풀

1-4 양산 통도사 성보박물관 〈반야용선도〉 (1896년)

1-5 제천 신륵사 극락전 외벽 〈반야용선도〉(조선 후기)
좌측 상단에 般若龍船圖(반야용선도)라는 화제(畵題)가 보인다.

西方敎主彌陀如來

引路願菩薩

었다. 아미타불의 서방극락 정토 사상을 반영한 듯 대웅전 서쪽 벽면에 조성
했다. 화면은 세로 85cm, 가로 220cm 크기다. 흙벽 위에 고운 찰흙으로 얇게
마감하고 청색 바탕칠을 입혀 화면을 완성한 후 그 위에 벽화를 그렸다. 청색
물결이 굽이치는 바다를 커다란 용이 헤쳐 가는 붉은 배로 반야용선을 묘사
했다. 용이 배이고, 배가 용인 유기적 일체다. 화면의 맨 앞엔 용머리와 붉은
보주(寶珠)를 표현했다. 붉은 보주의 인상이 강렬하다. 붉은빛에 신령한 기운
이 흐른다. 보주는 반야용선의 본질을 환기시킨다. 보주는 깨달음의 상징이
자 지혜의 메타포다. 그래서 용선이 아니라 반야용선이다. 반야의 개념을 분

1-6 서울 안양암 대웅전 〈반야용선도〉(조선 후기)
두 마리의 용이 끌고 있다.

리한 용선은 무의미하다. 반야용선은 공학적인 유체역학의 선박 개념이 아니다. '고집멸도(苦集滅道)'의 사성제(四聖諦)와 연기법의 진리를 추구하는 반야바라밀의 용맹정진을 상징한다.

초기불교와 대승불교 사이 가교였던 부파불교에서 가장 유명한 논서 중 하나가 세친이 저술한 『구사론』이다. 방대한 분량의 『구사론』의 기본 뼈대를 이루는 내용은 고집멸도의 사성제다. 불교는 인간이 지닌 번뇌와 괴로움의 바탕에서부터 실천적 사유를 시작한다. 괴로움은 무엇인가?(고성제) 괴로움은 왜 생기는가?(집성제) 괴로움을 소멸한 열반은 무엇인가?(멸성제) 열반에 이

1-7 안성 청룡사 대웅전 〈반야용선도〉(조선 후기)

르는 길은 무엇인가?(도성제) 등 네 가지 근본 물음을 사유한다. 그 물음에 대한 가르침, 곧 네 가지 성스러운 가르침을 '사성제'로 부른다. 사성제는 정견(正見), 정사유(正思惟), 정정진(正精進) 등의 열반에 이르는 여덟 가지 바른길인 팔정도(八正道)와 함께 불교의 핵심 가르침을 이룬다. 번뇌의 불을 끄고, 괴로움의 바다를 건너 열반에 이르는 것이 궁극의 길이다. 그 길은 반야바라밀 수행이다. 그 교의를 변상으로 표현한 그림이 반야용선도다. 체상용(體相用) 삼대(三大)의 원리에 적용하면 본체인 체(體)는 지혜의 '반야'이고, 현상의 상

(相)은 '용선'이고, 작용의 용(用)은 대중 교화를 위한 변상도로 해석할 수 있다.

극락정토는 어디까지나 마음의 경지이므로 극락의 본질 역시 마음 밖에선 찾을 수 없다. 마음의 무명을 밝히는 빛, 그것이 벽화에서 제일 앞에 그린 보주다. 파주 보광사 대웅전 벽화와 제천 신륵사 극락전 벽화의 반야용선도에서도 보주를 볼 수 있다. 반야용선의 본질을 분명하게 일깨우는 반야(지혜)의 상징이다.

남사당패가 승선한 안성 청룡사 반야용선

청룡사 〈반야용선도〉는 세 부분으로 구성되어 있다. 왕생자가 타고 있는 선수(船首) 부분과 아미타삼존불이 내영해 계신 중간 부분, 그리고 주악천인들의 공간인 선미(船尾) 부분이다. 일반적으로 선수에는 인로왕보살, 선미에는 지장보살을 배치한다. 청룡사 벽화에는 그 자리에 다른 인물을 배치했다. 다양한 인물들이 승선한 점도 특징적이다. 벽화에 등장하는 인물은 아미타삼존을 비롯해서 모두 37명이다. 선수 부분에 18명, 중간 선실 자리에 아미타삼존 세 분, 선미에 16명을 그렸다. 반야용선에 승선한 인물 37명은 다음과 같다.

청룡사 〈반야용선도〉 인물 배치도

선수 ——— 등장인물: 인로왕보살, 고승대덕 3명, 삭발승 4명, 사당패 6명, 천동 4명 (당과 산개를 든 천인 3명, 공양 동자 1명)
승선 인원: 18명

선실 ——— 등장인물: 아미타불, 대세지보살, 관세음보살
승선 인원: 3명

선미 ——— 등장인물: 주악비천 10명, 천동 5명(당과 부채 모양 선(扇) 등 의장기를 든 천인 4명, 공양 동자 1명), 사공 1명
승선 인원: 16명

반야용선에는 길게 장막을 드리웠다. 좌우로 넓게 펼친 붉고 푸른 장막엔 보배구슬을 알알이 꿰어 모양을 낸 영락(瓔珞) 장식을 늘어뜨렸다. 커튼처럼 깊

은 주름도 잡아 용선의 격조를 드높였다. 배의 좌우에 기립한 일곱 명의 동자는 의장물인 당(幢)과 번(幡), 산개, 부채 형상의 선(扇) 등을 들었다. 고귀한 신분이 내왕한 경사스러운 의례 분위기를 띠운다. 선수 부분의 핵심적인 탑승자는 왕생자들이다. 왕생자는 모두 열세 명에 이른다. 아라한 급의 고승대덕으로 보이는 불자(拂子)를 든 세 분과 삭발승 네 분, 그리고 속인(俗人) 여섯을 합한 인원수다. 왜 세 부류로 나눴을까? 구품왕생(九品往生, 왕생자의 수행 정도와 공덕에 따라 왕생 위치를 아홉 품계로 나눈 것)에서 상품, 중품, 하품의 왕생자를 달리 구성하기 때문이다. 통상 상품3생-고승대덕, 중품3생-비구 비구니, 하품3생-선남선녀로 편재한다.

　이들 중에서 염주 목걸이를 하고 망건 위에 탕건 같은 그물 모자를 쓴 남녀 여섯 명에 특별히 눈길이 간다. 남자 셋, 여자 셋으로 행색을 보아 같은 무리의 사람임을 알 수 있다. 여자 셋은 공손히 합장한 채 아미타불을 우러르고 있다. 팔자수염을 한 남자 셋 중에선 소고(小鼓)와 요령 같은 검은 악기를 든 사람도 있다. 이들은 감로탱 하단의 생활풍속 장면에 등장하곤 하는 사당패다. 청룡사는 인근의 칠장사와 함께 안성 남사당패의 중심 활동지였다. 특히나 청룡사는 여성으로 남사당패의 꼭두쇠가 되었던 전설적인 기예인 바우덕이의 삶터였던 곳이다. 바우덕이는 청룡사 스님들의 손으로 키워졌다. 사당패는 스님들이 써 준 부적을 팔아 사찰 불사에 보탰다. 청룡사 불사의 원만회향 바탕엔 남사당패가 있었다. 1674년 불사로 이룬 청룡사 〈감로탱〉 시주질에도, 동종(銅鍾) 시주질에도, 1720년의 〈청룡사중수사적비〉에도 '사당' 수식의 사당패 이름이 새겨져 있다. 청룡사와 사당패의 오랜 인연을 엿볼 수 있다. 청룡사 반야용선도 벽화에 사당패가 승선한 배경에 고개가 끄덕여진다. 사당패에 대한 공덕 장엄으로 승화한 벽화다. 맺고 풀어 나간 삶의 인연들이 감동적이다. 이렇게 보면 이 벽화는 19세기 후반 남사당패 바우덕이 활동 이후로 제작 시기를 추정할 수 있다.

　　선수와 선미 부분에서 뱃길을 잡고 있는 듯한 두 사람을 찬찬히 살펴보면 다른 반야용선도에선 볼 수 없는 이채로운 장면이 눈에 띈다. 선수 부분의 인물은 특별히 천의를 휘날리고 있고, 머리 장식도 영락 등으로 꾸며 보살 장엄의 갖춤 양식을 했다. 극락의 길을 안내하는 인로왕보살로 추정할 수 있으나 장담하기엔 뭔가 부족하다. 머리 갖춤도 사실 선미에서 악기를 연주하는 천인의 장식과 동일하다. 인로왕보살은 여타 감로탱이나 반야용선도에서 보통 바람에 휘날리는 당(幢)을 지물처럼 들고 뱃머리에 서 계시는 것이 통례다. 여기선 붉은 막대기를 양손에 횡으로 쥐고 있다. 선미의 사람이 쥐고 있는 것과 같은 모양이다. 선미의 사람은 벙거지를 쓰는 둥 마는 둥 하고, 양팔을 걷어 올린 행색으로 보아 사공으로 보아도 무방하다. 그런데 신분 차이가 뚜렷한 앞뒤 두 사람이 양손에 들고 있는 지물은 같다. 대체 손에 쥐고 있는 것이 무엇일까? 가느다란 막대기 형상을 보아 노(櫓)는 분명히 아니다. 더구나 용선은 말 그대로 용의 위신력으로 바다를 헤쳐 나가는 배다. 노를 저어 가는 배가 아니다. 자세히 보면 막대 윗부분이 십자(十字) 형태다. 농경사회의 의례용구이자 물꼬를 트는 농기구인 '살포' 이미지가 떠오른다. 살포는 나무 지팡이 끝에 작은 삽 모양을 끼운 일종의 의례 용구다. 농경사회에서 공동 노동력인 두레패를 통솔하는 마을의 수장을 상징한다. 살포를 쥔 사람은 논에 물꼬를 트기도 하고 막을 수도 있는 권력을 가졌다. 두 인물이 쥐고 있는 붉은 막대기 역시 용선의 항해 지휘권을 상징하는 의미가 강하다. 특히 선수에서 붉은 막대를 쥐고 있는 인물은 청룡사를 중심으로 한 안성 남사당패의 여성 꼭두쇠 바우덕이가 아닐까? 그렇다면 선수의 인로왕보살을 뭔가 부족하게 묘사한 의문이 자연스럽게 풀린다.

1-8 안성 청룡사 대웅전 〈반야용선도〉(선수 부분)

반야용선에서 벌어지는 감로의 '잔치'

화면의 중앙엔 아미타불과 관음보살, 대세지보살의 아미타삼존께서 내영하신 장면을 담고 있다. 아미타불과 대세지보살은 왕생자가 있는 선수 쪽을 보고 있고, 관음보살은 악기 연주자들이 있는 선미 방향으로 시선을 처리했다. 관음보살은 백의관음이신데, 정병을 들었다. 백의관음은 제천 신륵사 〈반야용선도〉에도 등장한다. 백의관음은 조선 후기 법당 장엄에 집중적으로 나타난다. 대세지보살은 연꽃을 들어 보이신다. 세 분의 입가에는 자애로운 미소가 잔잔히 흐르고 있다. 삼존불께서 내영하시자 선상엔 연방 피리, 대금 등이 주도하는 하늘의 음악이 흐른다. 천동(天童)들이 번과 당, 천개를 들어 분위기를 고조시키는 가운데 과일 공양이 이어진다. 과일을 헌공하는 공양비천은 앞뒤 한 명씩 두 명이 등장한다. 반야용선도에 주악천인과 공양천인이 등장하는 경우는 극히 이례적이다. 극락정토로 가는 배 위에서 아미타불께서 내영하시니 환희지의 기쁨이 절정에 이르렀다. 공양천인은 두 명에 불과한데, 주악천인은 무려 열 명에 이르러 삼현 육각(三絃六角, 국악의 전형적인 악기 편성법으로 피리 둘, 대금, 해금, 장구, 북이 각각 하나씩 편성된다.)을 능가한다. 등장 악기도 그만큼 다양하다. 대금, 피리, 해금, 장고, 비파, 생황, 북, 나각, 거문고 등 기악합주 편대의 진영을 갖추고 있다. 왕생자들은 일제히 '나무아미타불'의 육자명호(六字名號)를 받들며 극락정토 왕생을 발원한다.

『아미타경』에서 석가모니 부처님께서 다음과 같이 설하신다.

> "남녀노소 누구라도 하루나 7일 동안 일심으로 나무아
> 미타불의 명호를 염불한다면 아미타불이 권속들과 함
> 께 마중나와서 그 사람을 영접할 것이다."

피안으로 가는 저 배, 함께 가오.
아제 아제 바라아제 바라 승아제. ✽

1-9 안성 청룡사 대웅전 〈반야용선도〉 중간 부분

1-10 안성 청룡사 대웅전 〈반야용선도〉 선미 부분

1. 아미타불, 배를 끌고 오시다

2

거인,
하늘로 왕생자를
들어올리다

─ 청도 대적사 극락전

법당 아래는 수중 생물이 사는 바다

불교장엄에서 반야용선은 여러 가지 방식으로 조영돼 왔다. 불화나 벽화 등 그림으로, 법당 등 건축으로 조성되기도 했으며, 자연의 지형이나 바위를 활용해서 혹은 천장에 매단 의례용 장엄구 형식을 활용해서 표현되기도 했다.

불화로 그린 반야용선도는 영천 은해사 〈염불왕생첩경도〉와 서울 안양암 〈극락왕생도〉, 통도사 성보박물관의 〈반야용선도〉가 대표적이다. 법당의 벽화로도 몇 곳에 현존한다. 양산 통도사 극락보전, 파주 보광사 대웅전, 안성 청룡사 대웅전, 제천 신륵사 극락전, 구미 수다사 명부전 등에 벽화로 남아 있다.

자연의 바위로 반야용선을 표현한 사례도 있다. 대표적인 곳이 창녕 관룡사 용선대(龍船臺)다. 가공하지 않은 자연 그대로의 배바위, 거북바위 형상 등은 애니미즘(animism)의 신앙 형태로 전승되곤 하는데, 종종 불교의 교의 세계와 결합하면서 종교 장엄의 성소로 재해석된다. 영주 부석사의 뜬 돌 '부석(浮石)'도 그런 사례의 하나일 것이다. 관룡사의 용선대는 광대하게 펼쳐진 자연 속에 조영한 까닭에 스케일이 대범하고 드라마틱하다. 특히 파도를 헤쳐 나가는 배 형상의 바위라 할 때 배의 선실에 해당하는 부분에 석조여래를 모셔 반야용선의 조형적 뜻을 승화시키고, 구체화했다. 부처님께서 계신 반야용선을 실제로 타볼 수 있는 추체험의 공간을 대자연 속에 경영한 셈이다.

또 반야용선은 법당 내 의례용 장엄구로 조영하기도 한다. '용가(龍架)', 또는 '반야용선대'라 부르는 장엄구다. 나무 막대 양끝을 용머리로 조각한 횃대 모양으로 보통 향좌측 대들보 아래에 매달아 둔다. 용가에는 작은 종을 매달아 소리를 내기도 하고, 큰 법회에서 당을 걸어 늘어뜨리기도 한다. 악착보살이 매달려 있는 청도 운문사 비로전의 용가가 대표적이다. 악착보살을 한 가닥 밧줄에 매달아 둠으로써 반야용선의 상징적 의미를 극대화시켰다.

2-1 파주 보광사 대웅보전 외벽 반야용선도

하지만 보편적인 반야용선의 양식은 법당 건물 자체를 지혜의 배로 조영하는 것이다. 법당 어칸 좌우 기둥머리에 용두를 얹어 법당을 부처님께서 상주하시는 반야용선의 선실로 삼은 것이다. 고흥 금탑사 극락전과 구례 천은사 극락보전이 대체로 이런 의미에 충실하다. 그런데 몇몇 법당은 반야용선으로 표현하는 데 보다 적극적이다. 법당 기단부를 바다로 구체화해서 반야용선의 의미를 한층 강화한 것이다. 화강암 기단부나 기둥 초석 등에 거북이나 게, 물고기, 연꽃 등을 새겨서 법당이 바다를 헤쳐 나가는 용선이라는 의미를 환기시킨다. 울진 불영사 대웅보전, 해남 미황사 대웅보전, 여수 흥국사 대웅전 등에서 그러한 장엄을 살펴볼 수 있다. 해남 미황사의 경우 사찰의 연기설화 자체가 극락정토에 닻을 내린 반야용선의 서사로 뼈대를 이룬다. 미황사 기둥 초석에는 거북, 게, 연꽃을 새겨 뒀다. 여수 흥국사 대웅전은 거북, 게, 넝쿨연화문인 보상화를 기단부에 장엄했다. 넝쿨연화문은 통도사 대웅전이나 범어사 대웅전에서처럼 대개 어칸 계단 소맷돌에 장식한다. 여수 흥국사처럼 기단부 전면의 면석에 새긴 사례는 유례가 없다. 법당의 반야용선 의미는 불영사 대웅보전 기단부에서 어느 곳보다 강렬하게 다가온다. 기단 아래에 귀갑문을 가진 거북 두 마리가 보인다. 거북 한쌍이 법당을 끌고 가는 듯한 파격적인 장면을 연출했다. 법당은 온갖 번뇌와 괴로움의 바다를 건너는 지혜의 집이다.

생명력 충만한 화엄 세계의 건축 기단

법당 기단에 바다생물이 등장하는 사찰은 주로 해남, 여수, 울진 등에 분포돼 있다. 세 지역 모두 바다를 끼고 있는 지역이다. 하지만 내륙 깊숙이 자리한 절의 법당에서도 그 사례를 찾아볼 수 있어 흥미롭다. 청도 대적사 극락전이

2-2 창녕 관룡사 용선대(龍船臺)와 석조여래좌상(9세기경)

2-3 청도 운문사 비로전 용가(龍架)와 악착보살

2-4 경산 환성사 대웅전 용가와 악착보살

2-5 여수 흥국사 대웅전 기단의 게 조형

2-6 여수 흥국사 대웅전 기단의 넝쿨연화문(보상화)

2-7 울진 불영사 대웅보전 기단부에는 좌우에 각각 거북이를 배치했다.

그런 경우다. 대적사 극락전에서 먼저 눈에 띄는 대목은 아름다운 기단 시설
이다. 기단은 지대석, 면석, 갑석으로 짜맞춘 가구식(架構式) 기단이다. 전면
기단의 길이는 9.3m에 이른다. 2.5m 폭의 계단을 중심으로 오른쪽 기단은
3.5m, 왼쪽 기단은 3.3m 길이로 시설했다.

　　축대의 계단은 소맷돌을 갖추었다. 향좌측의 소맷돌에는 나선형으로 돌
돌 감은 넝쿨문양과 연잎을 두텁게 돌을새김했다. 돌돌 말은 넝쿨엔 강하게
응축한 생명 에너지가 흐른다.
나선형 장엄의 본질은 생명력에 있다. 짙은 암갈색 재질의 넝쿨 조형에서 묵
직하고 두터운 힘이 우러나온다. 그로부터 잎이 나오고 꽃이 핀다. 꽃잎 사이
로 유영하던 물고기가 얼굴을 내밀고 있다. 생명력이 충만한 연지를 표현했

2-8 청도 대적사 극락전

2-9 청도 대적사 극락전 기단 향좌측 소맷돌

2-10 청도 대적사 극락전 기단 향우측 소맷돌

2-11 청도 대적사 극락전 어칸 천장 부분

음을 눈치챌 수 있다. 향우측의 소맷돌에도 역시 생명의 기운이 넘친다. 소맷돌 가장자리를 따라 연결한 나선형 문양, 용틀임으로 꿈틀대며 보주를 금방이라도 취하려는 듯한 용, 막 꽃대를 피워 올린 연꽃 봉오리, 거북 등이 마치 선사 시대 암각화를 보는 듯 투박하고 고졸하다. 현재 소맷돌에 드러나는 용은 한 마리다. 하지만 지난 2005년 기단을 해체 보수하는 과정에서 향우측 소맷돌에 용 한 마리가 더 조각돼 있음을 확인했다. 해체 과정에서 실제 소맷돌이 노출된 것보다 80cm 더 크다는 사실을 알게 됐다. 절반 정도가 기단에 파묻혀 있었다. 파묻혀 있던 부분에 대칭의 구도로 한 마리의 용을 더 조각해 뒀다. 이 같은 용틀임하는 두 마리 용 조각은 극락전 내부 천장반자에서도 나타난다. 내부 천장에서도 용머리, 몸통, 꼬리 등을 천장반자 밖으로 돌출시켜 입체적으로 표현하고 있다. 계단 소맷돌 조형은 아이들 그림처럼 꾸밈없이 순수하다. 용의 표정과 거북의 동작, 자유로운 배치에서 천진난만함이 묻어난다. 소맷돌에 새긴 정경이 초등학교 운동장처럼 활기차고 명랑하다.

반야용선을 위한 낭만적인 판타지 무대 장엄

기단부의 면석은 막돌이나 장대석이 아니라 석탑의 기단이나 탑신처럼 면석으로 조합해서 눈길을 사로잡는다. 이런 기단 형식은 감은사지 금당터나 통도사 대웅전 등에서 볼 수 있다. 좌우 기단부 면석의 기본 골간은 두텁게 가로지르는 수평선 하나에 불규칙한 간극으로 수직선을 내려 평면을 분할하고 있는 형태다. 수평선과 수직선의 간결한 형태로 문양을 배치할 기본 얼개를 얼기설기 짜두었다. 바실리 칸딘스키(Wassily Kandinsky, 1866~1944)는 『점, 선, 면』에서 수평선은 차고 무한한 움직임 중에서 가장 간결한 형태이고, 수직선은 따뜻하고 무한한 움직임 중에서 가장 간결한 형태라고 했다. 이곳의 수평선과 수직선은 선의 체감을 유도하는 어떤 인위적인 느낌도 들지 않는다. 비뚤비뚤하고 들쭉날쭉한 것이 엄격함이라곤 조금도 찾아볼 수 없다. 돌의 색상도 통일적이지 않다. 조금씩 다르다. 암갈색과 짙은 회청색, 연한 육색(肉色)을 규칙 없이 요리조리 조합했다. 기단 구성이 여기저기 흩어져 있던 석재들을 모아서 짜깁기한 듯이 뭔가 허술하고 어설프다.

그런 불규칙한 색과 선의 조합으로 화면을 연속하는 H자 형태로 면 분할 해뒀다. 뭔가 허술한 짜임인데도 구성에서 생동감과 활력이 생기는 희한한 현상이 나타난다. 노자(老子)의 『도덕경』 45장에 그 구절이 나온다. "대직약굴 대교약졸 대변약눌(大直若屈 大巧若拙 大辯若訥, 아주 바른 것은 굽은 듯하고, 기교가 뛰어난 것은 서툰 듯하며, 뛰어난 언변은 어눌한 듯하다.)" 이 대목에서의 대교약졸

2-12 청도 대적사 극락전 향우측 기단

2-13 청도 대적사 극락전 향좌측 기단

(大巧若拙)의 이치를 일깨운다. 선과 선의 교차점이나 면석에 커다란 연꽃, 단순한 기하학적 원형, 연잎, 보상화, 엄마와 아기 거북, 바닷게 등을 새기자 기단은 연방 다정함이 흐르고 활력이 넘친다. 어린아이들의 도화지 그림 속 한 장면 같다. 면석 조형에서 단연 주목을 끄는 대목은 바닷게를 마주친 엄마와 아기 거북의 상황을 묘사한 장면이다(향우측 기단 좌측). 바닷게는 한껏 집게발을 들고 위협적인 자세를 취했다. 어린 거북은 위험에 아랑곳하지 않고 호기심에 게에게 다가가려 한다. 화들짝 놀란 어미는 새끼를 보호하려 아기의 한쪽 발을 물어 황급히 품으로 끌어당긴다. 조형에 천진난만함이 뱄다. 엄마와 아기 거북은 바로 옆의 면석 3겹 연화문에도 나온다. 대(大) 자 형상으로 네 다리를 쭉 뻗어 엉금엉금 나란히 가는 모습이 정겹고 다정하다. 순수하고 청정한 마음이 모든 부처님께서 설하신 한결같은 가르침이다. 기단에 수중 생물을 새겨 법당이 극락정토로 가는 반야용선임을 일깨운다.

　　대적사 극락전이 반야용선의 의미로 적극 조영되었다는 사실은 법당 내부에서도 확인할 수 있다. 향좌측의 벽화는 여러모로 시선을 끈다. 여느 법당 내부에서 쉽게 볼 수 있는 벽화가 아니다. 극락전은 정면 3칸, 측면 2칸의 맞배지붕 건축이다. 건축 형식에 의해 측면 벽에 두 칸의 넓은 화면이 발생한다. 극락전에선 창방과 측면 대들보 사이에 생긴 두 칸의 널찍한 벽면을 벽화 장엄 화면으로 활용했다. 한 칸 화면 크기는 대략 세로 1.2m, 가로 2m에 이른다. 두 칸 중 앞칸에는 인로왕보살과 지장보살을, 뒤칸에는 두 분의 아라한을 그렸다. 보살과 아라한 벽화 위의 측면 대들보엔 길이를 따라 길상화를 입혔고, 상벽엔 비천이 천의를 드리웠다. 인로왕보살과 지장보살, 두 분의 아라한, 길상화, 비천 등…. 이 같은 소재들은 목조건축의 가구 구조에 의해 분리돼 있지만 내용 면에서 하나의 서사로 통일을 이룬다. 즉 하나의 화면으로 보아야 한다는 뜻이다.

2-14 청도 대적사 극락전 향좌측 내부 벽화

지장보살과 인로왕보살은 붉은 연꽃을 딛고 서 계신다. 두 보살의 주위로 뭉게뭉게 신령한 구름이 둘러쌌다. 두 보살은 같은 법의(法衣) 차림을 하고 계신다. 인로왕보살(引路王菩薩)은 극락으로 가는 길을 인도하는 보살이다. '인로왕(引路王)'이라는 말 자체가 '으뜸 길잡이'라는 의미다. 그래서 반야용선의 선수를 맡는다. 길의 안내자이므로 어디에서든 쉽게 볼 수 있게 형형색색의 천이 나부끼는 번을 들고 계신다. 오늘날 여행 가이드가 깃발을 들고 다니는 이치와 같다. 지장보살은 배의 선미에서 안전을 살피신다. 벽화에서는 반대로 지장보살이 앞, 인로왕보살이 뒤에 계신다. 지장보살은 지물로 왼손엔 흰색 보주를, 오른손엔 육환장을 들었다. 육환장으로는 그 누구도 열 수 없다는 무간지옥의 문을 열고, 보주로는 어둠에 빛을 밝힌다. '지옥(地獄)'은 땅속의 감옥이라는 의미다. 그 역시 마음이 만든다. 탐욕과 성냄과 어리석음으로 짓는 집착과 갈애, 그것이 다름 아닌 지옥이다. 그것은 사성제와 연기법의 진리를 모르는 무명(無明)에서 비롯된다. 지장보살께서 지물로 든 흰색 보주는 바로 그 무명의 어둠을 밝히는 진리의 빛을 상징한다. 극락정토로 안내할 두 보살께선 채비를 끝내셨다. 정작 극락으로 초대된 사람들은 어디에 있는 것일까?

왕생자를 발우에 담아 들어올린 거인은 아라한

극락전 내부 벽화 중에서 가장 궁금증을 자아내는 대목은 거인 같은 분이 발우처럼 생긴 그릇에 다섯 명의 사람을 하늘 높이 들어 올리고 있는 장면이다. 벽화 속 거인은 두 분이다. 두 분은 좌청룡 우백호의 원리로 좌-청색, 우-흰색 옷차림을 하고 그릇을 들고 있다. 흰색 옷차림의 분은 점잖고 학자 같은 반면에 청색 옷차림의 분은 천하장사 기운이 풍겨 서로 대조적이다. 흰옷의 거인 그릇은 비어 있다. 도대체 이 거인 같은 분들은 누구실까? 신령한 구름이 뭉게뭉게 피어오르는 바위산의 배경을 보아 하늘사람 천인 같기도 하지만 16 아라한 중의 두 분으로 보는 것이 합리적일 것이다. 16아라한 중에서 제2 아라한인 가락가벌차((迦諾迦伐蹉, kanakavatsa)는 빈 발우를 지물로 삼기도 한다. 그렇다면 또 한 분은 누구시며, 구름이 피어오르는 성스러운 바위산에서 왜 한 무리의 사람을 하늘로 들어 올리고 있는 것일까? 의문투성이다.

　이 벽화는 대단히 극적인 장면을 묘사하고 있음은 분명하다. 벽화 바로 위 굽은 대들보 곡선 따라 채도 높은 꽃을 그려뒀다. 한 가지에 탐스러운 꽃이 층층이 피었다. 넝쿨처럼 한없이 뻗어 나가는 형세가 한눈에 봐도 예사롭지 않다. 길상에 드리우는 하늘 꽃의 관념이 깃들었다. 또 그 위 좁은 상벽에는 율동적인 비천 벽화를 베풀었다. 길상화와 비천은 부처님 진리 설법 같은 상서의 장면에서 환희지(歡喜地, 번뇌를 끊고 마음속에 환희를 일으키는 경지. 보살이 부처가 되는 단계를 열로 나눴을 때 첫 번째 단계다.)를 표현하는 보조 관념들이다.

2-15 청도 대적사 극락전 벽화 부분

극락왕생의 반야용선 개념으로 치환해서 보면 도상의 의문은 풀린다. 벽화를 조영한 예술가는 왕생자를 극락으로 인도하는 방식을 대단히 창의적인 발상으로 처리했다. 용선이라는 배의 수단을 빌리거나 연화화생의 일반적인 방식을 취한 것이 아니라 거인이 하늘로 단숨에 들어올려 주는 방식이 그것이다. 반야용선의 용 대신에 거인의 변화신으로, 배 대신에 그릇으로 대체한 것이다. 물론 인로왕보살과 지장보살은 변함없이 함께하신다. 반야용선이 수평적 운동의 항해라 한다면, 거인을 통한 왕생은 수직적으로 차원을 뛰어넘는 방식이라 할 것이다. 선례가 없는 독창적인 벽화 장엄으로 빛난다.

차안에서 피안으로 가는 도피안의 길은 반야바라밀의 길이다. 벽화 속 거인도 어쩌면 내 안에 여래장으로 깃든 청정한 본성일지도 모른다. 아미타불께서 48대원으로 손쉬운 극락정토로의 길을 이끄셨지만, 내 집도 내가 깨끗이 닦듯이 마음의 청정함은 내 몫이 될 수밖에 없다. 무릇 자력과 타력이 조화로운 중도의 길이 진리의 길일 것이다. ❀

3
아미타불이 설법하는
연지회상(蓮池會上)

- 구미 도리사 극락전

극락정토의 열여섯 가지 풍경

극락정토의 실상과 극락왕생의 길을 밝히고 있는 대표적 경전 묶음이 정토
삼부경이다.『아미타경』,『무량수경』,『관무량수경』의 세 경전을 합쳐 부르는
이름이다.

정토삼부경 중의 하나인『아미타경』에서 부처님은 극락정토의 공덕장
엄을 다음과 같이 밝히고 있다.

> "여기에서 서쪽으로 10만 억의 불국토를 지나서 한 세
> 계가 있는데, 극락이라 하느니라. 그곳의 부처님을 아미
> 타불이라 하며, 지금도 극락세계에서 설법하고 계시느
> 니라. 그 나라의 중생은 아무런 괴로움이 없고, 다만 즐
> 거움만을 누리므로 극락이라 하느니라."

그러면서 부처님은 칠보로 이루어진 보배 연못 등 극락정토의 장엄세계를
세세히 설명하신다.

『관무량수경』에서는 설명식 묘사에서 한 걸음 더 나아간다. 부처님께
서 광명을 놓아 청정한 극락세계를 시각적으로 조명해 보이셨다. 극락정토
의 세계를 열여섯 장면으로 체계 있게 나눠 세세히 보여 주시고는 관상(觀想)
을 통한 수행법까지 일깨우셨다. 극락정토의 조감도를 펼쳐 놓고 그를 바르
게 관상하는 16관상법을 설하신 것이다. 일종의 가상현실(VR), 혹은 증강현
실(AR) 방식을 활용했다. 제1관은 서쪽 하늘로 지는 붉은 해를 관하는 일상
관(日想觀)이다. 제2관은 물을 생각하는 수상관(水想觀), 그리고는 극락세계의
칠보로 된 땅과 보배 나무, 보배 연못, 보배 누각을 두루 관상할 것을 가르친
다. 이어서 연화대를 관하고, 아미타불과 관세음보살, 대세지보살을 깊이깊

이 생각하며 마음의 눈으로 관조할 것을 주문하신다. 16관상을 정리하면 다음과 같다.

16관상

제1관 지는 해를 봄(日想觀)

제2관 물을 봄(水想觀)

제3관 땅을 봄(地想觀)

제4관 보배나무를 봄(寶樹觀)

제5관 여덟 가지 공덕을 갖춘 물을 봄(八功德水想觀)

제6관 극락정토의 보배누각까지 두루 살핌으로써

정토를 총체적으로 봄(總想觀)

…

제7관 연화대를 봄(華座觀)

제8관 아미타불과 관세음보살, 대세지보살의 불상을 생각함(像觀)

제9관 무량수불의 상호를 백호상(白毫相)부터

세밀히 봄(無量壽佛一切色想觀)

제10관 관세음보살의 훌륭한 모습을 봄(觀音觀)

제11관 대세지보살을 봄(勢至觀)

제12관 스스로 극락세계에 태어나 연꽃 속에 있다고 상상함(普觀)

제13관 아미타삼존상을 봄(雜想觀)

…

제14관 상품의 극락에 태어날 행업을 관상함(上輩觀)

제15관 중품의 극락에 태어날 행업을 관상함(中輩觀)

제16관 하품의 극락에 태어날 행업을 관상함(下輩觀)

3-1 〈관경16관변상도〉(1323년). 『관무량수경』16관상을 그림으로 그려 놓았다.
일본 교토 지온인 소장.

3-2 서울 호국지장사 대웅전 〈극락구품도〉(1893년)

1관에서 6관까지는 극락정토의 진경을 두루 보는 것이고, 7관에서 13관까지는 아미타삼존의 상호와 장엄세계를 보는 것이며, 14, 15, 16관은 구품왕생을 추체험하는 장면으로 구성하고 있다.

살 집을 구하는 장면으로 비유하면 이런 식이다. 누군가 세 들어 살 집을 궁금해한다. 그러면 먼저 집부터 보여 준다. 이 집은 남향이고, 깨끗한 계곡수가 흐르고, 못도 있다. 꽃이나 과실수, 활엽수 등도 많이 심어져 있다며 연신 칭찬으로 입에 침이 마를 새 없다. 그러고는 이 집은 뿌리 깊은 집인데 주인이 누구고 가족은 누군지 소개한다. 그러면서 가족들의 훌륭한 모습이며 인품, 학벌, 직장 등을 빠트리지 않는다. 그런 다음 세 들어오면 살 방을 안내한다. 들어올 사람이 준비한 능력에 따라 정도가 다른 방들을 보여 주는 센스도 발휘한다. 이런 식이다. 이렇게 비유하면 경전의 내용을 이해하기가 쉽다.

여기까지가 극락정토의 장엄실상이고, 또한 염불 수행의 실천이 누차 강조된 내용이다. '염불(念佛)'이라는 것은 말 그대로 부처님을 깊이 생각하는 것이다.

그런데 이 정토는 아미타불께서 과거 법장 비구로 계실 때 세운 48대원으로 성취한 세계다. 즉, 극락정토는 아미타불의 본원력으로 세운 불국토로 극락왕생 발원의 이상세계다. 과연 실존하는 세계일까? 선종이나 화엄종 계열의 입장에서는 마음 밖에서 찾을 수 없는 관념론적 유심정토(唯心淨土)일 것이다. 경전에서도 석가모니 부처님께서는 마가다국 빔비사라 왕의 부인인 위제희에게 "너는 마땅히 생각을 집중하여 청정한 업으로 이루어진 저 국토를 분명히 관하여라. 내가 지금 그대를 위하여 많은 비유로써 자세히 말해 주리라."고 하셨다. 실존의 세계가 아니라, '많은 비유로써' 설명하신 세계임을 천명하고 있다. 더구나 물질이 아닌 '청정한 업으로 이루어진 국토'라 하시지 않는가? 그럼에도 경전에서 관상(觀想), 관경(觀經), 염불을 그토록 강조하는

3-3 서울 호국지장사 대웅전 〈극락구품도〉 부분(연화화생)

것을 보면 차원과 경계 너머에 현존하는 실상으로 다가오기도 한다. 위치는 어디에 있으며, 장엄 세계는 이러하며, 이 세계의 주체는 누구라는 것을 세세히 밝힌 대단히 실증적인 묘사가 뒷받침되고 있기 때문이다.

어쨌든 극락정토는 이미 아미타불에 의해 구현되어 있다. 문제는 극락왕생의 방도다. 『무량수경』에서 미륵보살께서 석가모니 부처님께 물었다. "무슨 인연으로 극락세계에 태어나는 사람도 태를 빌려 태어나는 태생(胎生)이 있고, 홀연히 태어나는 화생(化生)이 있습니까?" 석가모니 부처님께서 답하신다. "부처님의 한량없는 지혜공덕에 대해 의혹을 품고 다만 자기 힘만으로 공덕을 닦아서 극락세계에 태어나고자 원을 세워 수행한 이들이 변두리 칠보궁전에 태생으로 태어나느니라. 그러나 의심 없는 신심으로 극락세계에 태어나고자 서원한다면 극락의 칠보연꽃 속에서 홀연히 화생하느니라." 의

혹 많은 중생은 태생으로 태어난다는 대목이 이목을 끈다. 신심 없는 자력에 의한 왕생보다 신심 가진 타력에 의한 왕생을 더 높이 사고 있다. 수행의 근본은 신심에 있음을 일깨운다.

극락왕생의 세 가지 방법

불교회화를 통해 나타나는 극락왕생의 방법은 세 가지로 정리할 수 있다.

첫 번째 방식은 대단히 직관적인 방법이다. 바로 반야용선을 이용한다. 배라는 탈 것을 통해 바로 이상향으로 인도한다니 단숨에 알아챌 수 있다. 이 배는 차안(此岸)의 이 언덕에서 피안(彼岸)의 저 언덕으로 간다. 바로 도피안(到彼岸)의 개념을 갖는다. 양산 통도사 극락보전 외벽, 안성 청룡사 대웅전 내벽에 있는 〈반야용선도〉가 대표적인 그림이다.

두 번째 방식은 연꽃에 태어나는 연화화생이다. 연꽃 속 화생이라는 통과의례를 통해 극적으로 이뤄진다. 관경16관변상도의 16관 중에서 상·중·하 삼배관(三輩觀)을 도해한 구품왕생도(九品往生圖)가 그 장면을 담고 있다. 대구 동화사 염불암 〈극락구품도〉, 서울 호국지장사 대웅전의 〈극락구품도〉, 영천 은해사의 〈염불왕생첩경도(念佛往生捷徑圖)〉 등에서 볼 수 있다. 특히 은해사 〈염불왕생첩경도〉는 반야용선도와 구품왕생도를 동시에 표현하고 있어 흥미롭다. 불화 제목의 '첩경'은 지름길이라는 뜻으로, 화제(畵題)는 구품왕생의 지름길은 염불 수행임을 가르친 경전 내용을 압축한다.

세 번째 방식은 매우 드문 사례인데 거인이 도자기 그릇 같은 곳에 왕생자를 담아 하늘세계로 받쳐 올리는 것이다. 청도 대적사 극락전 내부 벽화에서 희귀하게 나타난다.

극락왕생 장면은 불화나 벽화 등의 회화로 표현하는 것이 일반적이다. 간간

3-4 양산 통도사 극락보전 외벽 〈반야용선도〉

3. 아미타불이 설법하는 연지회상(蓮池會上)

이 건축적 장치를 통해 구품왕생의 불국토를 경영하기도 한다. 구품연지(九品蓮池)의 조영이 그런 사례일 것이다. 구품연지는 통상 법당을 중심으로 진입 동선 좌우에 대칭 구도로 연당(蓮塘, 연을 심은 못)을 파서 조성한다. 부여 정림사지 동서 연지나 익산 미륵사지 연지, 제주도 법화사 구품연지 등은 현재 복원되어 실존하고, 불국사 석축 앞의 구품연지는 유구의 흔적이 남아 있다. 『관무량수경』의 내용을 건축으로 구현하려는 불국토 장엄의 산물이다. 또 부석사 가람처럼 장대한 석단과 계단 장치를 통해 정토 신앙, 혹은 화엄 사상에 의한 구품만다라로 거시적 경영을 펼친 사례도 있다. 그런데 목조건축 자체가 아미타불의 극락정토이고, 구품왕생의 장면도 구체적으로 조영한 건축이 있어 주목된다. 아도화상에 의한 신라불교의 초전법륜지로 전해지는 구미 도리사의 극락전이다.

3-5 영천 은해사 〈염불왕생첩경도〉(1750년)

'연지회상'이라는 이색적인 묵서명

도리사 극락전에서 가장 주목되는 점은 내부 공포 칸에 밝힌 장엄 세계의 명확한 천명이다. 묵서명을 통해 건축 장엄의 목적을 분명하게 드러냈다. 향우측 뒷벽 공포 칸에 '연지회상(蓮池會上)'이라는 묵서명(墨書銘)을 새겼다. '연지회상'이라는 이색적인 용어는 이곳에서 처음 본다. 연꽃이 핀 연못가에 여러 불보살, 성중, 왕생자가 모여 있고 거기에서 아미타불이 설법을 하고 계신다는 것이다. 인도 왕사성 영축산에서 석가모니 부처님께서 『법화경』을 설하신 장면인 '영산회상(靈山會上)'을 연상하게 한다.

도리사 극락전 건축의 아름다움은 내부 장엄에서 극적으로 펼쳐진다. 극락전 내부는 역학적인 힘과 장엄 예술, 미묘한 생명력으로 충만하다. 과감히 돌출시키고 확장한 공포 가구 짜임이 법당의 성스러움을 고양한다.

3-6 구미 도리사 극락전 향우측 뒷벽 공포 부분. 연지회상(蓮池會上)이라는 묵서명이 보인다. 아미타불이 불보살과 대중이 모인 극락의 연지에서 설법을 하고 계신다는 뜻이다.

3-7 구미 도리사 극락전 내부

극락정토라는 이상향의 초현실주의적 인상을 전달하기 위해 목조건축의 가구 구조를 설치예술로 재해석한 느낌이 든다. 공포 겹겹이, 포벽 층층이, 천장반자 칸칸이 연꽃 봉오리이고, 용틀임하는 넝쿨이다. 하늘에서는 꽃비가 쏟아진다. 조형 장엄의 밀도는 조밀한데다 솟구치고 뻗어 나갈 기세는 끝도 없다. 힘과 신령한 에너지가 가득한 가운데 사방 포벽마다 부처님께서 현현하신다. 그 모든 공덕 장엄 중심에 아미타불이 있다.

건축 내부의 공포 칸칸에는 구품왕생 품계를 적어 놓았다. 구품왕생은 왕생자의 연화화생을 생에서 쌓아온 선업의 정도에 따라 하품하생에서 상품상생까지 아홉 품계로 나눈 것이다. 향우측 뒷벽 모서리에 하품하생을 배치하고 시계방향으로 돌아 향좌측 뒷벽 모서리 부분에서 상품상생으로 끝맺는다. 오른쪽 어깨가 부처님께 향하는 우요삼잡(右繞三匝)의 운동 방향으로 배치했다. 구품의 방제들은 포벽에 연꽃 그림을 그려 넣고, 연꽃 위에 검은 먹바탕의 방제란을 마련해서 흰 글씨로 단정히 써 내렸다. 구품왕생도에서 각 품계의 방제를 써넣은 경우는 일본 지온인 소장 고려불화 〈관경16관 변상도〉(1323년), 영천 은해사 〈염불왕생첩경도〉(1750년) 탱화에서도 보인다. 특별하게는 문경 대승사 대웅전과 예천 용문사 대장전의 목각후불탱 하단부에서도 만날 수 있다.

건축으로 구현한 연지회상

그런데 경전에는 앞서 설명에서처럼 구품품계의 층위에 따라 왕생자에게 내놓는 대좌가 다르다고 나온다. 상품상생은 금강대(金剛臺), 상품중생은 자금대(紫金臺), 상품하생은 금련대(金蓮臺), 중품상생은 연화대(蓮華臺) 등으로 차별한다. 도리사 극락전 포벽의 도상에서는 모두 같은 모양의 연화좌로 통일

3-8 구미 도리사 극락전 구품왕생 연화좌. 공포 칸칸에 그린 아홉 연화좌를 한자리에 모았다.

3-9 구미 도리사 극락전 내부 포벽
극락전 포벽에는 벽마다 다섯 분씩, 3면에 총 열다섯 분의 불보살을 모셨다.

했다. 다만 상품상생 같은 각 품(品)의 상생(上生)의 연꽃들은 중생이나 하생의 붉은빛 연꽃과는 달리 청색을 칠해서 차별을 뒀다. 『관무량수경』의 구품왕생 장면을 건축의 공포 칸을 이용해서 구현한 장엄은 유일무이한 사례일 것이다. 단지 고흥 금탑사 극락전의 공포에 '화장세계해(華藏世界海)'라는 글이 있어 참고가 될 듯하다. 도리사 극락전 자체가 건축으로 구현한 구품왕생도이고, 연지회상이다. 구품왕생의 장면은 연지회상의 한 부분이다.

   그런데 의문이다. 왜 '연지회상'일까? 또 이 회상(會上)에 모인 분들은 누구실까? 내부 포벽엔 후불벽 뒷벽을 제외하고는 왕생자뿐만 아니라 다양한 불보살을 모셨다. 한 벽면마다 다섯 분씩, 삼면에 걸쳐 총 열다섯 분의 불보살이 나투신다. 비로자나불, 노사나불, 약사여래, 관세음보살, 대세지보살 등 다채롭다. 특이한 점은 보살도 여래로 표현했다는 점이다. 오른손엔 버들가지를, 왼손에 정병을 받쳐 들고 있는 분은 도상학적으론 관세음보살이 분명하다. 그런데 머리엔 보살의 상징인 보관이 없다. 오히려 목에 삼도(三道, 불상의 목에 새겨진 세 개의 선으로 번뇌, 업, 고를 상징한다.)가 뚜렷하고, 머리엔 육계(肉髻, 불상의 머리는 보통 혹처럼 살이 올라온 것으로 표현된다. 이걸 육계라 하고 깨달음과 지혜를 상징한다.)와 정상계주(頂上髻珠, 육계 위에 표현된 보배구슬)가 솟구쳐 부처님의 32상 80종호의 규범을 따르고 있어 의아하다.

입학식날 학교에 가는 장면으로 상상해 보자. 학교에 들어선다. 교정도 깨끗이 단장했다. 축하의 자리는 온갖 꽃이 피고 생명의 기운이 가득한 연못가에 마련했다. 신입생들은 저마다 환영의 꽃다발을 받아 안고 앉았다. 귀빈들이 도처에서 축하해 주기 위해 오셨다. 아미타 교장 선생님께서 미소를 지으며 단상에 올라 덕담의 입을 여셨다. 연지회상의 뜻이 읽힌다.

『아미타경』에서는 항하사의 모래알처럼 많은 부처님께서 그분들이 계시는 곳에서 삼천대천세계에 두루 미치도록 한결같이 찬탄하고 호념하시는 분이 저 아미타불이라 밝혔다. 극락정토의 거룩한 공덕과 장엄을 들은 중생들은 마땅히 서원을 세워 저 정토에 태어나기를 발원하라고 누누이 당부했다. ✿

3-10 구미 도리사 극락전 내부 포벽 세부
관세음보살이 분명하지만 머리엔 보살의 상징인 보관이 없는 여래형 관음보살이다.

4

극락정토에
누가 누가 모였나

— 파주 보광사 대웅보전 연화화생 벽화

'정토(淨土)'는 청정 불국토의 줄임말이다. 일체의 번뇌와 고통이 사라지고 기쁨으로 충만한 세계, 상락아정(常樂我淨)의 세계다. 아미타불의 정토는 극락정토이고, 약사여래의 정토는 유리광정토다. 하지만 정토의 실상은 시방삼세에 걸쳐 갠지스 강 모래알 수만큼 많다. 『화엄경』에선 차마 다 헤아릴 수 없어 '불가설불가설(不可說不可說)'이라는 자연수 단위가 등장한다. 그것은 셀 수 없는 무한차원의 수다. 불가설불가설의 불국토 중에서 가장 대표적인 정토가 아미타불의 극락정토다.

　　『아미타경』에 의하면 극락정토는 '제상선인 구회일처(諸上善人 俱會一處)', 즉 참으로 선한 사람들이 한곳에 모여 사는 곳이다. 극락정토의 원인은 아미타불께서 세운 마흔여덟 가지 큰 서원, 곧 48대원에 있다. '서원(誓願)'은 깨달음을 얻거나 중생구제를 맹세한 기원을 말한다. 그것은 비할 데 없는 커다란 서원이므로 '대원(大願)'이 된다. 두말할 필요 없이 실천이 뒷받침되어야 한다. 불굴의 서원에서 나오는 힘이 원력(願力)이고, 그중 근본이 되는 힘을 '본원력(本願力)'이라고 한다. 극락정토는 대원의 결과로 세운 이상향의 정토다. 즉 중생구제 48대원을 세우고, 아미타불의 본원력으로 창조하신 청정국토가 정토 사상의 근원인 극락정토다. 아미타불이 성불하기 전 법장 비구였을 때 세운 48대원 중에서 가장 핵심적인 서원은 '미타본원(彌陀本願)'으로 부르는 제18원이다.

"제가 부처가 될 적에 시방세계의 중생이 저의 나라에 태어나고자 신심을 내어 아미타불을 다만 열 번만 불러도 극락정토에 태어날 수 없다면 저는 결코 부처가 되지 않겠나이다."

저 서원의 본원력에 의지해서 하루나 7일 정도 신심으로 아미타불을 떠올리며 염불하면 누구나 극락왕생할 수 있다. 그것은 벌써 48대원을 이룬 아미타불의 약속이다. 그러니 굳게 믿고 따르면 된다. 그처럼 쉬운 일도 없다. 정성으로 '나무아미타불'을 염송하면 된다. 실천하기가 오죽 쉬우면 '이행법(易行法)'이라 할까? 더욱 놀라운 일은 극락왕생의 지위가 더 아래로 물러나지 않는 자리인 아비발치(阿鞞跋致, 반드시 부처가 되는 지위), 곧 불퇴전지(不退轉地)라는 사실이다. 저 세계에 나면 쫓겨날 일은 없다. 그중에는 미륵보살처럼 다음 생에 곧바로 부처가 되는 일생보처(一生補處) 보살도 헤아릴 수 없이 많다. '보처'라는 말은 부처님께서 계시지 않은 시기에 보충 역할을 한다는 의미다. 누군들 '나무아미타불'을 지성껏 염송하고 저 세계에 나고 싶지 않겠는가?

석가모니 부처님, 직접 나서서 극락정토를 보여 주시다

하지만 극락왕생의 방법이 너무 쉬우니 의심 많은 중생들이 믿지 않고 의구심을 가진다. 그러자 석가모니 부처님께서 증명 설주로 직접 나서신다. 극락정토의 실상은 『관무량수경』에 손바닥 보듯 낱낱이 전한다. 『관무량수경』은 석가모니 부처님께서 '왕사성의 비극'에 등장하는 위제희 왕비의 간곡한 요청에 따라 극락정토와 극락왕생 수행법을 설하신 내용을 담고 있다. 석가모니 부처님의 위신력에 의해 모든 중생이 청정한 극락세계를 마치 거울에 자기 얼굴을 비춰보는 것과 같이 분명하게 보게 된 것이다. 『관무량수경』의 본문인 「정종분(正宗分)」에서 가르치고 있는 핵심 내용은 극락정토의 열여섯 장면을 떠올리며 생각하는 삼매수행법 '16관상(觀想)'에 대한 설명이다. 이 거룩한 설법의 내용을 회화의 방편으로 표현한 그림이 고려, 혹은 조선의 대형 불화 관경16관변상도다. 여기서 '관경(觀經)'은 『관무량수경』의 줄임말이다. 비단에 그린 불화가 일반적이다. 현존하는 관경16관변상도 불화는 〈관경

4-1 개심사 대웅전 아미타삼존불과 관경16관변상도 후불탱
원래 1767년 조성한 후불탱이 있었으나 최근 다시 그려 모셨다.

4-2 파주 보광사 대웅보전 외벽 〈구품왕생도〉

서분변상도(觀經序分變相圖)〉(1312년) 등을 포함해 모두 여덟 점에 불과하다. 고려불화가 여섯 점, 15세기 조선 초기 불화가 두 점이다. 모두 일본에 있다. 벽화로 전해지는 관경16관변상도가 현존한다면 우리나라에선 극히 이례적인 사례다.

　　파주 보광사 대웅보전 외벽에 관무량수경의 변상도로 장엄한 유일무이한 귀중한 벽화가 남아 있다. 『관무량수경』의 16관 중에서 14, 15, 16관의 내용인 연화화생 장면을 그린 〈구품왕생도〉다. 『관경』의 경전 내용 중에서 구품왕생 부분을 중심 소재로 삼았다. '구품왕생(九品往生)'은 왕생자가 삶에서 쌓은 선행 공덕에 따라 아홉 단계의 품계로 나눠 왕생 등급을 차별화한 개념이다. 상품상생, 상품중생, 상품하생, 중품상생, 중품중생, 중품하생, 하품상

상품상생 — 내영자: 아미타불, 관세음보살, 대세지보살, 무수한 화불, 백천 비구, 성문대중, 무량한 천인, 칠보궁전까지 갖고 내영
　　　　　　연화좌: 금강대

상품중생 — 내영자: 아미타불, 관세음보살, 대세지보살, 일천 화불, 무량한 대중과 권속들
　　　　　　연화좌: 자금대

상품하생 — 내영자: 아미타불, 관세음보살, 대세지보살, 오백 화불, 여러 권속
　　　　　　연화좌: 금연화

중품상생 — 내영자: 아미타불과 여러 비구, 권속들
　　　　　　연화좌: 연화대

중품중생 — 내영자: 아미타불과 권속들
　　　　　　연화좌: 칠보연화

중품하생 — 내영자: 불교에 귀의치 않은 단지 선한 사람이라 불보살의 영접이 없다.
　　　　　　연화좌: 언급 없음

하품상생 — 내영자: 화불과 관세음보살, 대세지보살이 내영
　　　　　　연화좌: 보연화

하품중생 — 내영자: 화불과 보살이 영접
　　　　　　연화좌: 칠보 연못 속 연화

하품하생 — 내영자: 내영 없음
　　　　　　연화좌: 금연화

생, 하품중생, 하품하생의 9품으로 나눈다. 구품의 품계에 따라 왕생자를 맞이하는 불보살이 다르고, 왕생하는 자리가 다르고, 아미타불을 뵙는 시간과 깨달음을 얻는 시간도 차이가 있다. 예를 들어 구품 품계에 따라 왕생자를 맞이하는 내영자와 건네주는 자리를 살펴보면 옆 표와 같다.

그런데 보광사 대웅전 〈연화화생도〉 벽화의 재질은 일반적이지 않다. 벽화는 보통 거친 중간 토벽 위에 고운 찰흙으로 바탕을 마감한 후 그 위에 그림을 그린다. 보광사 대웅보전 외벽은 흙이 아니라 나무판이다. 세로로 긴 나무판을 칸칸이 짜맞춘 판벽에다 그린 벽화다. 대웅보전 외벽의 삼면은 〈구품왕생도〉를 비롯해서 〈반야용선도〉, 〈위태천도〉, 〈사자 탄 문수동자도〉 등 열 가지에 이르는 대형벽화로 장엄했다. 벽화 재료가 시간과 물리적 풍화에 대단

4-3 의성 고운사 연수전 판벽화 부분

4-4 파주 보광사 대웅보전 외벽 벽화
왼쪽부터 〈위태천도〉, 〈사자 탄 문수동자도〉, 〈금강역사도〉

히 취약한 나무판이라 안타까움이 크다. 나무판 벽화는 김천 청암사 대웅전, 상주 남장사 보광전, 문경 대승사 명부전, 의성 고운사 연수전, 구미 도리사 극락전 등에도 현존한다. 경북지역에 집중적으로 분포하는 경향이 뚜렷하다.

어디서도 볼 수 없는 유일의 연화화생도 벽화

벽화의 주제는 연화화생 장면이고, 벽화의 무대는 허공처럼 보이지만 실상은 극락세계 구품연지(九品蓮池)다. 『관무량수경』에서 석가모니 부처님은 아난 존자와 위제희 부인에게 광명을 비춰 열여섯 장면에 걸쳐 극락정토를 낱낱이 보여 주시고는 극락왕생의 수행 방법을 설하신다. 제1관은 서쪽으로 지는 해를 관상(觀想)하는 일상관(日想觀)이다. '관상'은 떠올리면서 깊이 생각하는 삼매 수행법의 하나다. 이어서 물의 변화와 보배나무, 대지, 칠보궁전, 칠보로 장엄한 연못 등 극락정토의 공덕장엄을 세세히 보게 해서 정토에 왕생하고자 하는 신심을 끌어낸다. 제6관까지는 극락정토의 모습을 두루 비추고 세세히 보여 주는 대목이다. 보광사 〈연화화생도〉 벽화에서는 상단 부분에 궁전 누각과 극락조, 칠보문, 불로장생의 영지문, 산개 등의 상징 조형을 통해서 극락정토를 대단히 압축적으로 표현하고 있다. 석가모니 부처님은 그런 연후에 아미타불과 관음보살, 대세지보살을 일념으로 깊이 생각하며 바라보게 해서 불보살의 자비와 지혜의 마음을 관하게 이끄셨다. 중생의 선근과 쌓아온 공덕에 따라 일체중생은 상품상생에서 하품하생까지 극락왕생한다. 『관무량수경』의 내용은 파격적이다. 존속살인 등의 오역죄와 가지가지 악업을 행한 사람에게도 극락왕생의 길을 열어 두었다. 하품하생에 태어나는 왕생자들이 그런 악업을 지은 죄인들이다. 단지 아미타불을 지극한 마음으로 열 번만 완전히 부르면 죄업을 면하고 연화화생하여 극락세계에 나아간다. 놀라운 대자대비가 아닐 수 없다.

벽화는 중생의 선근에 따른 구품왕생의 장면을 담고 있다. 〈연화화생도〉의 화면 크기는 대략 세로 2m. 가로 3m에 이른다. 19세기 후반에 제작된 것으로 추정한다. 벽화의 구도와 시점은 왼쪽 아래에서 오른쪽 위로 향하며 하품하생에서 상품상생으로 전개한다. 그림의 몇몇 곳은 비바람에 채색이 떨어져 나가 원형을 잃었다. 벽화 속 왕생자는 모두 열아홉 명이다. 두 분의 보살과 일곱 분의 여래가 등장한다. 그런데 한 분의 여래는 연화좌만 남아 있고, 존상은 퇴색해서 없다. 채색의 흔적으로 실재를 짐작할 수 있다. 벽화의 내용은 구품연지에서의 연화화생과 왕생자에 대한 아미타내영도를 모티프로 삼고 있다. 벽화에 표현한 두 분의 보살은 관세음보살과 대세지보살로 짐작된다. 16관 중에서 제10관은 관음관이고, 제11관은 대세지관이다. 『관무량수경』에서는 관

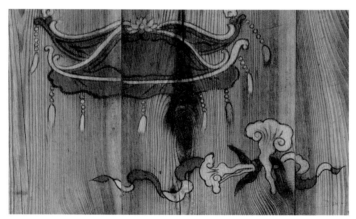

4-5, 4-6 파주 보광사 대웅보전 〈구품왕생도〉 상단
극락세계의 상징인 궁전 누각, 극락조, 칠보문, 영지문, 산개 등이 보인다.

4-7 파주 보광사 대웅보전 〈구품왕생도〉 부분 모음
아미타불 삼존이 왕생자를 내영하는 장면 모음이다. 하단 중간에는 연화좌만 남아 있다.

4-8 파주 보광사 대웅보전 〈구품왕생도〉 부분 관음보살

4-9 파주 보광사 대웅보전 〈구품왕생도〉 부분 대세지보살

음보살은 머리에 천관을 쓰고, 천관에는 화신불 한 분이 서 계신다고 묘사한다. 그에 비해 대세지보살은 머리에 홍련화와 오백 가지 보배꽃으로 장식하고 하나의 보병이 있어 그 병 안에 온갖 광명이 가득하다고 설명한다. 벽화에서는 하품하생의 자리에 관음보살을, 상품하생의 자리에 대세지보살을 그렸다. 관음보살은 자비를, 대세지보살은 지혜를 상징한다. 불교는 지혜와 자비라는 두 가지 큰 수레바퀴로 굴러간다.

어질고 선한 사람들이 한곳에 모여 사는 곳

구품왕생의 아홉 장면은 한 장면마다 아미타내영도의 축소판이다. 장면마다 모든 왕생자는 오른쪽 위에 계신 불보살을 향해 연꽃이나 연잎에 꿇어앉아 합장의 예경을 올리고, 불보살은 왼쪽 아래에 막 연화화생한 중생을 자애로운 표정으로 내영하고 계신다. 고려불화 아미타내영도의 형식, 구도와 일치하는 대목이다. 다른 것이라면 불보살께서 내영 자세로 서 있는 것이 아니라 연화좌에 정좌해서 설법인의 수인을 하고 계신다는 점이다. 경전에서는 왕생 후 왕생자들이 아미타불이나 두 보살로부터 진리의 설법을 듣고 깨달음을 얻거나 아라한과를 성취한다고 하였으므로 아무런 문제가 없다. 아미타불과 두 보살은 한결같이 중품중생의 아미타 구품인을 수인으로 취했다. 구품인 중에서 중품중생은 엄지와 중지를 붙인 수인이다. 일반적으로 아미타불이 취하는 수인은 오른손은 가슴 부분까지 들어 세워 보이고, 왼손은 배 부분에 눕힌 형식이다. 그런데 벽화에서는 반대로 오른손을 내리고, 왼손을 가슴까지 올려서 대비된다. 구품 품계의 위치가 하품, 중품, 상품으로 상승함에 따라 벽화 속 왕생자의 연륜대도 올라가는 묘한 장면도 연출했다. 하품-소년, 중품-청년, 상품-중장년의 연륜대 순으로 왕생자를 앉혀 웃음을 자아낸

4-10 파주 보광사 대웅보전 〈구품왕생도〉 부분
연화좌에 앉아 설법인 수인으로 왕생자를 맞이하고 있다.

4-11 파주 보광사 대웅보전 〈구품왕생도〉 부분
상품으로 상승함에 따라 벽화 속 왕생자의 연륜도 올라가도록 그렸다.

4-12 파주 보광사 대웅보전 〈구품왕생도〉 대연화 부분

다. 마치 대학졸업식에 학사, 석사, 박사 자리를 다른 위상으로 배치한 풍경
을 닮았다.

　무엇보다 벽화에서 가장 인상적인 대목은 오른쪽 상단 모서리에 배치
한 커다란 연화(蓮花)다. 대연화 밑에는 다섯 분의 스님들이 합장의 예를 올
리고 있다. 연꽃은 청색의 연밥을 갖추고 흰색 꽃잎을 활짝 펼쳤다. 대연화에
흐르는 신령함과 거룩함이 예사롭지 않다. 부석사 무량수전처럼, 해인사 장
경판전처럼, 통도사 금강계단처럼 기승전결 과정에서 극적인 결절점에 위치
하고 있다. 이 꽃은 바로 『관무량수경』에서 아미타불의 상징으로 묘사하는

'연화대(蓮花臺)'다. 석가모니 부처님은 16관상 중에서 제7관 '화좌관(華座觀)'에서 "만약 아미타불을 생각하고자 한다면 먼저 이 연화대를 지성으로 생각하라."고 하셨다. "번잡한 마음을 접고 연화대 낱낱의 꽃잎과 알알의 구슬, 낱낱의 꽃받침을 분명히 보면 반드시 윤회의 업을 끊고 극락정토에 날 것이다."고 설하셨던 그 연화대다. 어쩌면 연화대 밑의 다섯 스님은 이 벽화를 조성한 스님 장인인 승장(僧匠)과 발원자들이 아닐까? 저 장면을 보고 있으면 그림 속에서 '나무아미타불' 염불하는 소리가 들려온다.

　　일체대중이 신심(信心)어린 '나무아미타불'의 염불로 극락정토 한자리에 극적으로 모였다. 우리는 저마다의 길에서 저마다의 욕망을 꿈꾸며 살지만 아미타불의 명호를 받드는 날 여러 갈래의 물줄기들이 바다에서 하나가 된다. 벽화 속 저곳은 모두 함께 한자리에 모이는 곳, 구회일처(俱會一處)의 국토다. 저 벽화, 석가모니 부처님께서 광명을 놓아 극락왕생의 길을 가르쳐 주신 감동적인 그 절집의 빛이다. ❀

꽃살문에서 닫집까지 고귀한 장엄

5
우주 속의 우주,
적멸의 집

－ 부산 범어사 대웅전 닫집

집 속의 집

한국 산사(山寺)의 가람 구조와 장엄 형식은 보편의 규범을 갖고 있다. 계곡을 건너고 일주문-천왕문-불이문을 차례로 지나 법당에 이르는 진입 동선 체계는 사찰마다 공통적으로 나타난다. 한국 산사의 가람 배치는 세상의 중심에 수미산이 있는 불교 세계관을 적극 반영한 산물이다. 산사 전체가 중심을 향한 중중(重重)의 화엄 만다라 구조를 띤다. 씨방을 겹겹이 둘러싼 연꽃 한 송이 형상과 같다. 법당은 씨방 자리에 경영한다. 법당 내부도 위계질서에 따른 배치 규범이 뚜렷하다. 법당 내부는 불문율처럼 상·중·하 3단으로 엄격히 나뉜다. 상단은 정면 중앙에, 중단은 향우측인 동쪽에, 하단은 향좌측인

5-1 예천 용문사 〈화장찰해도華藏刹海圖〉(1896년, 용문사 성보박물관)

5-2 부산 범어사 대웅전 삼세불(제화갈라보살, 석가모니 부처님, 미륵보살)과 닫집

서쪽에 둔다. 부처님의 자리에서 볼 때 좌측의 위계가 우측보다 더 높다. 부처님이나 왕의 관점에서 좌청룡 우백호의 순서로 배치한다. 법당의 3단 구성과 장엄 배치를 정리하면 다음과 같다.

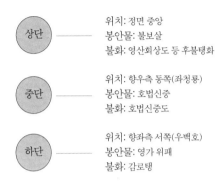

법당 장엄에서 불보살을 봉안한 상단에는 위계적 중심 특성을 특별히 강조한다. 장엄의 조형 요소를 결집하는 경향이 뚜렷하다. 불단, 불상, 닫집, 후불탱화, 단청 등 법당 장엄의 핵심 요소들이 저마다 예술 역량을 극대화한 경지로 집중한다. 불단, 불상, 후불탱, 닫집, 단청 등은 서로 독립된 조형 분야이지만 유기적으로 결합하여 완전한 하나의 구성을 이룬다. 종교와 예술은 인간 내면의 본성을 정화하고 승화시키는 정신적 작용에서 서로 부합하며, 또 서로를 고양한다. 최고 신성한 공간인 법당 상단 영역은 종교와 예술이 혼연일체를 이룬 성소다. 그곳에서 종교 교리는 예술 양식의 창조적인 해석에 자유로움을 부여하고, 예술은 종교 교리에 영감을 얻어 이상화한 초월 세계를 구현한다. 또 그를 통해 종교적 거룩함이 예술의 미적 체험으로 현현한다.

불전 건물의 상단 장엄에서 가장 독특한 형식은 건축 내부에 또 하나의 독립 건축을 구현한 양식일 것이다. 프랙탈 도형처럼 자기 유사성을 반복한 건축 안의 건축으로, '닫집'이라 부르는 공예 장엄이 그것이다. 익산 숭림사 보광전, 완주 화암사 극락전, 논산 쌍계사 대웅전, 강화 전등사 대웅보전, 부산 범어사 대웅전의 닫집 등은 닫집 미학의 정수로 꼽힌다. 그중에서도 범어사 대웅전 닫집은 한국 산사의 법당 내부에 조성한 닫집 조형의 전형을 보여준다. 심미성, 형식성, 불교 교리의 해석 능력 등에서 두루 탁월하다.

　　닫집의 '닫'에 대해 『명문 국어사전』에서는 부사 '따로'의 옛말로 설명하고 있다. 박용수 선생의 『우리말 갈래사전』에서는 닫집을 "법전 안의 옥좌 위나 법당의 불좌 위에 만들어 단 집 모형"으로 설명하고 있다. 닫집은 그러니까 집 속에 따로 독립한 건축이다. 법당 속의 법당, 집 속의 집이 닫집이다. 자연 세계에서부터 닫집에 이르는 중첩적 층위를 살펴보면 흥미롭다. 산지 지형의 연화좌 자리에 가람이 들어서고, 가람의 중심부에 대웅전 등 중심 불전을 경영하고, 다시 그 가운데에 닫집을 내서 불보살을 모신다. 여기서 그치지 않고 불보살의 몸 안에 다시 극히 내밀하게 불복장물을 봉안한다. 나선형의 구심점을 지향하는 경이로운 구조다. 태풍의 눈이나 원자핵같이 내밀한 에너지가 응집한 근원을 연상케 한다. 감싸고 또 감싸는 사리장치의 장엄 구조와도 닮았다. 안으로 들어갈수록 심오하고 거룩하다.

닫집에 걸린 공통 편액은 적멸궁

물질은 안으로 들어갈수록 근원에 이르고, 종교 장엄은 안으로 들어갈수록 교의적이며 정신적인 본성에 이른다. 닫집은 불교 장엄의 궁극에 이르는 상징주의 표현의 마지막 관문처럼 보인다. 닫집의 내부는 궁극의 깨달음, 열반 적정의 공간이자 적멸의 공간이다. 형식적으로는 꽃 속의 꽃, 집 속의 집의 구조이지만 그 역시 깊이와 본성에 이르는 방편일 따름이다. 불교 장엄의 소

5-3 백흥암 향좌측 영가단의 감로탱

법당의 향좌측은 '하단' 개념으로 주로 영가단을 만들고 감로탱을 걸어놓는다.

5-4 백흥암 향우측 신중단의 신중탱

법당의 향우측은 '중단' 개념으로 주로 신중단을 설치하고 신중탱화를 모신다.

5-5 완주 화암사 극락전 아미타불삼존과 닫집

재와 구성은 경전 속에서 모티프를 취하기 마련이다. 그런데 연화장세계라든지, 화엄세계, 극락정토, 연기법 등 불교 세계관의 핵심적 개념들은 실재성의 여부를 떠나 대단히 관념적이며, 초현실적이며, 정신적인 세계다. 문자 언어나 조형 언어로도 이를 수 없는 언어도단(言語道斷)의 절대 경지다. 예술가와 장인들은 예술적 창의력으로 필연적으로 재해석할 수밖에 없다. 소재는 현실과 경험에서 차용한다. 대신 상징과 함축의 형식을 갖춰 시각화, 구체화한다.

닫집은 집의 형식을 빌렸지만 본질적으로 궁전이다. 순천 선암사 원통전, 구례 화엄사 원통전, 순천 송광사 관음전 등에선 법당 내부에 아예 별도의 보궁을 마련해 두기도 한다. 몇몇 불전 닫집에서는 닫집 처마에 편액을 걸어 부처님께서 상주하시는 보궁임을 직접적으로 표현하기도 한다. 논산 쌍계사 대웅전, 남양주 흥국사 영산전, 홍천 수타사 대적광전 등에서는 편액을 달아 닫집이 부처님이 계신 궁전임을 명토박아 말하고 있다. 논산 쌍계사 대웅전은 아미타불-석가모니 부처님-약사불 등 삼존불을 모셨지만, 각 부처님마다 각각의 닫집을 가설한 특이한 경우다. 처마에 단 편액이 각각 '칠보궁', '적멸궁', '만월궁'이다. 홍천 수타사 대적광전의 닫집 편액도 '적멸궁'이다. 남양주 흥국사 영산전의 닫집은 2층의 형식을 갖춘 희귀한 중층 닫집이다. 아래는 '적멸궁'이고, 위는 '내원궁'의 편액을 갖추고 있어 이채롭다. 공통적으로 '적멸궁'이라는 표상에 이르고 있음에 주목할 필요가 있다. 왜 적멸로 귀일하는 것일까? 불교의 궁극이 모든 번뇌의 불이 꺼지고, 분별의 경계를 넘어선 절대적 공(空)에 있는 까닭이다. 집 속에 집, 우주 속에 우주를 경영한 불이(不二)의 집, 적멸의 집이 닫집이다.

범어사 대웅전의 닫집 형식은 아자형(亞字形) 보궁이다. 정면 5칸, 측면 3칸의 구조로 엮었다. 정면을 5칸-3칸-1칸의 순서대로 중앙을 돌출시킨 겹

아자형 닫집 형식이다. 정면 길이는 4.9m, 측면 길이는 2.4m에 달한다. 닫집의 공포는 무려 11출목으로 섬세하면서도 웅장한 느낌을 준다. 닫집의 내림기둥은 모두 열두 개이지만 닫집 무게를 받치는 역학적인 기능을 하는 기둥은 앞쪽 두 활주뿐이다. 나머지 열 개 내림기둥은 공중에 떠 있는 경이로운 구조다. 내림기둥은 힘을 분산하는 역학적인 부재가 아니라 하늘에서 꽃비가 내리고, 신령한 기운으로 가득한 공간임을 암시하는 장엄 소재로 활용된다. 두 개의 내림기둥은 용으로 표현했고, 나머지 여덟 개의 내림기둥은 연꽃으로 조각했다. 통상 내림기둥에는 용이나 구름, 연꽃, 연봉을 조각한다. 그 소재들은 하나같이 물 에너지를 상징한다는 공통점이 있다. 닫집의 내림기둥에 조각한 용과 연꽃은 불국정토의 장엄 소재로서뿐만 아니라 화마에 대한 벽사(辟邪) 성격도 동시에 갖는다. 내림기둥은 닫집의 지붕 무게를 받치는 역학적인 기능과는 별개다. 보궁의 건축 이미지를 구체화하는 시각적, 심리적 장식 측면이 더 강하다. 기능성보다는 형식성이 강한 내림기둥을 용과 연꽃, 연봉으로 절묘하게 재해석한 재치가 돋보인다.

그렇다면 무거운 보궁형 닫집을 떠받치고 있는 힘은 어디에서 나오는 것일까? 중력을 거슬러 떠 있는 닫집의 비밀을 막상 알고 보면 싱거울 정도다. 닫집 지붕을 양 대들보에 걸쳐서 하중을 받게 했다. 자연스러운 처리로 세심히 살피지 않으면 미처 파악하기 힘들다. 거기다가 힘이 가장 많이 실리는 정면 중앙부에 활주 두 기둥을 보강함으로써 지붕의 하중을 안전하게 받아 내렸다. 닫집의 역학 구조를 완성한 후 장인 예술가는 닫집이 불국정토에 경영한 적멸보궁임을 강조한다. 보궁에는 닫집 장식의 보편 요소인 용, 봉황(극락조), 비천, 오색구름, 연화문, 넝쿨문 등을 망라했다. 소재들을 좌우대칭으로 밀도감 있게 배치해서 보궁의 숭고한 공간성을 부연하고 있다.

5-6 순천 선암사 원통전

5-7 남양주 흥국사 영산전 닫집
내원궁(內院宮)과 적멸궁(寂滅宮)이라는 편액이 보인다.

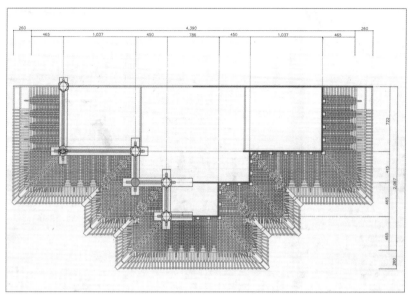

5-8 부산 범어사 대웅전 닫집을 위로 올려다본 앙시도(仰視圖) ⓒ문화재청

용이 움켜쥔 여의보주는 깨달음의 마음

닫집 장식의 중심 소재는 용이다. 제화갈라보살-석가모니 부처님-미륵보살의 삼존 자리에 맞춰 닫집도 세 칸으로 구획해서 각 칸에 용을 배치했다. 닫집 속 모든 용은 다섯 발가락을 가진 오조룡(五爪龍)이다. 오조룡은 황제를 상징한다. 불보살의 위계에 따라 상응하는 용의 크기와 위세도 다르다. 가운데 칸의 용이 단연 돋보인다. 다른 용과는 다르게 이마에 깊은 주름을 표현하여 '용 중의 용'으로서 왕중왕의 연륜과 권위를 새겼다. 더구나 눈썹과 수염도 흰색으로 표현하여 백미(白眉)의 상징성을 통해 여럿 가운데 가장 뛰어나고 신령함을 암시하고 있다. 세 마리 용 모두 몸통을 한 바퀴 감아 똬리를 틀었고, 꼬리는 배배 꼬아 역동적인 힘을 불어넣었다. 저마다 응시하는 시선도

5-9 부산 범어사 대웅전 닫집 부분. 10개의 내림기둥을 용과 연꽃, 연봉으로 장식했다.
그 소재들은 하나같이 물의 기운을 상징한다.

좌-중앙-우, 세 방향으로 각자 맡은 방위로 처리해서 불국정토 수호신으로서의 상징성도 드러낸다. 법당의 용 조형은 보편적으로 불국정토 수호와 결계의 물리력이라는 기본 성격을 갖는다.

그런데 닫집 속 세 용은 여의보주를 다섯 발가락으로 움켜쥐거나, 입에 물었다. 또 다양한 오색구름을 움켜쥐었다. 중간의 용은 붉은 보주를 얼마나 힘껏 움켜쥐었는지 발톱이 보주에 박혀 있을 정도다. 용이 움켜쥔 여의보주나 오색구름은 자유자재의 변화 능력이다. 물의 신이라는 용의 신화로 직관하면 붉은 보주와 오색구름은 비를 자유자재로 부릴 수 있는 태양과 구름 이미지에 직접 연결된다. 용-붉은 보주-오색구름의 조형 장엄은 물-태양-구름의 자연현상의 신묘화, 또는 이상화에 가깝다. 세 요소는 불가분의 일체다.

하지만 닫집 속 용이 움켜쥔 붉은 보주와 오색구름은 신화로 표현한 자연현상 차원을 초월한다. 물질 개념 너머 형이상(形而上)의 성격을 가진다. 보주와 오색구름의 본질은 위없는 완전한 깨달음에 있다. 붉은 보주가 무상정등각(無上正等覺), 곧 '아뇩다라샴막삼보리'다. 종교 장엄의 의미를 해석하는 데 있어서 현상학적인 외형의 경계에 머물러서는 곤란하다. 법당이라는 진리의 공간에서 물질적인 보배를 취하는 수준으로 종교 장엄이 타락할 까닭이 없다. 이 닫집 공간은 적멸의 공간임을 재차 환기해 둘 필요가 있다. 특히 그 깨달음은 성문, 연각 지위의 삼승(三乘, 삼승은 성문, 연각, 보살을 이른다. 성문은 부처님의 가르침을 듣고 깨달은 사람, 연각은 스승을 찾지 않고 스스로 깨달은 사람, 보살은 실천으로 많은 사람을 구제하는 사람을 말한다. 대승불교의 이상은 보살에 있다. 삼승이라 하지 않고 이승을 말할 때는 성문과 연각을 가리킨다. 일승이란 이 셋의 구별이 없이 모두를 포섭하는 걸 말한다.)이나 이승법(二乘法)의 깨달음이 아니라 궁극에 이르는 일승법(一乘法)의 무상정등각이다. 보주가 무상정등각의 깨달음을 상징한다면 용은 지혜의 무궁무진한 변재로서 여래의 본성과 통한다. 궁궐 천장 보개 속의 용은

5-10 부산 범어사 대웅전 닫집의 어칸 부분 용. 용이 오색구름과 보주를 움켜쥐고 있다.
용이 붉은 보주를 움켜쥐고 있는데 어찌나 세게 잡았는지 보주에 발톱이 깊이 박혀 있다.
어칸의 용 표현에선 이마의 깊은 주름, 흰 눈썹 등으로 권위를 특별히 강조하고 있다.

왕을 상징하고, 법당 닫집 속의 용은 여래를 상징한다. 그때 용이 움켜쥔 여의보주는 부처님의 정수리에 솟아 있는 정상계주와 다르지 않다. 정상계주는 무명을 밝히는 광명의 메타포로서 진리 그 자체다.

범어사 닫집 장엄에서 또 하나 눈길을 끄는 조형은 비천(飛天)이다. 좌우 각각 두 분씩, 네 분의 비천이 등장한다. 여타의 조형들과 마찬가지로 따로 조영해서 모빌(mobile)처럼 철물로 이어 내렸다. 세 분은 구름을 타고 해금, 당비파, 박을 각각 연주하고, 선학(仙鶴)을 타고 하강하는 한 분은 춤을 펼친다. 세 분은 주악비천(奏樂飛天)이고, 한 분은 가무비천(歌舞飛天)이다. 비천은 인

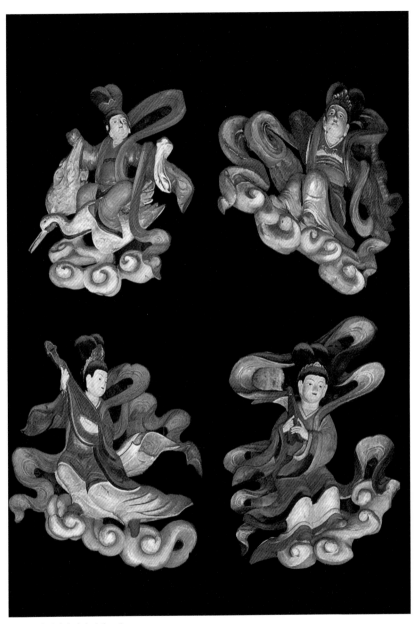

5-11 부산 범어사 닫집 비천 모음

간의 신체로 표현했다. 비천은 하늘을 날 때 '표대(飄帶)', 또는 '박대(博帶)'라 부르는 길고 넓은 띠를 이용한다. 바느질의 흔적이 없는 천의무봉(天衣無縫)의 하늘옷을 입는다. 하늘옷과 표대의 펄럭이는 율동미로 비천이 하늘에서 펼치는 시청각적 선율을 상상하게 한다.

적멸의 공간인 닫집에 조영한 형상은 대체로 초현실의 상징성을 가진다. 『화엄경』의 「입법계품」에서 분명히 밝히고 있다. 부처님께서 설법을 위해 사자빈신삼매(師子頻迅三昧, 모든 마음의 더러움을 맘껏 버리는 것이 마친 사자가 자유자재로 기세를 떨치는 것과 같다고 하여 나온 표현임.)에 들었을 때 서다림(逝多林, 부처님 재세 시에 주로 머물렀던 기원정사 숲을 말한다.)의 허공계에 나타난 불사의한 대장엄누각, 마니보주, 오색구름, 미묘한 꽃, 갖가지 음악 등의 장엄은 여래께서 신통력으로 한 몸으로 자재하게 변해 한 티끌 속에 모든 법계의 영상을 드러낸 것이라고 하셨다. 곧 닫집의 허공장엄은 부처님의 선근과 위신력으로 장엄한 일미진중함시방(一微塵中含十方)의 화엄 세계 구현임을 일깨운다. 닫집 장엄의 세계는 단순히 용, 연꽃, 구름, 봉황, 학, 비천을 장식한 신화의 세계가 아니다. 부처님께서 광명을 놓아 두루 비치는 모든 청정 불국토의 장엄을 두루 펼친 화엄 세계다. 그것이 닫집에 조영한 현상적인 형상의 미추(美醜)와 물성의 차원을 넘어선 불교 장엄의 본질이라 할 것인데, 궁극적으로는 고요한 적멸의 세계다. ✿

5-12 부산범어사대웅전 천장과 닫집

6

불단에 새긴
부처님의 전생 이야기

— 경산 환성사 대웅전 불단

불단 장엄의 상징 세계

독일 철학자 에른스트 카시러(Ernst Cassirer, 1874년~1945년)는 『상징형식의 철학』에서 "인간은 물리적 우주가 아니라 상징의 우주에 살고 있다."고 주장했다. 카시러에 의하면 언어와 신화, 예술, 종교는 상징 우주를 이루는 부분들이다. 나아가 인간의 모든 문화적인 행위도 바로 상징을 형성하는 행위라고 보았다. 종교 장엄, 특히 불교미술은 카시러의 이런 주장을 뒷받침한다.

불교의 가르침은 워낙 방대하고 심오하며 미묘해서 언어의 표현력이 미치지 못하곤 한다. 언어도단(言語道斷)의 깊이를 갖추고 있다. 말의 길이 끊어진 것이다. 심오한 철학 세계에 감각적 의장(衣裝)을 입혀서 보고 느낄 수 있게 직관 형태를 취한 것, 그것이 불교 조형미술 세계다. 불교미술은 본질에 상징의 옷을 입힌 구상에 가깝다. 그런데 상징은 일의적인 것이 아니라 중의적(重義的)이며 다의적이다. 다양한 해석이 가능하다. 예컨대 법당에 빠짐없이 등장하는 용 조형은 우주에 충만한 신령한 에너지일 수도 있고, 도량을 수호하는 벽사(辟邪)일 수도 있으며, 물을 상징하는 생명력일 수도 있고, 불보살의 상징일 수도 있다.

불교 조형미술 중에서 법당의 불단 장엄 세계만큼 다채롭고 중의적인 상징체계를 갖춘 곳도 드물다. 불단은 불상을 모시는 연화좌와 차, 향, 꽃, 과일 등 육법공양(六法供養)을 올리는 긴 불탁이 하나로 통합된 한국불교 특유의 문화유산이다. 불상을 안치한 수미좌이면서 공양의례를 올리는 의식단의 성격을 동시에 갖는다. 초기에는 수미좌(須彌座), 혹은 탁자 형식에서 시작했지만 나중에는 법당 길이의 절반 넘는 크기의 의식단으로 진화했다. 법당 중앙에 위치한 불단의 긴 공간은 불교 세계관을 반영한 교의 체계라든지 신령한 길상을 장엄하는 데 적극적으로 활용됐다. 불단의 긴 화면에 인간의 현세 기복 발원과 불교의 이상세계인 극락정토, 불보살의 거룩한 행적 등의 장엄

6-1 영천 백흥암 극락전 아미타불삼존과 불단. 백흥암 극락전은 불단이 아름답기로 유명하다.
조선 시대 만들어진 이 불단은 삼단 구성의 전형으로 평가받고 있다.

소재를 폭넓게 펼치는 형태로 발전해 갔다.

불단 장엄의 소재는 구상적이면서 동시에 초현실적인 경향을 보인다. 영천 은해사 백흥암 극락전, 양산 통도사 대웅전, 김천 직지사 대웅전, 부산 범어사 대웅전 불단 장엄 등은 관념과 현실이 혼재한 카오스의 세계를 여실히 보여 준다. 불단 장엄에 고구려 고분벽화의 세계처럼 삶과 종교, 신화적 요소, 신령한 기운, 선(善)과 미(美)로 장엄한 보상화 등 시공을 초월하여 공존하는 이상세계를 파노라마처럼 펼쳐 둔 것이다.

가로 본능을 벗어난 환성사 대웅전 불단

경산 환성사 대웅전 불단은 독특하다. 원래 '수미단(須彌壇)'이라고도 부르는

6-2 청양 장곡사 철조약사여래좌상(鐵造藥師如來坐像) 및 석조대좌(石造臺座)
약사여래좌상과 석조대좌 공히 통일신라 혹은 고려 전기에 조성된 것으로 추정한다.
불상과 함께 석조대좌도 주목을 받는다. 이 대좌는 수미산을 형상화한 수미좌로 이해한다.

불단은 대개 3단 형식으로 조영한다. 기단 받침부인 하단, 화면을 조성하는 몸체부인 중단, 공양물을 올려 두는 상단의 골간으로 짜는 형식이다. 중단은 다시 3단으로 나누고 각 단을 가로로 긴 현판 크기로 칸칸이 구획한다. 중단의 구성은 일정한 크기와 모듈로 면 분할한다는 점에서 조각보의 조형 원리와 유사하다. 이런 조형 양식을 유지하다 보니 대부분의 불단 장엄은 가로 형태의 화면을 보여 준다. 그런데 경산 환성사 대웅전 불단의 화면은 특이하게도 세로 중심으로 구획했다. 상·중·하 3단으로 이뤄진 보편 형식이지만 세로로 화면을 구획한 중단의 구성이 독특하다. 병풍처럼 칸칸이 하나의 화폭을 이룬다. 투조 형식의 목조각임에도 채색의 효과에 의해 회화성도 강하다. 채색화 병풍을 반듯하게 펼쳐 놓은 인상을 준다. 칸칸이 안감을 대고 배접한 표구 작품 같다.

불단에 조성한 화면의 칸 수는 총 20칸이다. 전면에 12칸, 좌우에 각각 4칸씩 조영했다. 세로 2.2m, 가로 6.5m, 높이 1.1m의 크기다. 공양과 길상, 설화의 세계를 20첩 병풍 형식으로 펼쳤다. 그런데 불단 위치에 따라 조형 소재와 주제를 달리했다. 좌우 측면은 공양과 벽사라는 소재에 비중을 뒀다면

6-3 경산 환성사 대웅전 불단 정면
모두 12칸으로 구성되어 있다.

정면의 장엄은 석가모니 부처님의 전생 이야기를 담은 『본생경』 이야기를 펼쳤다.

『본생경』은 부처님의 전생 이야기를 결집한 경전으로, 산스크리트어로 『자타카(Jataka)』로 불린다. '자타카'는 '태어나다'는 뜻이다. 방대하고 심오하기도 한 경전 내용을 어떻게 대중 속에 유통시킬 수 있을까? 고금을 떠나 대중에게 내용을 전달하는 데 그림만큼 유용한 방편은 드물다. 관념적 교의나 설화의 내용을 시각화하는 다양한 예술 작업이 뒤따른다. 그중 하나가 변상도다. 변상도는 불교 경전의 내용이나 가르침을 알기 쉽게 시각적으로 표현한 그림을 말한다. 경산 환성사 불단은 한 칸 한 칸마다 인격화된 숲속 동물들이 등장하는데 마치 이솝우화의 한 장면 같다. 흥미진진한 천일야화(千一夜話)의 두루마리를 풀어놓은 분위기다. 어디에서도 보기 힘든 20첩으로 구성한 커다란 『본생경』 변상도에 가깝다. 조형의 바탕엔 민화 화조도(花鳥圖)의 분위기도 흐른다. 경산 환성사 불단을 한 문장으로 요약하면, '민화 화조도로 재해석한 『본생경』의 변상도 조각'이라고 할 수 있다.

6-4 경산 환성사 대웅전 불단 향좌측 4칸

6-5 경산 환성사 대웅전 불단 향우측 4칸

연기법을 상징하는 오채의 새싹 촉

화면 칸칸은 설화 화면을 투조 형식으로 조각한 다음, 뒷면에 청판을 덧대고 반자틀을 얹은 후 청색 각재 졸대로 고정해서 마감했다. 그림 액자를 만드는 원리와 닮았다.

봉긋봉긋한 반자틀은 미묘하고 인상적이다. 반자틀에 생명의 싹을 표현했다. 아래위에 해안가의 곡선처럼 길게 이어지는 덩굴의 끝자락에서 생명의 촉이 나온다. 새싹의 촉은 밝은 명도와 채도 높은 색채로 칠해 시선을 끈다. 덩굴과 새싹을 결합한 문양은 개략화한 넝쿨연화문의 한 형태다. 왜 꽃이나 꽃봉오리, 새싹의 촉에 긴 넝쿨이 이어지는 것일까? 윤회에 의해, 선업에 의해, 원인과 조건의 연기에 의해 깨달음의 꽃, 열반의 꽃이 피기 때문이다. 반자틀의 넝쿨새싹문은 투조로 새긴 화면 속 이야기가 보시, 지계, 인욕, 정진의 바라밀 수행임을 일깨운다. 틀 좌우로 오채의 빛을 지닌 새싹 촉이 뻗쳐 화면에 신성을 불어넣는다. 마치 부처님의 전생 이야기를 그 오채의 촉을 따라 들려주는

듯한 미묘한 모티프다. 오채의 촉은 본질적으로 인과의 연기법을 강하게 암시한다. 게다가 화면마다 독립된 반자틀을 갖추고 있다. 그것은 화면 저마다 독자적인 내용을 담고 있음을 말없이 일러준다. 한 칸 한 칸마다 부처님께서 숱한 억겁의 윤회를 거듭하면서 쌓아온 선업의 공덕과 전생 이야기를 전달한다.

6-6 경산 환성사 대웅전 불단 부분
반자틀을 얹은 후 졸대로 고정했다.

6-7 경산 환성사 대웅전 불단 정면 부분 1

6-8 경산 환성사 대웅전 불단 정면 부분 2

정면 12칸에 부처님 전생 이야기

정면 12칸에 펼쳐진 세계는 평화로움이 흐르는 숲의 세계다. 푸르른 숲속을 무대로 다양한 동물이 등장한다. 화면에 등장하는 설화의 주체는 모두 동물이다. 물론 가릉빈가를 연상케 하는 날개 갖춘 사람 형상의 인비인(人非人)도 있다. 그를 제외한 화면 속 모든 주인공은 코끼리, 말, 원숭이, 사슴, 오리, 공작, 앵무새 등 동물이 중심을 차지한다. 그 동물들은 한결같이 『본생경』에 등장하는 부처님 전생의 몸이다. 『본생경』에서 부처님은 때로는 원숭이, 토끼, 사슴, 코끼리였고, 때로는 비둘기나 공작새, 앵무새였다. 그러한 동물들의 몸을 빌려 '앵무새의 숲', '왕을 깨우친 원숭이', '황금빛 공작', '행운을 불러오는 명마', '사슴 왕', '여섯 개의 어금니를 가진 흰 코끼리' 등의 주인공이 되어 조건 없는 자기희생과 변치 않는 믿음, 자리이타행을 실천했다. 동물들의 다양한 모습에서 부처님께서 숱한 전생을 거듭하며 실천해 온 자비행을 유추할 수 있다.

예를 들어 화면의 공통적인 무대인 푸른 숲은 『본생경』 429편에 등장하는 '앵무새의 숲'을 떠올린다. 갠지스 강 언덕의 우담바라 숲에 살고 있던 앵무새들은 과욕을 부리지 않고 화목하게 지낸다. 숲이 가뭄에 메마르거나 나무가 시들어도 자신들의 거처를 다른 곳으로 옮기지 않는다. 먹을 열매도 없는데도. 그를 가상히 여긴 제석천이 물었다. "그대들은 어찌하여 이 숲을 떠나지 않는가?" 앵무새의 왕이 말했다. "이 나무는 우리들의 벗이며 피를 나눈 형제라고 할 수 있다. 진실한 사이란 생사고락을 함께 하는 것이다. 나무가 말라 죽었다고 해서 어찌 이 숲을 떠나갈 수 있단 말인가?" 그 앵무새의 왕이 부처님의 전생이라고 『본생경』은 전한다. 설화는 변치 않는 신의와 믿음의 중요성을 환기시킨다.

화면 저마다가 『이솝우화』처럼 교훈적인 내용을 담고 있다. 한 컷의 화

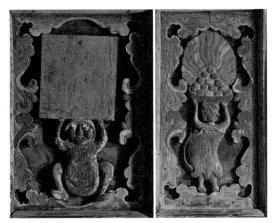

6-9 6-10 경산 환성사 대웅전 불단 향좌측 나찰

6-11 경산 환성사 대웅전 불단 향우측 나찰

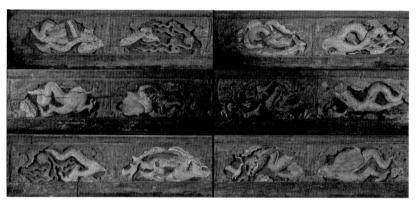

6-12 경산 환성사 대웅전 불단 정면 기단부 용 모음

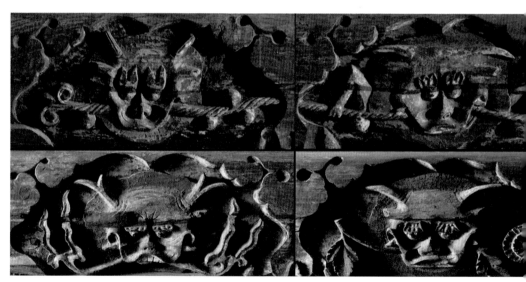

6-13 경산 환성사 대웅전 불단 좌우 기단부 용 모음

면 속에 석가모니 부처님께서 억겁의 윤회 속에서도 한결같이 위로는 진리를 구하고 아래로는 중생을 교화해온 '상구보리 하화중생(上求菩提 下化衆生)'을 실천했음을 전달한다. 영화 포스터의 스틸컷 속에 스토리 전체를 압축하고 있는 이치다. 이 점이 경산 환성사 대웅전 불단이 지닌 불교미술사적인 가치다. 경전의 변상을 조각으로 성취했기 때문이다.

좌우 측면 여덟 칸엔 세세생생의 공양과 벽사

정면 열두 폭이 석가모니 부처님의 전생 이야기를 담고 있다면, 좌우 측면을 합한 여덟 폭 병풍은 공양과 길상, 벽사의 상징 조형이다. 보주, 꽃 등 불전에 올리는 세세생생의 공양헌공(供養獻供)을 주요한 소재로 삼았다. 특히 눈길을 끄는 장면은 귀갑을 두른 직립보행의 두 나찰이 신령한 오색 기운이 흐르

6-14 경산 환성사 대웅전 불단 부분
휘어진 꽃망울 가지를 쥐고 있는 익살스러운 용 모습.

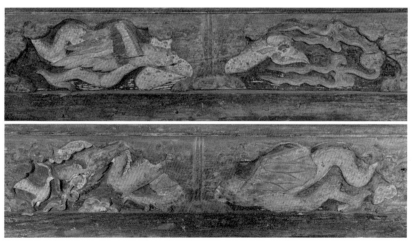

6-15, 6-16 경산 환성사 대웅전 불단 정면 하단 맨 왼쪽(위)과 맨 오른쪽(아래)의 응룡. 즉 날개가 달린 용의 모습이다.

는 보주를 그릇에 담아 이고 가는 대목이다.

두 나찰은 원숭이 형상에 거북처럼 등에 귀갑을 둘러 괴이하다. 향좌측의 나찰은 오색영롱한 구슬 무더기를 함지박 같은 것에 담아 나르고, 향우측의 나찰은 그릇에 커다란 여의보주를 담아 머리에 이고 간다. 두 나찰의 걸음 방향은 부처님께서 계신 중앙으로 향하게 했다. 공양의 의미임을 알 수 있다. 영롱한 빛이 흐르는 보주를 공양하는 이런 신비한 장면은 가끔 접할 수가 있는데, 일본 다이토쿠지(大德寺) 소장 고려불화 〈수월관음도〉에서도 확인할 수 있다. 향좌측 측면에는 또 한 명의 인비인(人非人)이 등장한다. 알몸을 드러낸 채 정방형 청판을 치켜들고 있다. 강화도 전등사 대웅보전 처마 밑을 받치고 있는 나찰과 비교된다. 업경대를 들고 있는 장면이라고 하지만 명확하진 않다.

또 좌우 측면에는 세세생생 시들지 않는 공양화의 의미로 다양한 꽃을 아름답게 조각해 뒀다. 정면 칸칸의 무대 공간이 목본의 꽃나무 숲이라면, 측면의 무대 공간은 초본의 꽃밭이거나 물고기가 유영하는 연지(蓮池)다. 꽃들은 관념의 선(善)으로 피워 올린 이상화로 조각했다. 꽃봉오리들은 현실의 연꽃, 모란, 국화에서 모티프를 취했다. 특히 물고기가 헤엄치는 연지의 장면은 영락없이 조선 후기 민화의 화조도나 어해도 속의 한 장면 같다. 조선 후기 불단 조형에 고려불화의 전통과 당대의 민화 화풍이 두루 흐른다.

기단부엔 용들의 졸업 앨범

불단의 하단 조형에도 장인의 예술가적 역량이 발휘되었다. 하단은 용의 세계로 장엄했다. 정면의 하단엔 보주를 움켜쥐려 용틀임하는 여섯 마리 용을 좌우대칭으로 경영했다. 그에 비해 좌우 측면의 하단 칸칸에는 용의 얼굴 정면을 베풀었다. 그런 발상은 이웃해 있는 영천 은해사 백흥암 극락전의 불단 하단에서도 똑같이 나타난다. 백흥암 불단 하단의 용 조형이 하나의 전형에 충실한 고전주의 양식이라면, 환성사 불단의 용은 낭만주의 경향이다. 특히 좌우 측면의 하단에 투각한 용 얼굴에서 해학과 익살, 자유로운 발상 등 낭만주의 경향이 뚜렷하다. 입에 물고 있는 지물과 용의 표정은 고정관념을 깨트렸다. 입에 문 것이 연꽃 가지뿐만이 아니라 신령한 붉은 기운, 새끼줄처럼 배배 꼰 넝쿨 줄기, 부처님 제1의 법구인 금강 삼고저(三鈷杵) 등이다. 발상이 자유분방하다. 특히 사람처럼 두 팔로 붉은 꽃망울 가지를 휘어잡고 있는 조형 앞에선 웃음이 절로 나온다. 표정도 제각각이다. 카리스마 넘치는 용, 한 성깔 있어 보이는 용, 어수룩하고 순해 빠진 용, 똘망똘망한 용 등 마치 용들의 졸업 앨범을 큭큭거리며 들춰 보는 느낌이다. 용의 얼굴 정면은 사악함으로부터 청정함을 지키려는 벽사의 상징이다. 특히 용은 물 에너지의 의인화다. 물의 기운으로 화마를 다스리려는 주술의 의미가 강하다.

정면 하단의 용 장엄에선 대칭과 배치의 라임(rhyme)이 눈에 띈다. 중단 12폭에서 2폭씩의 하단을 하나의 화면으로 삼아 용틀임하는 용을 하나씩 새겼다. 모두 여섯 마리 용을 조각했다. 좌우 세 마리씩의 용은 중앙을 마주보는 대칭구도로 배치했다. 몸통의 색채도 향좌측부터 황-청-황-청-황-청의 순으로 교대로 입혀 리듬감을 살렸다. 유심히 살펴보면 좌우 양끝에 서로 대칭의 자리에 있는 용은 특별히 날개를 가졌다. 응룡(應龍)이다. 그런데 대칭의 구도 속에 비대칭을 가미했다. 두 용 모두 날개 가진 응룡이지만 형상은 확연히 다르다. 향좌측의 황색 응룡은 얼굴이 봉황을 닮았다. 입은 부리 모양이고, 머리에 뿔 대신 벼슬을 달고 있다. 조형의 통일성 속에 변화의 생동감을 끌어내는 발상이 훌륭하다.

불상의 조상(造像)에선 32상 80종호의 규범이 있어 대체로 엄격한 편이다. 그런데 불단, 닫집, 천장, 꽃살문 등의 조형에선 조영 법식이 따로 정해져 있는 것이 아니어서 승장(僧匠)이나 소목장의 창의성이 때때로 자유롭게 펼쳐지곤 한다. 민화의 부흥에 발맞춰 환성사 불단은 한 시대 예술적 특성을 종교 장엄으로 훌륭하게 승화시켰다. 민중 속에 유통되던 민화 양식이 종교 장엄에 스며들었다. 형식에서도, 내용에서도 장인의 창조적 정신이 돋보이는 예술적 성취다. 그 역시 경전의 변상 조각으로서 둘도 없는 그 절집의 빛이다. ✵

7

나무로 만든
후불탱

― 예천 용문사 대장전 목각탱

입체 탱화, 목각탱

탱화(幀畵)는 불교의 가르침을 그림으로 표현한 것이다. 보통 비단이나 삼베, 종이 등에 그린다. 법당 내부에 불상을 모시면 불상의 안전이나 장엄을 위해 대개 불상 뒤에 흙이나 나무판으로 만든 벽을 따로 세운다. 불상 뒤에 세운 벽을 후불벽이라 한다. 후불벽에 걸어둔 탱화를 '후불탱화(後佛幀畵)'라 부른다. 일반적으로 대웅보전의 석가모니삼존불 후불벽에는 영산회상도를, 극락보전의 아미타삼존불 후불벽에는 극락회상도를 후불탱화로 봉안한다. '회상도(會上圖)'는 성중이 모인 진리의 설법 장면을 표현한 그림이라는 의미. 후불탱화의 재질은 천이 대부분이고, 벽화의 경우 마감한 흙벽 자체가 바탕이 된다. 그러다 보니 평면 회화가 대부분이다. 이렇게 불전의 본존불 뒤에 후불탱화를 배치하는 장엄 형식은 우리나라에만 있는 독창적인 양식이다.

그런데 임진왜란, 병자호란의 양란 이후 17세기 후반에 경상북도 영주, 예천, 상주 일원을 중심으로 대단히 독특한 후불탱 양식이 나타났다. 목각탱(木刻幀) 양식이 그것이다. 붓으로 그리던 후불탱을 나무에 입체적 조각으로 새겼다. 나무로 조각한 후불탱을 두고 조성 주체나 발원, 시주자 등을 기록한 화기에는 '판탱(版幀)', '후불목탱(後佛木幀)', '판불(板佛)' 등으로 표현하고 있다.

목각탱은 나무로 만든 입체적 탱화다. 한마디로 '후불탱화의 조각화'로 요약할 수 있다. 후불탱과 불상 조형의 성질을 동시에 갖는 희귀한 성보다. 목각탱은 불보살과 성중, 장엄 소재를 환조(덩어리 전부를 입체적으로 조각한 것)에 가까운 고부조(주제 면의 높낮이에 따라 고부조, 중부조, 저부조로 나누는데 고부조가 도드라짐이나 파임이 가장 높다.), 혹은 투조(표현 주제 면 이외의 면을 뚫어 표현하는 것. 한쪽 면 혹은 양쪽 면을 뚫어 제작한다.)로 입체감 있게 조각한 형식을 띤다. 크기는 후불탱 자리에 목각탱으로 대체한 까닭에 후불탱 크기와 별반 차이가 없다. 평균적으로 가로와 세로 길이가 각각 2~3m에 이른다. 그러다 보니 보통 폭 50cm

7-1 여수 흥국사 대웅전 목조석가여래삼존상(조선 후기)과 후불탱화(1693년)
석가모니 부처님을 주존으로 모신 법당의 후불탱화는 대개 부처님이 영산에서
여러 성중들에게 설법하는 장면을 그린 영산회상도다.

7-2 문경 대승사 대웅전 목각아미타여래설법상(1675년)

원래 부석사에 있던 것인데 1869년 대승사로 옮겨 왔다. 2017년 국보로 승격됐다.

수미좌 형식의 대좌가 눈길을 끈다. 하나의 판재로 만든 하단부에 구품연화좌를 좌우대칭으로 펼쳐 뒀다.

중앙의 상품상생 연화좌는 청색으로, 나머지 품생 자리는 붉은색으로 표현했다.

가량의 판재 네다섯 장을 나비장으로 이어 붙여 만든다. 판재라고 하지만 문경 대승사 대웅전 목각탱과 같이 두께가 근 25~30cm에 이르는 목재들로 11매 이어서 만들기도 한다.

현존하는 목각탱은 열 점 정도가 있다. 문경 대승사 대웅전 목각탱(1675년, 347x279cm), 예천 용문사 대장전 목각탱(1684년, 265x218cm), 상주 남장사 관음선원 목각탱(1694년, 165x195cm), 상주 남장사 보광전 목각탱(조선 후기, 226x236cm), 남원 실상사 약수암 보광전 목각탱(금산사 성보박물관 보관, 1782년, 181x183cm), 서울 경국사 극락보전 목각탱(17세기 후반 또는 1887년 추정, 177x176cm) 등이 국가 지정 보물로 등록되어 있다. 그 외에 건륭 2년(1737년)의 제작 기록을 가진 단양 방곡사 목각탱이 있고, 완주 미륵사, 서울 연화사, 고양 홍국사 등에도 근대에 조성한 것으로 추정하는 목각탱이 전해진다. 목각탱에 조성한 세계는 아미타불께서 극락정토에서 설법하는 아미타여래 극락회상이 대부분이지만 석가여래 영산회상(서울 연화사 대웅보전 목각탱)이나 치성광여래를 주존불로 하는 칠성 신앙 내용의 목각탱(단양 방곡사)도 있다.

보물로 지정된 여섯 점의 목각탱 중에서 네 점이 문경, 상주, 예천 등 경북 북부 지역에 몰려 있어 시선을 끈다. 동일한 제작자 집단의 활동 범위와 깊은 연관성이 있을 것으로 추정하고 있다. 용문사 목각탱 화기, 용문사 금당시창복장기 등에 공통적으로 등장하는 소영당 신경-종현의 증명(證明), 화원질의 첫머리에 나오는 조각승 단응과 탁밀의 이름에 주목할 필요가 있다. 일련의 불사 과정에서 총괄 지휘는 소영당 신경 스님, 증명 법사는 종현 스님, 조각은 단응과 탁밀 등의 승장 스님들이 제작하는 협업 체계가 눈에 띈다. 예천 용문사, 영월 보덕사, 상주 갑장사, 안동 봉황사 등의 불상 조성 과정 등에서 얽히고설킨 같은 이름이 반복해서 나타난다. 목각탱 제작에서도 활동 무대와 화풍, 조각 양식 등이 두루 일치하는 경향을 보인다. 특히 대승사 대웅

7-3 서울 경국사 목각아미타여래설법상(木刻阿彌陀如來說法像, 1694년)

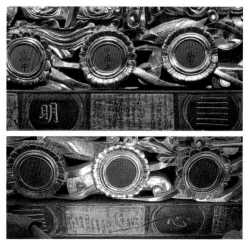

7-4, 7-5 예천 용문사 대장전 목각탱의 하단부 구품연화좌와
화기 하단부 향우측(위)과 향좌측(아래).
화기(畵記)가 있어 조성 연대(1684년) 등을 확인할 수 있다.

전 목각탱과 용문사 대장전 목각탱은 내용과 형식에서 서로를 비추는 거울
처럼 닮았다. 증명 법사 종현(宗現)의 이름은 두 목각탱 화기에 동시에 등장
한다. 17세기 후반 경북 북부 지역에서 이들 승려 장인들이 서로 긴밀히 협
업하면서 사찰 불사에 활발히 관여하였음을 짐작할 수 있다.

한국 목각탱의 대표작, 대승사 목각탱

현존하는 최고 최대 규모의 목각탱은 문경 대승사 대웅전의 목각탱이다. 대
승사 대웅전 목각탱은 원래 영주 부석사 금색전(金色殿)에 있었다. 금색전은
현존하진 않지만 안양루 석단 아래에 그 추정 터는 남아 있다.

　　1862년 대승사에 화재가 발생하여 법당, 승방 등이 소실됐다. 새로 법당

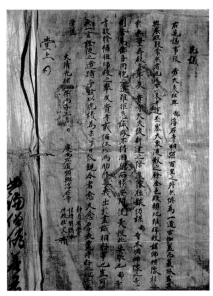

7-6 문경 대승사 목각아미타여래설법상 관계문서 ⓒ문화재청
목각아미타여래설법상을 놓고 있었던 대승사와 부석사의
분쟁 관계를 담은 문서로 조선 후기 불교조각을 연구할 때
귀중한 자료로 평가된다. 보물로 지정되어 있다.

7-7 문경 대승사 목각아미타여래설법상 하단 부분
지수화풍은 물론 방위와 시간까지 묘사하는 등
불교 세계관을 적극적으로 표현하고 있다.

을 지었지만 불상을 새로 조성할 형편은 아니었던 모양이다. 그래서 당시에 모실 부처님은 있고 스님은 없는 폐찰 위기의 영주 부석사에서 먼지를 덮어 쓴 목각탱을 옮겨오기로 했다. 우여곡절의 이운 승인 절차를 거쳐 옮겨 모셔 온 때가 동치(同治) 8년(1869년)이었다. 대승사 목각탱의 하단 틀에 적힌 명문에 그 같은 기록이 남아 있다. 이후 두 사찰 간에 목각탱 소유권을 놓고 분쟁이 일었다. 부석사에서 목각탱을 돌려달라고 소송한 것이다. 사연은 부석사-대승사간 목각탱 소유권을 놓고 다툰 1869~1876년 사이 11종의 분쟁 기록 문서 속에 고스란히 담겨 있다. 결국 목각탱 반환 대신 부석사 조사당 건립 비용을 대승사가 부담하는 조건으로 쌍방 합의하여 타결했다.

2007년 전까지만 해도 시대가 가장 오래된 목각탱 타이틀은 예천 용문사 목각탱이 가지고 있었다. 하지만 2007년 불교문화재연구소 조사에서 대승사 목각탱의 아미타불 법신 뒤편에서 강희 14년(1675년) 조성 기록이 발견됨으로써 위상이 뒤바뀌었다. 이후 면밀한 고증 과정을 통해 대승사 목각아미타여래설법상이 목각탱의 모본이자 전무후무한 최고 최대의 작품으로 인정되었고, 마침내 국보로 지정되기에 이르렀다.

대승사 목각탱은 극락회상에 모인 성중으로 8대보살, 10대 제자, 사천왕뿐만 아니라 범천·제석천·천·용왕 등 천인들까지 망라한다. 다양한 군상이 밀도 있게 결집해서 웅장함과 힘이 흐른다. 게다가 참가 성중의 존명을 개개의 방제란에 새겨 뒀다. 특히 아미타불께서 결좌해 계신 연화좌를 우주의 중심에 있는 수미산으로 표현하여 불교 세계관을 아우르기도 한다. 연화대좌에 지수화풍의 세계를 표현하고 방위와 시간 개념의 간지까지 새겨 불교 우주관을 조형화한 희귀한 장면을 구상화했다. 대좌를 수미좌로 완성해 둔 것이다. 크기와 내용, 구성, 표현력 등에서 가히 독보적인 목각탱이다.

대승사 목각탱의 축소판, 용문사 목각탱

예천 용문사 목각탱은 대승사 목각탱을 제작한 지 9년 후에 조성한 것이다. 대승사 목각탱을 제작한 동일한 승장 집단에 의해 조성된 것으로 추정한다. 그래서인지 서로 상당히 유사하다. 단지 용문사 목각탱은 작은 대장전의 규모에 맞춰 크기를 축소하고, 아미타여래 극락회상에 참가한 성중 구성원도 필수 존상으로만 압축했다. 대승사, 용문사의 두 목각탱 속에는 공통된 교의 내용과 형식이 구현돼 있다. 구도는 상·중·하 3단 형식으로 조영했다. 상단은 긴 판재 두 장을 가로로 나란히 엮어서, 중단은 긴 판재 7장(대승사)이나 5장(용문사)을 세로로 엮어서, 하단은 긴 판재 한 장에 교의 내용을 조각했다. 각 단의 내용과 펼쳐진 경전은 다음과 같다.

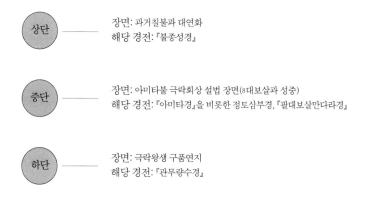

상단 —— 장면: 과거칠불과 대연화
해당 경전: 『불종성경』

중단 —— 장면: 아미타불 극락회상 설법 장면(8대보살과 성중)
해당 경전: 『아미타경』을 비롯한 정토삼부경, 『팔대보살만다라경』

하단 —— 장면: 극락왕생 구품연지
해당 경전: 『관무량수경』

목각탱에 구현한 세계는 아미타설법도, 관경16관변상도, 구품왕생도 등의 불화 내용과 일정하게 겹친다. 특히 목각탱 중단의 아미타여래-8대보살로 구성한 아미타불 설법회 장면과 하단에 구품왕생 연화대를 배치한 구성은 16·17세기에 간행·유통된 〈근수정업왕생첩경변상도(勤修淨業往生捷徑變相圖)〉 도상과 유사하다. 하단의 아홉 연화대에 "上品上·上品中·上品下·中

7-8 〈권수정업왕생첩경도(勸修淨業往生捷徑圖)〉(1678년, 울산 운흥사 목판본)

品上·中品中·中品下·下品上·下品中·下品下” 등의 구품왕생 자리를 새겨 둔 것은 조형에서 서로 긴밀한 연관성을 시사한다.

틀까지 온전한 전형, 용문사 목각탱

대승사 목각탱이 가장 앞선 제작연도와 구성, 내용, 크기, 표현력, 성보 유산에 얽힌 서사 등에서 중요한 의의를 가진다면 용문사 목각탱은 완전한 구성과 형식미로서 중요한 위치를 차지한다. 용문사 목각탱은 다음 세 가지 측면에서 고귀한 의의를 가진다.

첫째, 법당의 아미타삼존상과 함께 한 쌍으로 조성된 후불목탱이라는 사실이다. 대세지보살–아미타불–관세음보살 목조삼존상과 같은 시기에, 같은 조각승들이 조각했다. 불상과 후불목탱이 같은 시기에, 같은 장인에 의해 동시에 조성된 매우 희귀한 사례다. 그래서 불단 위에 봉안한 아미타삼존상의 상호는 목각탱 속의 세 분의 이미지와 흡사하다. 불상과 후불목탱이 교리상 일치하는 유기적 구성을 보여 준다.

둘째, 액자 형태의 외곽 틀까지 손상 없이 완벽한 형식을 갖추고 있는 점이다. 대승사 목각탱의 틀은 현재 상·하에만 문양이 남아 있고, 좌·우에는 장식이 없는데, 그마저도 새 각재 틀로 교체한 것이다. 1956년 화재로 틀의 원형을 소실했다. 그런데 국립중앙박물관이 소장하고 있는 1905년에 촬영한 대승사 목각탱 유리건판 사진을 보면 두 사찰 목각탱의 외곽 틀은 거의 일치함을 알 수 있다. 좌우 변에 새긴 네 문장의 각자 내용도 동일하다. 팔괘 구성과 배치에서만 차이를 보일 뿐이다. 용문사 목각탱은 구성에서 완벽한 모습을 갖춘 전형을 보여 준다.

셋째, 용문사 목각탱은 부석사 금색전에서 옮겨 모신 대승사 목각탱과

7-9 예천 용문사 대장전 목조아미타여래삼존좌상(木彫阿彌陀如來三尊坐像, 1684년)과
목각아미타여래설법상(木刻阿彌陀如來說法像, 1684년). 드물게도 불상과 후불 목각탱을 같은 시기 한 쌍으로 조성했다.

7-10 예천 용문사 대장전 목각아미타여래설법상(木刻阿彌陀如來說法像, 1684년)
2022년 국립중앙박물관 특별 전시 때 촬영한 사진이다.

7-11 예천 용문사 대장전 목조아미타여래삼존좌상 대좌 부분

7-12 예천 용문사 대장전 목각아미타여래설법상 틀의 상단

는 달리 원래 봉안 자리에 변함없이 모셔져 있다는 점이다.

용문사 목각탱은 테두리 틀까지 온전한 형태를 갖추고 있어 내용과 구성에서 완벽한 전형을 보여 준다. 같은 조각승들이 대승사 목각탱 제작의 경험을 토대로 법당의 크기에 맞춘 화면 공간을 창의적으로 해석하며 능수능란하게 변주했다. 그런 점은 아미타불의 연화좌에서 잘 드러난다. 대승사의 경우 연화좌를 가운데 허리가 잘록한 수미좌 형식의 조각과 '수륜·화륜·지륜(水輪·火輪·地輪)' 등의 문자 표현을 통해 불교 세계관의 중심인 수미산으로 구현했다. 그런데 용문사 목각탱의 경우 아미타불의 연화좌를 도끼로 찍어낸 듯 깎아지른 바위산 모양으로 조각했다. 직관적으로 수미산을 연상케 하는 감각적인 방식을 구사해서 서로 비교된다. 사실 용문사 목각탱은 조형, 구성, 형식에 있어 어디 한 곳 아쉬운 데가 없다. 목각탱 아름다움의 정수를 보여 주는 한국불교 목조각의 수작으로 손색이 없다.

극락정토 구품연지로 왕생발원

예천 용문사 대장전 목각탱은 그 앞에 봉안한 대세지보살-아미타불-관세음보살의 목조아미타삼존불과 짝을 이루는 일체형의 후불 목각탱이다. 아미타삼존불과 후불 목각탱이 같은 시기, 같은 승장들에 의해 조영됐다. 모본을 바탕으로 두터운 판재에 회화적인 초를 그리고, 고부조와 투조로 조각한 뒤 도

금으로 마무리했다. 목각탱의 전체 구조는 좌우대칭을 이루고 있다. 장방형의 틀 좌우 외부에는 오색찬란한 기운이 흐른다. 극락조(봉황) 출현의 상서로움을 더해서 목조 후불탱화의 종교적 거룩함을 아름답게 부각했다.

  사각형 틀은 대단히 세련되고 인상적이다. 9년 앞서 제작된 대승사 목각탱 외곽 틀과 같은 법식을 갖추었다. 하지만 대승사 목각탱 틀은 화재로 원형을 잃었다. 목각형 틀의 원형은 용문사 목각탱에만 현존한다. 먼저 사각형의 네 모서리에는 초록 12엽의 연화를 얹었다. 씨방 자리에는 금니(金泥, 금박 가루)를 입혔고, 모든 잎의 중앙에 흰 점을 찍어 내밀한 힘을 부여하고 있다. 틀의 각 변에는 주역의 팔괘 두 개를 결합한 대성괘 64괘 중에서 3개씩, 네 변에 모두 12개의 대성괘를 넣어 동양철학의 보편적 우주관을 포용했다. 틀의 윗변에는 대성괘와 함께 산스크리트 '옴(ૐ)' 자와 '만(卍)' 자를 새겨 놓았다. 산스크리트 '옴(ૐ)' 자는 법신 비로자나불의 상징 종자자(種子字, 씨앗 범자)이기도 하다. 모든 부처님이 거기에서 나왔고, 모든 보살도 거기에서 나왔고, 모든 진언과 다라니는 그로부터 시작한다. '만(卍)' 자는 부처님의 만행만덕을 포섭한다. 두 문자는 목각탱에 신성한 생명력을 불어넣는다.

  사각형 틀의 아랫변은 파격적이다. 향좌측부터 대성괘-화기-한자 心-화기-대성괘-화기-한자 明-화기-대성괘 순서로 문양을 배열하고 있다. 틀의 한 변 네 곳에 걸쳐 화기(畵記)를 적어 둔 경우는 유례를 찾기 힘들다. 특히 '明'과 '心' 자의 문양 장엄은 대단히 인상적이다. 두 글자는 '명심(明心)'의 울

7-13, 7-14 예천 용문사 대장전 목각아미타여래설법상 하단

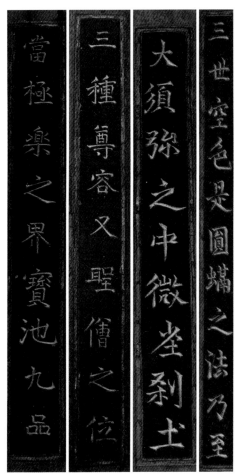

7-15 예천 용문사 대장전 목각아미타여래설법상 틀에 새긴 문장
왼쪽부터 향좌측 위 - 향좌측 아래 - 향우측 위 - 향우측 아래 순서다.

림을 가진다. '명심'은 밝은 마음이다. 그것은 '청정'과 통한다. 불교 가르침의
궁극은 '청정한 마음'에 있다. 틀의 좌우 양변에 주목할 문장을 새겨 두었다.
좌우에 각각 두 문장씩 네 문장을 새겼다. 목각탱에 담고 있는 장엄 세계를
밝히고 있다.

> 향우측
> 위: 大須彌之中微塵刹土
> (대수미지중미진찰토, 대우주 속에 무수한 불국토)
> 아래: 三世空色是圓融之法乃至
> (삼세공색시원융지법내지, 삼세의 공과 색은 원융한 법)
> 향좌측
> 위: 當極樂之界寶池九品
> (당극락지계보지구품, 여긴 극락세계의 구품연지)
> 아래: 三種尊容又聖僧之位(歸依)
> (삼종존용우성승지위(귀의), 아미타삼존과 성스러운 스님들께 귀의합니다.)
> '귀의(歸依)' 구절은 대승사 목각탱 틀에서만 보인다. 1905년에 찍은 사진을 통해 확인할
> 수 있다.

이 문장들은 목각탱에 표현한 세계와 긴밀히 연결돼 있다. 또 아래에 새겨 둔
두 글자 '명심(明心)'과도 유기적 통일을 이룬다. 부처님과 불국토를 떠올리
며 수행하는 염불 수행과 밀접하다. 『관무량수경』에서 석가모니 부처님께서
누차 부처님과 불국토를 관하면서 깊이깊이 마음속으로 생각하라고 가르치
신 대목과 겹쳐진다. 그때야 후불탱을 왜 입체감 강한 목각탱으로 조각해서
봉안하였는지 분명히 이해된다. 목각탱은 정토왕생 염불 수행을 위한 시각

7-16 예천 용문사 대장전 목각아미타여래설법상 중심 부분

적 관상물로 조성했음이 분명하다. 조형의 바탕에『관무량수경』에서 석가모니 부처님께서 누누이 강조하신 정토 염불 수행의 가르침이 담겨 있다. 용문사 아미타삼존상과 목각탱은『관무량수경』의 교의를 목조각으로 구현한 전형의 목각탱으로 정의할 수 있다.

극락회상도와 구품왕생도 결합

향좌측의 두 문장은 목각탱을 이해하는 데 중요한 단서를 제공한다. 즉 목각탱은 아미타삼존을 비롯한 설법회 존상과 구품연지를 동시에 표현하고 있음을 알려 준다. 그것은 이 목각탱의 조형 모티프가 아미타불 극락회상도와 구품왕생도에 있음을 뒷받침하는 대목이다. 목각탱의 교리적 배경을 유추할 수 있는 내용이기도 하다.『관무량수경』을 비롯한 정토삼부경을 조형의 바탕이 되는 경전으로 삼았다.

틀 내부의 조형은 여덟 장의 판목을 사용했다. 화면의 중심부에 세로로 다섯 장의 판목을 끼워 맞추고, 상단과 하단에는 각각 두 개의 판목과 하나의 판목을 가로로 짜맞춘 구조다. 좌우에 구름 형상을 새긴 폭이 좁은 목재는 다섯 장의 세로 판목 중에서 두 번째, 네 번째 판목에서 잘라낸 것으로 보인다. 화면의 중심부엔 아미타여래 극락회상도 장면을 새겼다. 화면 중심부도 3단으로 구성했다. 중단과 상단에는 아미타불을 중심으로 팔대보살과 석가모니 부처님의 상수제자 가섭, 아난 존자를 봉안하고, 하단 영역에는 4위의 사천왕을 나란히 배치했다. 8대보살은 보현-문수보살, 대세지-관세음보살, 제장애-금강장보살, 지장-미륵보살로 대응하는 좌우대칭 구도로 배치했다. 이같은 팔대보살의 구성과 배치는 대승사 목각탱 구성과 동일하고, 일본 엔랴쿠지(延曆寺) 소장 고려불화 〈아미타팔대보살도〉에 등장하는 팔대보살 구성과도 일치한다. 『팔대보살만다라경』의 구성과는 허공장보살 자리에 대세지보살을 대신한 차이가 있다.

목각탱의 상단 중앙엔 금빛 대연화가 극락정토를 웅변한다. 금빛 찬란한 대연화는 장엄 세계가 진리와 자비로 충만한 연화장 세계임을 압축하는 상징 조형이다. 석굴암 궁륭(穹窿) 천장에 조각한 대연화와 뜻이 같고, 조선시대 불화 상단에 그린 대연화와도 상통한다. 대연화 아래에 중앙에 한 분, 좌우에 세 분씩 모두 일곱 분의 부처님께서 홀연히 나투셨다. 대승사 목각탱을 참고할 때 석가모니 부처님을 포함한 과거칠불로 파악된다. 그렇다면 중앙에 홀로 계신 분은 칠불 중 제1불인 비바시불(毘婆尸佛)로 연결된다. 부처님의 가르침과 공덕은 시공을 초월하여 억겁에 걸쳐 무한함을 일깨운다. 공간엔 흰색 서기가 성스럽게 뻗치고 있다. 부처님의 몸에서 나온 흰 서기는 진리와 자비로 충만한 성스러운 기운으로 법계우주에 충만하다. 왜 부처님 몸과 머리에서 나온 빛은 방사형의 직선으로, 또는 우아한 곡선의 나선형으로

7-17 예천 용문사 대장전 목각아미타여래설법상 상단 부분
대연화를 펼쳤으며 대연화 아래에는 과거칠불이 조그맣게 조각되어 있다.

휘감아 확산하는 것일까? 진리와 자비가 시방삼세에 두루 미치지 않는 곳이 없기 때문이다. 부처님의 몸에서 나오는 흰빛의 조형은 상주 남장사 보광전, 서울 경국사 극락보전 목각탱에서도 나타난다. 흰빛은 청정의 의미가 담긴 가장 수승한 빛이다. 그런데 흰빛을 2021년에 오색으로 개채(改彩)를 했다. 최상단 중앙의 흰색 연화도 붉은색으로 개채했다. 모본인 대승사 목각탱의 규범에 따른 개채로 보인다.

아미타불은 불상의 환조만큼이나 도드라진 고부조로 새겼다. 광배의 구성과 문양 처리가 대단히 심오하고 심미적이다. 광배는 본질적으로 부처님의 위신력과 자비력에서 나오는 아우라를 구상적으로 표현한 조형이다. 아미타불의 광배에는 넝쿨연화문, 태극과 팔괘문, 육각문, 불꽃 형상의 화염문 등을 새겼다. 우주에 가득한 생명 에너지들을 결집했다. 광배의 중심부에 어떤 문양이 있을까? 여래의 머리 뒤편을 보면 놀랄 만한 문양이 있다. 광배의 중심 자리에 커다란 육각형을 새겼다. 육각형은 본질적으로 생명의 감로

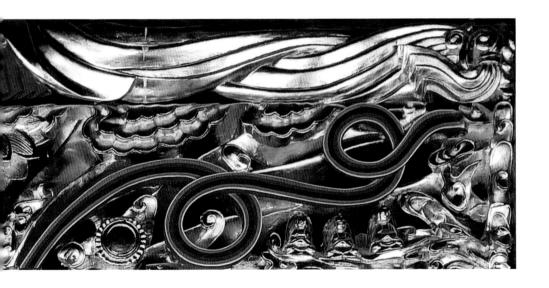

7-18 예천 용문사 대장전 목조아미타여래삼존좌상과 목각아미타여래설법상 개채 이전

7-19 예천 용문사 대장전 목조아미타여래삼존좌상과 목각아미타여래설법상 개채 후(2021년 개채)

7-20 예천 용문사 대장전 목각아미타여래설법상 광배 부분

7-21, 7-22 문경 대승사 대웅전 목각아미타여래설법상 최하단 보병

수를 상징한다. 물을 상징하는 육각형 꼭짓점에서 연꽃이 피고, 넝쿨이 나온다. 태극 우주에는 생명 에너지가 충만하고 나선형으로 순환한다. 부처님의 진리와 자비로 충만한 법계우주를 태극과 팔괘, 육각형으로 표현했다. 광배 문양에 도가와 유가, 불교 철학의 습합(褶合)이 이뤄졌다. 습합은 습관적으로 몸에 배는 것이다. 금빛 광배의 바깥으론 태양의 플라즈마처럼 붉은 기운이 요동친다. 광배가 온갖 생명 에너지의 덩어리다. 온갖 에너지가 팽창해 있는 광배의 끝자락에서 마침내 폭발하듯 빛이 나온다. 태초의 빅뱅 장면 같다. 에너지 줄기는 배배 꼬인 엄청난 응집력, 원심력으로 폭발한다. 왜 폭발하는가? 억겁에 걸친 바라밀 수행과 서원으로 이룬 진리와 자비의 빛이기 때문이다. 분화구의 화산 폭발처럼 분출한 빛은 대칭의 나선형 곡선으로 무한히 확산한다. 화면에 성스러움을 불어넣고 종교적 신심을 고양시킨다. 관상의 미 차원을 넘어 외경의 거룩함으로 이끈다.

삼존불에 가려 잘 보이지 않는 맨 아래 하단부는 구품연지의 세계다. 『관무량수경』에서 묘사한 팔공덕수가 넘치는 보배 연못이 모티프를 이룬다. 『관무량수경』의 16관상에 묘사한 14관, 15관, 16관의 상배관, 중배관, 하배관의 연화좌가 베풀어져 있다. 연화좌의 근원은 청화백자 모양을 취한 보병에서 비롯되고 있다. 보병은 감로의 물이 담긴 생명력의 원천이다. 보병에서 생명의 넝쿨이 나온다. 보병은 '만병(滿瓶)'으로도 부른다. 만병은 『화엄경』「화장세계품」에 나오는 범어 '본낭가타(本囊伽吒, 가득 찬 병)'를 한역한 용어다. 생명 에너지로 가득 찬 병이다. 대승사와 용문사 목각탱 하단의 중앙엔 똑같이 만병(보병)이 있다. 그때 만병은 구품연지일 것이고, 연화화생의 본원력인 아미타불과 상통한다. 청화백자 형상의 보병도 현재는 도금을 입혀 금빛으로 개채했다. 중앙의 보병에서 넝쿨이 양 갈래로 뻗어 나온다. 넝쿨 줄기에 아홉 송이 연꽃이 만개했다. 연꽃은 극락왕생자들을 위한 구품 연화좌다. 중앙에 한 송이, 좌우로 네 송이씩 배치했다. 중앙의 연화에 '상품상생'을 배치했다. 극락정토에 왕생하는 사람은 근기와 쌓아온 공덕에 따라 각각 구품의 품계로 왕생한다. 아홉 송이 연화좌에는 붉은 원형 바탕을 마련한 후 그 위에 먹글씨로 '上品上'에서 '下品下'까지 구품왕생 자리를 적어 뒀다. 48대원으로 성취한 아미타불의 극락정토에 태어나기를 바라는 간절한 염원을 새겼다. 아미타불 48대원 중에서 제18원인 미타본원은 깊은 감동과 신심을 불러일으킨다.

> "제가 부처가 될 적에 시방세계의 중생이 저의 나라에
> 태어나고자 신심과 환희심을 내어 제 이름을 다만 열
> 번만 불러도 제 나라에 태어날 수 없다면 저는 차라리
> 부처가 되지 않겠나이다."

나무아미타불
나무아미타불
나무아미타불 ❀

8

법을 담은 회전 책장,
윤장대

― 예천 용문사 대장전 윤장대

범천, 법을 청하다

불교에서 말하는 '법(法)'은 통상 부처님께서 깨친 진리 자체를 이른다. '법'은 범어로 '다르마(Dharma)'라 하고, 빨리어로는 '담마(Dhamma)'라고 한다. 부처님께서 깨친 법은 위없는 깨달음, 즉 무상정등각(無上正等覺)의 세계로 중생이 이해하기엔 미묘하고 어렵다. 율장의 첫 권인『대품(大品)』내용을 수록하고 있는『마하박가』에는 부처님께서 성도 이후 진리 설법의 길을 나서기까지의 고민 장면이 고스란히 담겨 있다.

> 세존의 마음에는 이러한 생각이 떠올랐다.
> "내가 깨달은 이 법은 너무도 심오하고 깨닫기 어렵다. 고요하며 숭고하다. 사유의 영역을 초월하고 지극히 미묘하기에 오직 슬기로운 자만이 알 수 있는 것이다. 그러나 사람들은 즐거움과 쾌락에 집착한다. 그런 사람들이 이것이 있으므로 저것이 있다는 연기의 도리를 본다는 것은 참으로 어려운 일이다. 또한 갈애와 탐욕과 집착을 떠난 경지, 괴로움의 소멸에 이르는 경지, 그리고 열반(涅槃)의 도리를 안다는 것도 어려운 일이다. 내가 비록 법을 설한다 해도 다른 사람들이 이해하지 못한다면 나만 피곤할 뿐이다."

부처님께서 어렵게 깨달은 법은 미묘하고 심오해서 탐욕에 젖은 사람들은 이해하기 어렵다. 무명의 어둠과 쾌락에 빠진 사람들은 결코 이해할 수 없다고 보셨다. 그래서 부처님께선 가르침을 설하지 않기로 결심한다. 이때 하늘의 범천은 부처님의 결심을 알아채고는 크게 우려했다. "세존께서 가르침을 설하지 않으신다면 실로 이 세계는 파괴될 것이고, 이 세계는 사라질 것이다."라며 탄식했다. 범천은 순식간에 부처님께 나아가 정중히 가르침을 청해 올렸다.

"세존이시여, 가르침을 설해 주십시오. 눈에 티끌이 적은 사람들이 있습니다. 가르침을 듣지 못한다면 그들은 세상에서 줄어들 것입니다."

범천은 거듭 세 번 부처님의 가르침을 청했다. 범천이 부처께 진리 설법을 간곡히 청하는 장면을 '범천권청(梵天勸請)'이라 한다. 범천의 간곡한 청을 받고 부처님께선 세상에 나아가 진리 설법의 북을 울리시기로 선언하셨다.

8-1 통도사 영산전 내부 벽화 부분
범천권청을 묘사한 그림이다. 좌측하단에 '梵天勸請(범천권청)'이라는 화제를 새겼다.

법의 수레바퀴를 굴리다

그렇다면 누구에게 가장 먼저 진리를 전할 것인가? 부처님께선 고행에 들기 전 무소유처천(無所有處天)과 비상비비상처천(非想非非想處天)의 선정 경지를 자신에게 가르쳐 준 두 명상가 알라라 깔라마와 웃다까 라마뿟다를 떠올렸다. 하지만 두 사람은 7일 전, 하루 전에 각각 세상을 떠나고 말았음을 알았다. 그래서 부처님께선 옛 동료로서 고행을 함께 했던 다섯 비구를 떠올렸다. 천안(天眼)으로 그들이 있는 곳을 살피셨다. 교진여 등 다섯 비구는 바라나시의 녹야원에 있었다. 부처님께선 깨달음을 얻은 부다가야의 우루벨라 마을에서 첫 설법지인 녹야원까지 무려 240km를 일주일 동안 걸어갔다. 부처님께선 녹야원에서 다섯 비구를 대상으로 첫 설법을 펴셨다. 이 녹야원에서의 첫 진리 설법을 일러 '초전법륜(初轉法輪)'이라 부른다. 초전법륜은 불교 역사의 시작을 의미한다. 부처님께서 중생을 대상으로 법을 설하고, 승가(僧伽)가 형성되는 단초를 마련함으로써 불법승(佛法僧) 삼보를 갖춰 나가기 시작했기 때문이다. 초전법륜에서 다섯 비구에게 설한 최초의 법 내용은 무엇이었을까? 대체로 중도법과 사성제(四聖諦), 팔정도(八正道), 12연기라고 전해진다. 그것은 부처님 가르침의 핵심을 이룬다. 그런데 그 법은 부처님께서 만드신 것이 아니다. 법은 부처님께서 출현하시든, 출현하지 않으시든 법계에 존재하는 것이다.

부처님께선 성도 이후 45년 동안 중생 제도를 위해 법을 설하셨다. 연기법과 사성제, 팔정도 등에 대한 부처님의 설법을 일컬어 '법의 수레바퀴를 굴리셨다.'고 표현한다. 부처님의 설법을 '전법륜(轉法輪)'이라 부르는 이유다. 법륜(法輪)은 산스크리트어로 '다르마 차크라(Dharma Chakra)'라고 한다. 불교 장엄에 나타나는 법륜은 보통 중앙에 원형의 연판을 갖추고 팔각의 부챗살이 사방팔방으로 퍼져나가는 수레바퀴 형태다. 부처님 입멸 후 무불상 시대

8-2 서울 안양암 대웅전 불화
좌측 상단에 鹿苑轉法相(녹원전법상)이라는 화제가 보인다.

160

8-3 안성 칠장사 대웅전 〈치성광여래도〉 속의 금빛 법륜

8-4 〈아미타여래도〉 부분 (1286년, 일본 니혼은행 소장)
고려 시대 귀족 염승익(廉承益)이 극락왕생을 빌고자
자회(自回)에게 청해 그린 그림이다. 손바닥에 법륜이 보인다.

에 법륜은 스투파, 보리수, 연꽃, 만(卍) 자 문양 등과 함께 부처님을 상징하는 성스러운 신앙물이었다. 순환과 회전의 기하학적 상징을 통해 진리법의 영원불멸성과 광대무변을 일깨웠다.

대장전·장경각·판전

부처님의 법은 '삼장(三藏)'에 갈무리해 됐다. 삼장은 경장(經藏)과 율장(律藏), 그리고 그를 해석한 논장(論藏)을 담은 '트리피타카 tri-pitaka', 즉 '세 개의 광주리'다. 경장은 부처님의 가르침, 율장은 승가 유지를 위해 구성원들이 지켜야 할 규칙이나 계율, 논장은 경장 해설서다. 세 개의 광주리에 담은 경·율·논 일체가 대장경이다. 대장경을 펼치면 8만 4천에 이르기에 통상 '팔만대장경'으로 부른다. 경전은 전파와 유통을 목적으로 목판으로, 혹은 책으로 펴낸다. 팔만대장경 목판을 보존하기 위해 만든 대표적인 건축이 세계문화유산인 합천 해인사 장경판전이다. 장경판전 역시 팔만대장경의 규모만큼 장대하다.

그런데 해인사 장경판전 같은 특별한 경우를 제외하고는 한 사찰에서 보관 중인 경전 목판이나 목판에서 찍어낸 책인 목판본은 그 숫자가 많을 수 없다. 보관 장소의 규모도 3×2칸, 또는 3×3칸의 크기가 대부분이다. 경전 목판을 보관하는 건물에는 '대장전'이나 '장경각', '판전'의 편액을 단다. 대장전은 예천 용문사, 김제 금산사에 남아 있고 서울 봉은사는 '판전'의 이름으로, 여주 신륵사에는 '대장각'의 비명 기록으로 남아 있다. 장경각은 순천 선암사, 양산 통도사, 영주 부석사, 남양주 불암사(지장전) 등 서너 곳에 현존하고 있다.

8-5 서울 봉은사 판전. 현판 글씨는 추사 김정희선생이 71세 때 임종을 며칠 앞둔 병중에 썼다.

윤장대, 법 체험의 수레바퀴

예천 용문사 대장전은 대단히 희귀하고 특별한 전각이다. 용문사 대장전에 갈무리한 대장경은 서적으로 펴낸 경전류다. 대장전에 보관한 경전은 무엇이었을까? 용문사 소장 대장경 간행기를 보면 『문수경』, 『묘법연화경』, 『80권본 화엄경 해설서』 등의 목록을 확인할 수 있다. 용문사 대장전의 특징은 서적들을 보관하는 책장 장치에 있다. 그 장치가 '전륜장(轉輪藏)'이라고도 부르는 '윤장대(輪藏臺)'다. 불단을 중심으로 좌우에 1기씩 2기가 있다. 윤장대는 간단히 말하면 대장경 서적을 보관하는 회전식 책장이다. 건축 기능을 살린 구조적 형태의 독자성과 함께 종교 장엄의 아름다움까지 갖추고 있다. 또한 우리나라에는 오직 하나뿐이다. 물론 문헌 기록이나 절터 발굴 과정에서 다른 곳에서도 대장전 터가 나오고, 윤장대 시설을 갖춘 흔적이 발견된 사례도 있다. 영동 영국사와 양주 회암사지에서 대장전 터와 윤장대 시설 유구가 발굴되었다. 또한 15세기 조선의 학자 남효온의 금강산 기행문에는 금강산 장안사에 삼단으로 만든 회전식 대장경함이 있었다고 기록되어 있다. 하지만 현존하는 윤장대의 사례는 용문사 것이 유일하다.

대장전은 경전을 보관한 작은 도서관이다. 윤장대는 이런 도서관의 회전식 서가 시설이라 할 수 있다. 용문사에 대장전과 윤장대를 설치한 연유는 1972년 대장전 보수공사 당시 발견된 1767년의 「중수상량문」에서 밝히고 있다. "일찍이 서역의 구담씨가 팔만대장경 경전을 용궁에 안치하였는데 이로 인해 대장전이 세워졌다."고 언급하고 있다. 즉 인도사람 구담씨(구담마)가 팔만대장경을 용궁에 안치하였듯이 사찰명이 '용문(龍門)'인 용문사에 대장전을 세웠다는 것이다. 불교 설화의 인연을 따라 시설하였다는 서사적 플롯이 흥미를 끈다. 용문면 인근이 용궁면이라 인연이 특히 기이하다. 그에 앞서 1185년의 기록인 〈중수용문사기(重修龍門寺記)〉 비명에는 고려 중기 명종

3년(1173년)에 조응 스님과 자엄 스님의 발원에 의해 윤장대 두 좌(座)와 그를 안치할 건물 세 칸을 만들었다는 기록이 남아 있다. 대장전과 윤장대는 서로 긴밀한 유기적 일체형으로 동시에 건립하였음을 알 수 있다. 대장전과 윤장대는 법의 집이고, 법의 수레바퀴다. 둘은 뗄 수 없는 한몸이다. 그에 따라 지난 2019년에 윤장대는 대장전 건축과 함께 한 묶음으로 국보로 지정됐다. 하지만 현재의 윤장대는 천계 5년(1625년)에 대대적으로 중수한 17세기 양식으로 보는 것이 통설이다. 1625년의 중수 사실은 윤장대 내부의 묵서 기록을 통해서 확인된다. 윤장대는 근 850년 동안 한자리에서 전승해 온 고귀한 성보임은 분명하다.

윤장대 돌리면 경전 독송한 공덕과 같아

윤장대의 건축적 미덕은 보관 장치로서의 기능보다는 경전함을 회전시키는 기능에 있다. 경전을 담은 경전함을 굴리는 것은 법을 굴리는 전륜장의 개념과 통한다. 윤장대엔 가슴 높이 부근에 목선의 노처럼 튼튼한 손잡이를 달아뒀다. 신분에 관계없이 누구나 윤장대를 돌릴 수 있다. 티베트의 불교 법구인 마니차(경륜)를 돌리는 원리와 유사하다. 마니차는 진언 등을 새긴 원통형 법구다. 티베트에서는 마니차를 돌리면 부처님 경전을 읽는 것과 같은 공덕이 쌓인다고 믿는다. 마찬가지로 윤장대를 돌리는 것은 그 내부의 경전을 독송한 공덕과 같다고 한다. 글을 모르거나 글은 읽어도 그 심오한 뜻을 모르는 사람들에겐 감로수처럼 반가운 자비다. 유희와 같은 재미있는 놀이를 통해 진리를 구하는 복전의 공덕을 쌓을 수 있다. 종교적 추체험의 방편지혜가 빛난다. 그러나 지금은 아무 때나 돌릴 수 없어 아쉬움을 준다. 삼월 삼짇날(음력 3월 3일)과 중양절(음력 9월 9일)에만 돌릴 수 있다.

8-6 예천 용문사 대장전 향좌측 윤장대

8-7 예천 용문사 대장전 향우측 윤장대

8-8 예천 용문사 대장전 윤장대 내부

　　용문사 대장전의 윤장대는 세 부분으로 이루어져 있다. 물리적 회전 구
동력을 갖춘 하단부와 통판투조 창호를 갖춘 팔각기둥형의 몸체부, 그리고
공포구조를 갖춘 목조건축 지붕의 상륜부가 그것이다. 윤장대는 먼저 마룻바
닥에 팔각 구멍을 뚫고 마루 밑 지반에 화강암 심초석(가장 중앙에 있는 초석)을
구축했다. 심초석은 회전축의 기반 시설로 운영하고 있다. 원통형의 회전축
은 느티나무 재질의 목재로 지름이 28cm이고, 높이가 4.2m에 이른다. 목탑
의 심주(心柱)처럼 마룻바닥 밑 초석에서 천장까지 관통한다. 회전축이면서
동시에 목조건축의 중심인 찰주(刹柱) 역할을 한다.
　　그러한 기반 시설과 중심을 마련한 후, 법당 바닥 위로 불상대좌처럼 연꽃 받침을 마련했다. 전체적으로 보면 윤장대가 연화화생하는 극적인 장면이다. 윤장대에 담은 기물이 부처님의 설법을 담은 경전류의 성보이므로 연화좌의 형식은 합리적이고 마땅하다. 연화좌의 발상은 기발하고 갸륵하다. 하단의 8면은 넝쿨문을 새긴 낙양장식으로 칸칸이 분할하였고, 각 면은 아래가 좁아지는 역삼각형 형태다. 면마다 벽사적 성격의 용 정면 얼굴을 베풀어서 신성과 수호의 의미를 부각했다. 팽이처럼 아래가 뾰족한 윤장대의 건축 외형은 회전체의 속성을 환기시켜 주는 심리적 효과를 거둔다. 즉 전체 디자인부터 대상이 가진 물리적 속성을 이미지화하는 데 뛰어난 조형 감각을 발휘했다. 구조 기능에서 여전히 회전 동력을 갖추고 있으며 종교 장엄의 의장에서도 세련되고 정교하다. 그런 점에서 장인의 조형 감각은 기능적이면서 예술적이고, 전통적이면서 현대적이다. 명작의 특성을 두루 갖추고 있다.

여덟 면의 아름다운 통판투조 꽃살문

윤장대의 몸체는 팔각기둥 양식이다. 여덟 면 각각 통판투조 창호, 혹은 빗살창을 베풀었다. 두 기의 윤장대 중에서 향좌측의 몸체에는 통판투조 꽃살문을, 향우측의 윤장대에는 빗살문을 냈다. 마치 불국사의 석가탑과 다보탑처럼 하나는 고전주의 양식으로 단순 간결하고, 다른 하나는 낭만주의 경향으로 자유분방하고 다채롭다. 문양은 연꽃, 국화, 삿자리 등 현실의 이미지를 빌려 종교적 거룩함의 관념으로 승화시켰다. 반복과 복제라는 기하학적 패턴을 통해 단순함 속에 깃든 숭고함을 일깨운다. 여덟 면의 창호 중에서 실제로 문을 여닫을 수 있는 창호는 두 곳뿐이다. 그중 하나인 연지(蓮池)의 세계를 담은 장면은 대단히 뛰어나다. 색채, 형태, 구도에서 흠잡을 데 없는 완벽한 프레임을 갖췄다. 색채 운영에서 전통적인 바림기법(그라이데이션. 색칠을

8-9 예천 용문사 대장전 윤장대 통판투조꽃살문 창호 모음

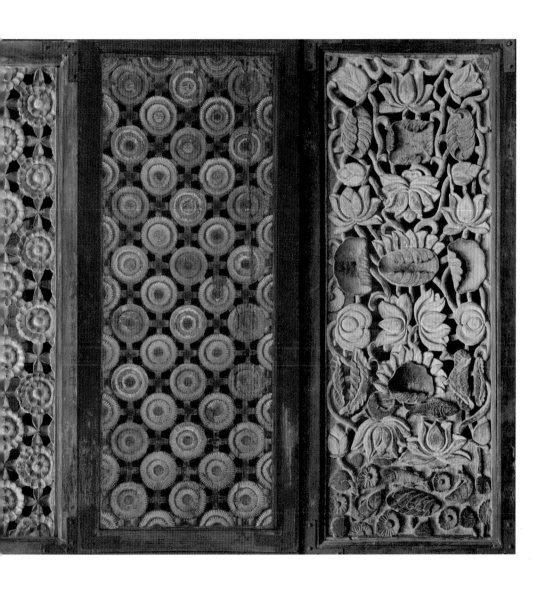

8-10 예천 용문사 대장전 윤장대 하단 팽이 모양 하부

8-11 예천 용문사 대장전 윤장대 하단 용 얼굴

172

할 때 한쪽은 진하게 한 후 반대편으로 갈수록 점점 엷고 흐리게 칠하는 방법)을 이용해 색조를 풀었다. 현대적인 음영의 명암법도 구사해서 입체감을 운영한 점도 놀랍다. 하나의 프레임에 여덟 층이 켜켜이 쌓였다. 위에서부터 붉은 연꽃, 푸른 연잎이 번갈아 가면서 층층을 이룬다. 조각과 단청 색채로 장엄한 화엄 세계다. 어떤 연꽃은 활짝 피고, 어떤 꽃은 덜 피었는가 하면, 어떤 것은 위로 피고, 어떤 것은 아래로 꽃송이를 드리웠다. 연잎의 모양도 각양각색이다. 네모진 잎을 비롯해 타원형, 바람에 오므린 잎까지 다양하다. 물고기들이 연지를 유영하는 여름철의 한때, 화면에는 생동감 있는 생명력과 조화로움이 충만하다. 꽃들은 진리 설법에 젖은 법열의 기쁨으로 표출된 상징 관념일 터이다.

윤장대, 법비에 젖는 추체험의 수레바퀴

윤장대의 내부는 원기둥 회전축의 심주(心柱, 중앙기둥)를 둘러싼 사각기둥 형태의 사천주(四天柱, 심주 주변 네 개의 기둥)가 위로 뻗친다. 사천주 바깥에 팔각의 서책 진열대를 빙 둘러 가설해서 경전을 차곡차곡 쌓아 두었다. 원, 사각형, 팔각형이 중중(重重)을 이룬다. 윤장대 내부 천장에는 용틀임하는 역동적인 용이 보주를 움켜쥐고 있다. 경전을 용궁에 안치한 설화를 떠올리게 한다. 『화엄경』의 기원으로 회자하는 '용궁장래설(龍宮將來設)'이 조형의 모티프로 작용하였을까? 용궁장래설은 문수보살께서 편찬해서 용궁에 보장한 『화엄경』을 용수 보살이 암송하고 돌아와 세간에 유통시켰다는 설화다. 윤장대도 진리의 경전을 보장한 또 하나의 용궁이다.

윤장대는 진리의 보장처다. 사부대중이 직접 돌려 진리법의 법비에 젖는 추체험의 수레바퀴다. 용문의 언덕에 진리의 수레바퀴가 있다. ❀

9

공존의 합창
울려 퍼지는
생명의 그물망

— 영주 성혈사 나한전 꽃살문

대자연의 생명을 인격화하다

불교에서 말하는 세계는 일체가 제행무상(諸行無常), 제법무아(諸法無我)인 공(空)이다. 변하지 않고 완전하며 독립적인 것은 아무것도 없다. 불교에서 말하는 무상과 무아는 허무주의와는 별개다. 불교는 만유를 연기법에 의한 관계의 총체로 본다. 만유의 실상은 관계에 의한 원융과 조화로움으로 현현한 상이다. 우주 질서는 통일적인 유기체이며 하나의 꽃, 세계일화(世界一花)다. 불교미술은 그러한 심오한 법의 세계를 조형 방편으로 구현한 구상으로 볼 수 있다. 연기법계의 화엄 세계 경영이 불교미술의 근본이 될 수밖에 없다. 연기법의 진리 체계야말로 모든 불교미술을 관통하는 본질이고 철학적 토대다. 시각적인 표상으로 구체화한 조형미술을 통해 원융과 조화의 세계를 관상(觀想)하게 하는 것이다. 그래서 조화로움의 원형인 자연 속에서 조형미술의 유기적인 양식과 소재를 빈번히 빌려 온다. 심지어 진리법의 결집인 경전의 이름마저 한 송이 꽃을 빌려 '법화경', '화엄경'으로 부를 정도다. 불교 건축, 천장 장엄, 탱화, 불단, 사찰 벽화 등을 주의 깊게 살펴보면 대부분의 불교 조형미술이 연기에 의한 그물망의 구현에 있음을 알 수 있다. 이것은 포스트모더니즘의 현대미술이 해체를 통해 원형을 파괴하는 경향과는 뚜렷이 구별된다.

불교의 미학은 우주 질서와 대자연의 생명을 인격화하는 특징을 가진다. 토인비의 지적처럼 불교가 범신론적 자연숭배와 깊은 연관성을 지녔던 사실과 무관치 않을 것이다. 화엄의 미술은 한 대상의 고유한 미를 드러낼 뿐만이 아니라 대자연의 조화로움도 동시에 표현한다. 화엄 만다라의 표현이다. 특히 사찰 건축의 꽃살문, 불단, 천장 장엄 등에서 연기법계의 조화로움의 미학이 두드러지게 표출된다. 영주 성혈사 나한전 꽃살문은 유기적 관계에 의한 생명의 통일성과 존엄성을 일깨운다. 하나의 문짝에도 우주 질서와 본질을 담고 있다.

널판 통째 무늬 새긴 통판투조꽃살문

성혈사 나한전은 1634년에 중창된 건물로 정면 3칸, 측면 1칸의 작은 불전이다. 편액은 나한전이지만 내부에 16나한과 함께 모신 주존불은 뜻밖에도 비로자나불이다. 모든 생명의 통합과 조화의 근원은 비로자나불에 있다. 비로자나불이 법계우주의 진리 본원력인 까닭이다. 나한전의 창호는 정면 3칸 건물인데 각 칸마다 각각 2분합 여닫이문을 달았다. 여섯 문짝 모두 꽃살문이다. 여섯 문짝 중 세 곳은 통판에 조각을 한 통판투조(通板透刻)문이고, 나머지 세 곳은 바탕문살이 30도, 90도, 150도로 전개하면서 사방연속 꽃문양을 무시무종으로 펼친 솟을꽃살문이다. 통판투조꽃살문은 널판에 꽃, 나무 등의 무늬를 통째로 새겨 문틀인 문울거미(문짝을 달기 위해 네모지게 만든 틀)에 끼워 넣는 독특한 양식이다. 통판에 새긴 문양 그 자체가 창호의 살대 역할도

9-1 영주 성혈사 나한전

한다. 통판에 문양을 베푼 까닭에 평면적 회화성이 두드러지는 효과가 있다. 통판투조꽃살문은 순천 선암사 원통전과 응진전, 강화 정수사 대웅보전, 상주 남장사 극락보전, 예천 용문사 대장전 윤장대, 삼척 천은사 약사전, 괴산 채운암 대웅전, 서울 조계사 대웅전 등 전국 10여 곳에서 찾아볼 수 있다. 공주 동학사 대웅전에도 사군자 통판투조문이 있었으나 몇 해 전에 어떤 이유인지 새 창호로 교체되었다.

통판투조꽃살문 중에는 통판만 있고 아예 살대가 없는 것도 있다. 정수사 대웅보전, 용문사 윤장대, 선암사 원통전 통판투조문이 그런 경우다. 성혈사 통판투조문은 모두 솟을꽃살문의 살대를 갖추고 있다. 정면에서 보면 알아채기 어렵지만, 내부에서 비춰보면 30도, 90도, 150도 방향으로 살대 골간을 엮은 형상을 뚜렷이 볼 수 있다. 단지 살대를 부분적으로 통판투조와 일체

9-2 영주 성혈사 나한전 비로자나불과 나한

9-3 영주 성혈사 나한전 꽃살문

9-4 공주 동학사 대웅전 꽃살문
창호 교체 전 모습이다.

형으로 새긴 곳이 몇 군데 나타나는 독특함을 지니고 있다. 남장사 극락보전,
채운암 대웅전 등의 통판투조의 경우는 바탕살과 통판조형을 서로 독립적으
로 조성한 후 못과 철물 등으로 결구한 형식이라 통판투조꽃살문이라도 조
형 양식이 조금씩 다르다.

연꽃, 연잎, 물고기, 백로 등의 대화엄

성혈사 나한전의 어칸 2분합문은 전형적인 통판투조꽃살문이다. 어칸 창호
한쪽의 크기는 대략 세로 1.5m, 가로 0.9m 정도다. 어칸 두 문짝에 좌우대칭
으로 새긴 회화의 모티프는 생명력으로 충만한 연지(蓮池)다. 연지는 온통 연
잎과 연꽃으로 장엄한 연화장세계이자 화엄세계다. 연지에는 연잎 − 연꽃 −

9-5 강화 정수사 대웅보전 통판구조 꽃살문
내부에서 밖을 향해 본 모습. 살대가 없다.

9-6 영주 성혈사 나한전 꽃살문
내부에서 밖을 향해 본 모습. 살대가 있다.

9-7 괴산 채운암 대웅전 어칸 창호

연잎 - 연꽃 반복의 중층적 층위의 중중무진(重重無盡)이다. 이러한 연지의 중층적 구도는 용문사 윤장대 연지꽃살문에서도 만날 수 있다. 연꽃의 형태는 다채롭고 변화무쌍하다. 오므린 꽃봉오리, 반쯤 핀 것, 활짝 핀 꽃, 꽃잎을 떨군 꽃, 연자방을 완전히 드러낸 것 등 천차만별이다. 연꽃 봉오리 형태를 세심히 살펴보면 시간의 흐름에 따른 연꽃의 형태 변화를 표현하고 있음을 알 수 있다. 연꽃이 피고 지는 순간들을 눈썰미 있게 포착하여 사실적으로 조각했다.

　　연잎의 묘사에서도 찰나의 인상을 섬세하게 재빨리 포착했다. 활짝 펼친 잎, 바람에 오므린 잎, 뒤집힌 잎, 돌돌 감긴 잎, 꺾어진 잎 등 각양각색이다. 어떤 잎은 잎맥까지 예리하게 표현했다. 연잎 조형의 크기도 자연스럽게 들쑥날쑥해서 고저장단의 리듬감과 율동미가 느껴진다. 형태와 크기 변화로 화면에 생동감과 자연스러움을 살려낸다. 조형은 저마다 독립이면서 통일을 이룬다. 화이부동(和而不同)의 조화로움이 빛난다. 조형에 입힌 단청 색채는 퇴색하여 백골단청의 느낌을 준다. 하지만 연잎에는 아직도 석록의 초록 안료 흔적이 남아 있다. 햇볕과 풍화를 덜 받은 위쪽으로 갈수록 비교적 색채가 선연히 남아 연지의 생명력을 불어넣는다.

연지의 푸르름으로 보아 때는 7, 8월의 여름 풍경을 공간 배경의 모티프로 삼았을 것이다. 연지는 물의 세계이니 본질은 생명의 세계다. 연지에 온갖 생명이 깃드는 것은 너무도 당연하다. 백로와 물총새, 개구리, 게, 물고기 등이 연지에 뛰어들었다. 용 한 마리도 연지에서 여의보주를 막 움켜쥐려 하고 있다. 또 한쪽에는 한 동자가 긴 연꽃을 비스듬히 들고는 연잎에 앉아 있다. 성혈사 나한전 창호의 조형 중에서 가장 시선을 끄는 장면이다. 화면의 분위기가 천진난만함 가득한 동화의 세계로 이끄는 듯하다.

동자가 등장하는 연지 세계의 표현은 고려청자 대접이나 주전자, 조선 민화, 전통자수 등에서 종종 볼 수 있다. 불교 장엄에서는 천장반자, 불단 조형, 불화, 명부전 시왕 동자상 등에서 나타난다. 청자 대접이나 주전자, 전통 자수, 민화 등에 나타나는 동자는 보통 연꽃이나 모란, 새 혹은 십장생 등과 함께 등장한다. 사찰 천장반자에 등장하는 동자 사례로는 남해 용문사 대웅전 빗반자, 완주 송광사 대웅전 천장 장엄을 대표적으로 꼽을 수 있다. 두 곳의 동자상은 연꽃을 손에 쥔 모습으로 물고기, 거북, 게 등과 함께 어우러져 동화의 한 장면처럼 순수하고 다정한 느낌을 불러일으킨다. 진주 청곡사 대웅전 불단, 경남 고성 운흥사 대웅전 불단, 영천 은해사 백흥암 극락전의 불단에서도 동일한 모티프의 동자상이 나타난다. 세 불단 조형에서는 성혈사

9-8 영주 성혈사 나한전 어칸 향좌측 창호

9-9 영주 성혈사 나한전 어칸 향우측 창호

9-10 영주 성혈사 나한전 어칸 창호 동자 부분

9-11 남해 용문사 대웅전 천장 빗반자의 연꽃 든 동자

9-12 완주 송광사 대웅전 천장의 연꽃 든 동자

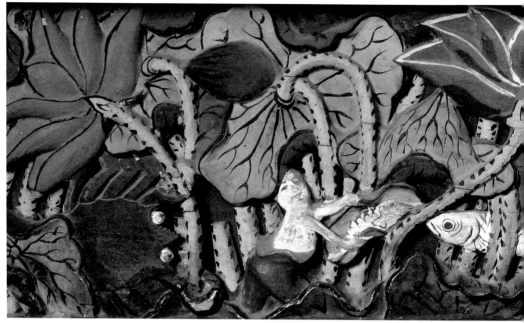

9-13 진주 청곡사 대웅전 불단의 연지 표현

꽃살문의 장면처럼 물고기가 유영하는 연지에서 동자가 연꽃을 손에 쥐고
천진난만하게 놀고 있는 장면을 표현했다. 연꽃을 든 귀한 동자상은 민간에
서는 '연생귀자(蓮生貴子)'의 음훈으로 통용된다. 연이어 귀한 아들을 얻는다
는 뜻이 담겨 있다. 연꽃의 씨앗이 들어 있는 연자방(蓮子房)의 표현도 같은
의미다. 동자와 연꽃을 함께 표현한 조형의 바탕엔 득남을 바라는 민간의 염
원이 깊숙이 뱄다. 동시에 연꽃을 든 동자 조형은 불교 가르침의 핵심인 '청
정한 마음'을 일깨워 준다. 연꽃과 동자는 청정과 티 없는 순수를 상징한다.
불교 장엄에 등장하는 '연꽃 든 동자상' 조형은 청정의 울림인 정법계진언

'옴람'과 상통한다. 불교 가르침은 '청정'으로 만법귀일(萬法歸一)한다.

어칸의 두 문짝은 대칭이면서도 등장 소재의 구성과 분위기를 달리해 '비대칭의 대칭' 구도로 변모시켰다. 왼쪽 화면이 고요하고 정적이라면 오른쪽 화면은 명랑하고 동적인 분위기다. 언어학자 소쉬르는 기호는 기의(記意)와 기표(記標)를 가진다고 분석했다. 기의를 감각적인 표상으로 구체화한 것이 기표이다. 연지의 자연은 기표의 성격을 띤다. 기의는 생명력으로 충만한 조화로운 메트로폴리탄이다. 서로 관계하며 공존하는 상생의 합창이 울려 퍼지는 대우주의 코스모스다. 우주에 가득한 생명력, 그것이 곧 법의 세계이

9-14 부안 내소사 대웅보전 천장반자. 정법계진언 '옴람'의 울림을 표현했다.
아래쪽 '람' 범자는 '청정'을 상징한다.

고, 서로가 서로에 상입상즉(相入相卽)하는 연기법의 화엄 세계다. 그 기의의 중심엔 비로자나불이 계신다. 성혈사 나한전 꽃살문은 비로자나불의 광명변조(光明遍照) 본원력을 바탕으로 서로가 서로에게 상의한 중중무진의 연기법계를 구현하고 있는 것이다. 기표 너머에 담긴 고차원의 기의로 해석할 수 있다. 창호에 새긴 연지는 화엄의 연화장 세계다.

사방연속 육각형 기하문은 연기법계

어칸의 두 문짝을 제외한 나머지 네 문짝은 모두 원형 사슬 테두리 속 육엽연화문이 반복되는 솟을꽃살문이다. 원, 또는 육각형이 평면을 구성하는 중심 문양을 이룬다. 어칸 창호의 장엄이 사실주의 회화풍이라면, 좌우의 창호는 기하학적 추상주의에 비유할 수 있다. 여섯 문짝 전체 구도는 좌우대칭을 이룬다. 큰 틀에선 대칭이지만 막상 세부로 들어가면 어칸의 두 문짝처럼 비대칭의 대칭 구도가 드러난다. 전체에서 구현한 조영 원리가 부분에서도 동일하게 나타난다. 무한히 자기유사성이 반복되는 프랙탈 원리를 보여 준다.

　육각형으로 엮은 벌집 구조는 최소의 재료로 최대의 공간을 경영할 수 있는 경제적 패턴이다. 비틀림이나 외부에서 가해지는 수직, 수평 물리력에 대한 저항력도 강하다. 사방으로 연속하는 정육각형 평면 구성은 안정적이며 튼튼한 창호의 뼈대를 이룬다. 전통 건축의 솟을살문 창호의 살대 평면 구성을 대부분 사방연속 육각형 형식으로 엮은 이유도 그러한 통찰과 안목의 산물로 봐야 한다. 그런데 자세히 살펴보면 성혈사 창호의 평면을 이루는 단위 도형은 육각형이 아니다. 완전한 원이다. 하지만 같은 반지름의 연속하는 원으로는 평면을 빈틈없이 채울 수 없다. 경주 기림사 대적광전이나 대구 동화사 대웅전에서 볼 수 있듯이 연속하는 원으로 평면을 이어나가면 반드시

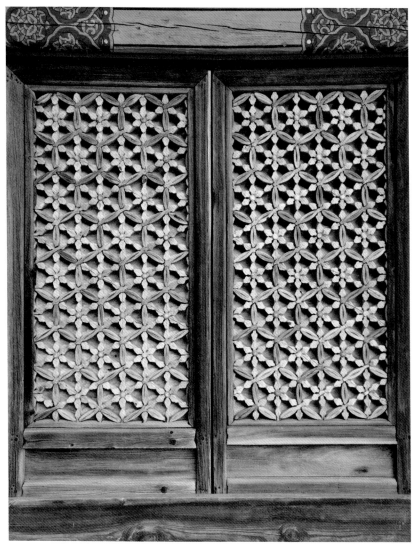

9-15 영주 성혈사 나한전 협간 향좌측 창호

9-16 영주 성혈사 나한전 협간 향우측 창호

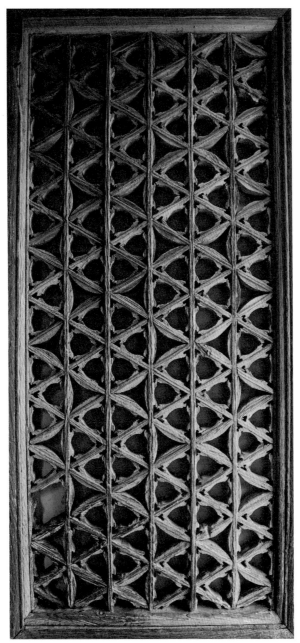

9-17 대구 동화사 대웅전 창호 부분
연속적으로 외접하는 원으로는 평면을 채울 수 없다. 오목삼각형의 틈이 생긴다.

9-18 영주 성혈사 나한전 창호 부분
중심각 60도씩에 해당하는 원호 부분을 서로 겹치게 하는 원리를 사용했다. 빈틈이 생기지 않는다.

원과 원 사이에 오목삼각형 모양의 빈틈이 생긴다. 완전히 평면을 채우려면 원끼리 일정한 넓이를 공유하는 교집합을 가질 수밖에 없다. 성혈사 나한전 창호에선 중심각 60도씩에 해당하는 원호 부분을 서로 겹치게 하는 원리를 사용하여 연속하는 원으로 평면을 채웠다. 하나의 원 주위에 여섯 개의 원을 각각 60도씩 중첩시키는 방식으로 연속하는 원을 엮었다. 원이면서 육각형 형상인 도형으로 평면을 빈틈없이 채운 오묘한 재치를 발휘했다. 육각형의 각 변이 두 개의 곡선으로 이뤄져 있는 이유다. 중첩되는 원호는 육각형의 변이 서로 꼬인 것처럼(◊) 보이는 착시 효과를 준다. 세련되고 우아한 예술성이 돋보인다. 이와 같은 조형 기법 때문에 외부에서 보면 창호의 평면은 연속하는 원이지만, 내부에서 보면 평면은 여섯 개의 정삼각형으로 구성된 정육각형으로 연속하는 마술 같은 장면을 연출한다.(사진 9-6 참조) 영광 불갑사 대웅전의 동측면 출입문 창호에서도 같은 조형 원리를 살펴볼 수 있다.

육각형의 내부 중심부엔 육엽연화문을 새겼다. 불교 장엄에서 육엽연화문은 꽃의 물질성을 초월한다. 단청장엄에서 육엽연화문은 불보살의 세계로, 진리를 간직한 진언의 꽃으로, 또 불국토의 상징으로 이상화된다. 원으로, 혹은 육각형의 사방연속무늬로 엮은 기하학적 솟을꽃살문은 만유가 연결되어 있는 연기법계의 가르침을 조형으로 드러낸다. 때때로 꽃살문 평면도형의 변에 금강저를 표현하는 이유도 평면도형 내부의 꽃을 불국토의 상징으로 보고 창호를 연기법계로 해석하여 조영하였기 때문이다. 성혈사 창호의 원을 이루는 여섯 원호는 꼰 새끼줄처럼 연결돼 있다. 서로 하나로 이어져 있다. 만유는 둘이 아니다. 불이(不二)의 문이다.

여섯 폭 화면을 갖춘 민화 화조도 병풍

향우측 맨 오른쪽 창호는 바탕살인 사방연속 솟을살 위에 커다란 모란꽃 통판투조를 베풀었다. 종교적 예경과 환희심의 깊이가 돋보인다. 모란꽃의 중심에는 창호의 뼈대 역할을 하는 굵은 줄기가 관통한다. 불교 장엄의 꽃은 대부분 꽃이 지닌 물리적 특성을 넘어선다. 때때로 꽃은 우화의 상서이고, 예경으로 올리는 세세생생의 공양화이며, 처처에 나투신 부처님의 자리이기도 하다. 한 화면을 가득 채운 모란꽃에는 새 한 마리가 깃들었다. 좌우대칭으로 균형미를 갖추었고, 안정감과 상승의 비례미도 두루 갖췄다. 거룩한 생명의 나무다. 『관무량수경』 등에서 묘사하는 보배나무로 다가오기도 하고, 당산목이나 우주목으로도 손색이 없다. 장인은 세세생생 시들지 않는 한 그루 꽃나무를 창호에 심어 공양 올렸다. 갸륵한 일이다.

가만히 보면 나한전 꽃살문은 전체적으로 여섯 폭 화면을 갖춘 민화 병풍을 떠올리게 한다. 우선 소재에서 민화의 화조도와 중첩되는 점이 뚜렷하다. 모란, 연꽃, 새, 물고기, 게 등등 소재들이 동일하다. 복(福)과 수(壽), 득남(得男) 등 민간에서의 염원도 조형 내면에 흐른다. 화면을 그린 시점(視點)도 하나의 시점인 일점원근법이 아니다. 위에서 본 것, 옆에서 본 것, 정면에서 본 것이 공존한다. 세잔의 정물이나 피카소의 큐비즘처럼 다시점(多視點)으로 화면을 구성했다. 보이는 것을 그린 것이 아니라 보여 주고 싶은 것을 그렸다. 그것은 민화 책가도(冊架圖, 책거리)에서 자유분방한 시점을 구사한 방식과 일맥상통한다. 화면에 흐르는 소박함과 천진난만함도 민화의 화풍과 겹친다. 종교 장엄엔 한 시대의 문화 역량이 결집한다.

통판투조로 장엄한 연지는 공존과 관계의 그물망에서 저마다 생명의 존엄으로 빛나는 화엄의 세계를 보여 준다. 모든 생명의 무게는 같다. 성혈사 나한전 꽃살문은 관계와 만유의 존엄성을 일깨우는 그 절집의 빛이다. ❀

9-19 영주 성혈사 나한전 꽃창살 모란꽃 가지에 앉은 새

수행에서 깨침까지

10

국사전,
함께 진리의 법비에
젖게 함이라

－ 순천 송광사 국사전과 16국사 진영

송광사의 근본 정신은 참선 수행

불교에서 말하는 삼보(三寶)는 불(佛, 부처님)·법(法, 부처님의 가르침)·승(僧, 부처님의 가르침을 따르는 사람)이다. 삼보 중 각각 하나의 상징을 갈무리하고 있는 양산 통도사, 합천 해인사, 순천 송광사를 일러 삼보사찰이라 부른다. 세 사찰은 저마다의 성보 건축을 가람의 최상위에 두고 신성함을 극대화한다. 통도사는 금강계단[佛], 해인사는 장경판전[法], 송광사는 국사전[僧]이 삼보를 상징하는 신성의 건축이다.

국사전(國師殿)은 승보종찰 송광사의 뿌리이자 근본 정신이다. 조선 왕들의 위패를 모신 종묘와 같은 위상이다. 송광사가 우리나라 불교 역사에서 전면에 등장한 것은 1200년경이다. 보조 국사 지눌 스님께서 정혜쌍수와 돈오점수를 기치로 내건 정혜결사(定慧結社)의 중심지를 팔공산 거조사에서 이곳 송광사로 옮겨오면서부터다. 지눌 스님은 「정혜결사문」을 통해 명리만 좇는 세태를 비판하며 고요에 들어 선정과 지혜를 동시에 닦는 데 힘쓸 것을 주창했다. 즉 선정과 지혜를 닦는 수행자의 본연에 전념해서 '부처님 법대로 살자'고 사자후를 토한 것이다. 그러면서 세속화와 명리 추구에 대한 엄중한 경계를 천명했다. 그 결사 운동의 실천이 수선사(修禪社), 곧 송광사에서 펼쳐져 16국사의 배출로 이어졌다. 송광사의 근본 정신은 참선 수행의 수선(修禪)과 청정한 수행가풍의 결사(結社)에 직결된다. 청정 승가 공동체 구현을 위한 결사 운동의 발원지로 공인되면서 대한불교조계종의 수행 근본 도량으로 거듭났다. 수행 근본 도량의 핵심 원동력은 바로 국사전에 모신 16국사의 선맥으로 이어져 온 유구한 수행 결사 전통에서 우러나온다. 부처님의 정법을 스승에서 제자로 세세생생 전승해 온 사자상승(師資相承)의 전통과 법맥을 끊이지 않고 이어오면서 삼엄한 수행 가풍을 정립하였기에 가능하다.

송광사 가람은 대웅보전을 중심으로 동심원 형태로 펼쳐진다. 의상 스

10-1 순천 송광사 국사전

10-2 순천 송광사 수선사(修禪社)
지눌 스님이 머물며 수행했던 곳으로 알려져 있다.

10-3 순천 송광사 선원 공간의 하사당(下舍堂)

님의 화엄일승법계도 형식의 구도에 따랐다고 알려진다. 건축 밀도가 높고 복잡하지만 상·중·하 높이 차등에 따른 삼단 구성의 가람 배치는 뚜렷하다. 하단 영역은 일주문과 천왕문 등 진입 영역, 중단 영역은 대웅보전, 영산전, 약사전 등 불전 영역, 그리고 상단 영역은 국사전, 하사당, 수선사 등 선원 공간이다. 선원 및 참선 공간이 대웅보전 등 불전 건물보다 높은 곳에 위치한 점이 파격적이다. 일반적인 배치 규범과 상당히 다른 양상이다. 승보사찰의 위상을 뚜렷이 보여 준다. 보조 국사 승탑을 비롯해서 방장 스님의 거처로 쓰고 있는 상사당과 삼일암, 하사당, 응진전, 선원 공간인 수선사와 국사전, 그리고 근현대 고승의 진영각인 풍암 영각 등 수행과 관련한 건물들이 가람의 최상단에 위치해 있는 독특한 경영 방식을 보여 준다. 가람 배치에서도 청정 승가 구현을 표방한 승보종찰로서의 확고부동한 신념을 읽을 수 있다. 그것은 불보종찰 통도사의 정점에 부처님의 진신사리를 모신 금강계단이 있고, 법보종찰 해인사의 최상위에 팔만대장경을 보장한 장경판전을 배치한 원리와 같다. 국사전은 가람의 상단에서 고요함으로 청정하다. 수행 영역은 일반인의 출입을 엄격히 금지하고 있다.

진영 추가하면서 국사전 한 칸 확장

국보로 지정된 국사전은 고려 공민왕 18년(1369년)에 처음 지었다. 고려 시대 국사로 추앙받은 조사들의 진영을 모시기 위해서였다. 그 후 두 차례 중수가 있었다. 현재의 국사전은 조선 전기 건물로 비정한다. 국사전은 정면 4칸, 측면 3칸의 맞배지붕 건물이다. 정면이 4칸인 경우는 매우 보기 드문 사례다. 또 오른쪽 측면에서 보면 측면이 3칸인데, 좌측면에서 보면 측면 2칸으로 보여 아리송하기도 하다. 이런 의아스러운 장면들은 건물 확장과 깊은 관련이 있다. 정면이 홀수 3칸이 아닌 짝수 4칸인 것도 조사 진영을 추가로 봉안할 때 부족한 공간을 확장하면서 나타난 모습으로 추정한다. 향좌측 맨 왼쪽 곳곳에 확장의 흔적이 나타난다. 맨 왼쪽 칸은 다른 칸과 비교하면 칸의 폭이라든지 기둥 위 가구 구성도 다르다. 내부 천장반자에 베푼 단청 문양과 조형 원리에서도 분명한 차이가 나타난다. 맨 왼쪽 칸 폭은 다른 세 칸의 폭보다 짧다. 다른 세 칸은 모두 폭이 2.8m를 약간 넘는 정도로 비슷하다. 마지막 칸은 2.46m로 차이가 뚜렷하다. 같은 폭으로 확장했다가는 바로 옆 수선사 출입 동선에 문제가 발생하기 때문에 확장에 한계가 있었을 것이다.

10-4 순천 송광사 국사전 향우측. 향우측은 세 칸이지만, 향좌측은 두 칸처럼 구성했다.

천장반자엔 옴마니밧메훔 육자진언, 대들보엔 용

증축에 따라 천장반자에 그린 단청 문양과 채색 원리에서도 뚜렷한 차이가
나타난다. 다른 세 칸의 천장반자 단청 문양은 고색창연하다. 안동 봉정사 대
웅전, 강진 무위사 극락보전, 문경 봉암사 극락전 등의 천장반자 문양과 함
께 조선 전기 양식을 띤다. 반자문양은 씨방과 여섯 꽃잎을 갖춘 연꽃에 범자
를 새긴 육엽범자연화문이다. 꽃은 중심부에 안으로 꽃잎을 세 겹 오므린 웅
련화(雄蓮花)를 두고 가장자리에는 세 겹의 꽃잎을 활짝 펼친 평면연화로 구
성한 멋진 디자인의 하늘 꽃이다. 세 겹의 오므린 꽃잎으로 감싼 공간은 숭고
한 곳임에 분명하다. 그곳에 범자로 된 종자자(種子字) 한 자를 심었다. 범자
로 된 종자자는 부처님의 씨앗 글자다. 아미타불을 상징하는 범자 '흐리(ह्रीः)'
자를 심어뒀다. 활짝 펼친 여섯 꽃잎에는 '옴마니밧메훔' 육자진언을 새겼다.

10-5 순천 송광사 국사전 내부

10-6 순천 송광사 국사전 천장반자 육엽범자연화문

10-7 순천 송광사 국사전 네 번째 확장 칸의 천장반자 육엽연화문

10-8 순천 송광사 국사전 천장
계풍에 붉은 서기가 흐르는 용들이 그려져 있다.

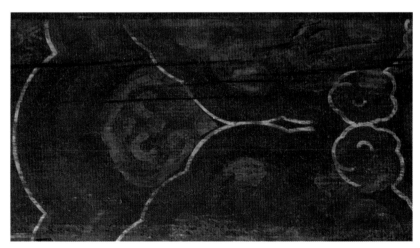

10-9 순천 송광사 국사전 대들보 머리초

한 자 한 자 붉은 원형 자리를 마련해서 정성을 들여 봉안했다. '흐리'는 아미타불의 상징이고, 육자진언은 관세음보살의 미묘본심(微妙本心)이다. 범자는 부처이자 경전의 핵심 가르침인 진언이므로 금을 입힌다. 불상에 금을 입히는 원리와 같다. 특히나 범자는 모두 금박 고분법(高粉法)이라 부르는 돋음기법을 사용해서 입체적으로 돋보이게 했다. 금박 고분법은 고운 호분이나 황토로 양감 있게 글이나 문양을 만든 후 그 위에 금니 칠, 혹은 금박을 입혀 입체감으로 문양을 강조하는 조형 원리다. 그런데 확장한 천장에서는 원형의 자리 마련도 없이 바로 연잎에 황색 안료로 육자진언을 써넣었다. 육자진언마저 범자를 스케치하듯 그리다시피 해서 범자의 신성함과 생명력을 잃었다. 범자로 된 종자자는 부처님의 진신사리와 같아서 대단히 조심스럽고 세심하게 붓을 운용해야 한다. 그런데 새로 확장한 칸의 천장반자 범자에서는 예사로이 획을 누락하고 단순화해서 보는 사람의 마음을 안타깝게 한다.

천장반자의 범자에 입힌 금니 이외에 대들보의 머리초에도 금니를 풀었다. 머리초 둘레 경계선을 금니로 그었다. 신성한 공간에 대한 결계, 혹은 강조의 의미가 금니 경계 속에 숨어 있다. 대들보 계풍(창방·평방·대들보 등 양쪽 머리초와 머리초 사이)엔 붉은 서기가 흐르는 용들이 용틀임하고 있다. 용틀임의 곡선이 대단히 역동적이며 힘차다. 용 별지화의 바탕엔 삿자리(갈대를 여러 가닥으로 줄지어 매거나 묶어서 만든 자리) 형상의 사방 연속 문양이 희미하게 남아 있다. 안동 봉정사 대웅전, 강진 무위사 극락보전 대들보에서 볼 수 있는 장면이다.

국사전 칸의 확장은 봉안할 진영의 수가 늘어남에 따른 불가피한 측면이 있다. 마치 조선 왕 신위의 수가 늘어남에 따라 종묘 정전의 칸 수를 계속 확장해 간 사례와 같은 이치다. 국사전의 첫인상은 지붕이 낮아서인지 단정하고 단순한 느낌을 준다. 건축에서 꼭 필요한 요소만 간결히 갖춘 고전주의 분위기가 흐른다. 수행 공간 속에 위치하여 내밀하고 고요하며 청정하다. 미술사학자 빙켈만(Johann Winckelmann, 1717~1768)이 말한 '고귀한 단순과 위대한 고요'의 정서가 물씬 묻어난다.

국사전에 진영으로 봉안한 16국사는 누구신가?

국사전은 16국사의 진영(眞影)을 모신 전각이다. 제1세 보조 국사부터 제16세 고봉 화상까지 열여섯 분의 조사 진영을 봉안하고 있다. 16국사의 행적은 시대적으로는 제1세의 1200년경 고려 후기부터 제16세의 1420여 년경 조선 전기까지 약 230여 년에 해당한다. 16국사는 1세 보조 국사, 2세 진각 국사, 3세 청진 국사, 4세 진명 국사, 5세 원오 국사, 6세 원감 국사, 7세 자정 국사, 8세 자각 국사, 9세 담당 국사, 10세 혜감 국사, 11세 자원 국사, 12세 혜각 국사, 13세 각진 국사, 14세 정혜 국사, 15세 홍진 국사, 16세 고봉 화상으로 송광사를 중심으로 고려 시대에 활약하던 조사들이다.

16국사 진영을 처음 그려 모신 때는 고려 말 14세기 후반으로 추정한다. 조선 시대 들어 임진왜란 등의 전란을 겪으며 소실되기도 했다. 현재의 진영은 1780년 4월에 다시 제작된 것이다. 그나마 16축의 진영 중 진본은 세 점에 불과하다. 1995년에 1세 보조 국사, 2세 진각 국사, 14세 정혜 국사의 진영을 제외한 13점을 도난당했기 때문이다.

각 진영에는 조사의 존명을 밝히고 있다. 홀수 번은 왼편 상단에, 짝수 번은 오른편 상단에 붉은 방제란을 마련하여 금니로 적어뒀다. 1세부터 15세에 이르는 고려 시대 조사에게는 국사 칭호를 썼다. 조선 시대 조사였던 고봉 화상에겐 '제16세 조사 고봉 화상'이라 적어 수행승의 높임말인 '화상(和尙)'의 존칭을 사용했다. 숭유억불의 조선 유교 사회에선 '국사'라는 존칭이 존재하지 않았다. 다른 스님들은 모두 삭발승의 민머리를 하고 있지만 고봉

10-10 1세 보조 국사(普照國師)

10-11 2세 진각 국사(眞覺國師)

10-12 3세 청진 국사(淸眞國師)

10-13 4세 진명 국사(眞明國師)

10-14 5세 원오 국사(圓悟國師)

10-15 6세 원감 국사(圓鑑國師)

10-16 7세 자정 국사(慈靜國師)

10-17 8세 자각 국사(慈覺國師)

10-18 9세 담당 국사(湛堂國師)

10-19 10세 혜감 국사(慧鑑國師)

10-20 11세 자원 국사(慈圓國師)

10-21 12세 혜각 국사(慧覺國師)

214

10-22 13세 각진 국사(覺眞國師)　　　10-23 14세 정혜 국사(淨慧國師)

10-24 15세 홍진 국사(弘眞國師)　　　10-25 16세 고봉 화상(高峰和尙)

화상만은 머리와 수염을 기른 모습이다. 진영 속에 당시 불교의 위상이 반영돼 있다.

　　국사전은 앞서 언급했듯이 송광사가 배출한 16국사를 모신 전각이다. 국사(國師)는 나라 전체의 스승으로, 승려의 최고의 영예로 불린다. 승려의 지위는 법계로 차등했다. 선종 법계와 교종 법계로 나눴다. 승려들의 과거제도인 승과에 합격하면 선교 구분 없이 대선(大選), 대덕(大德), 대사(大師), 중대사(重大師), 삼중대사(三重大師)의 순으로 법계를 정하였고, 그다음부터는 선·교 따로 구분해서 선종 승려에게는 선사(禪師), 대선사(大禪師)의 지위를, 교종 승려엔 수좌(首座), 승통(僧統)의 지위를 부여했다. 대선사와 승통 위에 왕사와 국사를 두어 최고 영예 자리로 삼았다. 왕사, 국사의 임명은 당대 불교 종파 중 가장 강력한 곳에서 이루어졌고, 왕실과 긴밀한 밀착 관계를 유지하곤 했다. 보조 국사 지눌 스님께서 승려들의 명리 추구와 정치 권력화를 질타한 것도 그러한 시대 상황에 대한 사자후였다. 앞에서도 말했지만 왕사, 국사 제도는 유교 사회 조선 시대에 접어들면서 사라졌다.

16국사 영정은 쾌윤, 복찬의 작품

국사전의 16국사 진영(眞影)은 비단에 그려 족자 형식으로 봉안했다. 진영은 '참모습'이라는 뜻이다. 고승대덕의 초상화 형식을 진영이라 부른다. 한가운데에 보조 국사 진영을 배치하고, 향좌측에 2세, 4세, 6세 … 16세 순으로 짝수 번을, 향우측엔 3세, 5세. 7세 …15세 순으로 홀수 번 진영을 배치해서 중앙에 시선이 모이게 했다. 세로 134.8cm, 가로 77.4cm로 동일한 규격이라든가, 표현 기법, 장황 제작 양식, 목적의식적인 배치 등을 고려할 때 동일한 시기에 동일한 화원이 그린 것으로 판단하고 있다. 보조 국사 진영에만 기록해

10-26 순천 송광사 국사전 진영
좌우대칭 원리로 봉안했다. 보조 국사를 중심으로 향좌측에 2세, 4세, 6세 … 16세 순으로 짝수 번을,
향우측엔 1세, 3세, 5세, 7세 …15세 순으로 홀수 번을 배치했다.

둔 화기에 의하면, 건륭 45년(1780년) 4월에 금어(金魚) 쾌윤과 복찬이 그려서 영당(影堂)에 안치하였다고 기록하고 있다. '금어'는 불화를 그리는 스님[畵僧]을 이르는 말이고, '영당'은 진영을 보관하는 집을 의미한다.

화기에 나오는 쾌윤은 18세기 중엽 전라남도의 선암사, 태안사, 홍국사 등을 중심으로 활동한 불모(佛母)다. 삭발염의(削髮染衣)한 스님은 아니었지만 절에서 평생 '윤총각'으로 불렸는데 오직 불화만 그렸다는 기인으로 통한다. 평소에는 불화 그리는 오른손은 흰 천으로 감은 채 지냈다고 한다. 불화를 그릴 때만 목욕재계하고 오른손을 풀어 사용했다는 이야기가 전한다. 불화 그리는 화원을 일러 화사(畵師), 금어(金魚), 편수(片手) 등으로 부른다. 그중 '편수'는 '한쪽 손'을 의미하는데, 쾌윤의 불심 깊은 기행에서 유래되었다고 하니 후세 사람들을 숙연케 하는 대목이다.

진영은 16국사 모두 의자에 앉아 계신 전신상을 그렸다. 그중 아홉 분은 신발을 벗고 의자에 가부좌를 틀었다. 손에 든 지물을 살펴보면 보조 국사만 주장자(柱杖子)를 짚었고, 열 분은 불자(拂子)를 손에 쥐었으며, 나머지 다섯 분은 아무런 지물을 갖추지 않고 선정인의 수인을 취하고 있다. 보조 국사는 열반에 드실 때 마지막 설법을 하고 주장자를 잡은 채로 법상에 앉아서 열반에 드셨다고 전한다. 진영 속에 주장자를 짚고 계신 장면도 그를 모티프로 삼은 것인지 궁금하다. 진영의 복식은 장삼에 가사를 걸친 예복 형식으로 통일적이다. 채색에서는 붉은색과 초록색을 중심 색조로 삼았다.

진영은 소실될 때마다 수차례 그렸지만, 모본은 알려진 바 없다. 단지 보조 국사 진영만 대구 동화사 보조 국사 진영을 모본으로 해서 그렸다고 전해진다. 그 외 진영은 모두 관념의 상상 인물화로 구전한다. 보조 국사 진영은 동화사본과 부분 색채만 다를 뿐 완전 판박이다.

동승법우, 함께 법비에 젖다

1190년 늦봄, 보조 국사 지눌 스님께서 1만 자 가까운 장문의 「권수정혜결사문」을 발표하였다. 문장의 말미에 기원을 담았다. '동승법우(同承法雨)', 곧 함께 진리의 법비에 젖게 함이라. 국사전 옆이 수행자의 선원 '수선사(修禪社)'다. 수선사의 '사(社)'는 '절 사(寺)'가 아니다. 같은 뜻으로 모인 사람 모임인 '결사(結社)'의 '사(社)'다. 수선사는 말 그대로 참선에 용맹정진하는 수행자 집단이라는 의미다. 지눌 스님께서 한때 기거하신 곳으로 알려져 있다.

수선사 선방에 수행승들의 면벽이 불철주야로 이어지고 있다. 달사(達士)와 진인(眞人)의 높은 수행을 따르는 수행승들의 모습에 송광사의 청산은 푸르고도 푸른 소나무 숲이다. ❀

10-27 권수정혜결사문 목판(1608년 중간, 송광사 성보박물관)

10-28 순천 송광사 수선사(선방) 내부

11

인간적인,
너무나 인간적인

— 영천 거조사 영산전 오백나한상

지눌 스님이 정혜결사를 펼친 도량

나한(羅漢)은 범어 '아르한(arhan)'의 음역인 아라한의 줄임말이다. 아라한은 부처님의 제자로서 수행을 통하여 일체의 번뇌를 끊고 깨달음을 얻은 성자이다. 다만 부처님의 부촉(咐囑)에 따라 열반에 들기를 잠시 뒤로 미룬 불제자들이다. 공양받아 마땅한 사람이라 '응공(應供)'으로 부른다. 진리에 따르므로 '응진(應眞)', 또는 더 이상 배울 것이 없어 '무학(無學)'이라고도 부른다. 이분들은 부처님의 가르침이 오탁악세로 흐려지는 말법(末法) 시기에 부처님의 진리 법을 수호하며 중생을 교화한다. 원형은 시간의 흐름 따라 변하기 마련이다. 부처님께서 설하신 정법도 원형 그대로 전승되고 유지되기가 쉽지 않다. 수정주의와 외도의 견해가 출현하고, 가르침만 있고 정작 깨달은 사람은 나타나지 않는다. 부처님의 공덕은 퇴색해지며, 계율의 청정함은 사라진다. 사람으로 태어나기 어렵고, 부처님의 정법 만나기도 어렵다. 부처님의 가르침은 원형의 유통 정도에 따라 통상 세 시기[三時]로 나눈다.

11-1 고성 옥천사 나한상

삼시(三時)   정법(正法) 시대 | 부처님 재세 ~ 열반 후 500년

상법(像法) 시대 | 정법 시대 이후 1,000년

말법(末法) 시대 | 상법 시대 이후 1만 년

아라한은 부처님께서 열반에 드신 후 삼시의 시기에 바른 법을 오래도록 전하고 머무르게 하는 임무를 지닌다. 석가모니 부처님의 열반에서 미륵불이 하생할 때까지 정법을 수호하며 유지한다. 오늘날 우리는 아라한의 시대에 살고 있다.

불제자들은 경전에 따라 여러 숫자의 집합 단위로 등장한다. 『유마경』에서는 10대 제자, 현장 스님이 번역한 『대아라한난제밀다라소설법주기』(줄여서 『법주기』)에서는 16나한, 『법화경』, 『증일아함경』, 『십분율』 등에서는 오백나한으로 나온다. 십대제자, 십육나한, 오백나한 등은 부처님 사후 칠엽굴에 모였다. 이때 아난 존자가 경(經)을, 우바리 존자가 율(律)을 암송하여 '1차

11-2 문경 김용사 응진전 나한상과 나한탱

결집'이 이루어졌고, 이들은 여기 참석한 역사적 인물들이다. 동시에 『법화경』의 「수기품」, 「오백제자수기품」 등에서 석가모니 부처님으로부터 장차 여래로 수기(受記) 받으신 분이기도 하다. 인간의 삶 속에 실존하여 성(聖)과 속(俗)의 두 위상을 동시에 갖기도 한다. 마하가섭은 광명여래, 수보리는 명상여래, 목건련은 전단향여래, 사리불은 화광여래, 부루나는 법명여래, 교진여 비구와 500아라한은 보명여래 등으로 각각 수기를 받으셨다. 미륵하생 때까지 이 땅에 머물며 불법을 전하고 중생에게 자비를 베푸는 역할을 부촉받았다.

아라한의 사명과 행적

이분들의 행적은 16나한에 관한 중심 경전인 『법주기』에 감동적으로 펼쳐진다. '대아라한 난제밀다라'는 '경우 존자'로 한역한다. 『법주기』는 스리랑카의 아라한 난제밀다라가 석가모니 부처님 열반 후 800년쯤 되던 시기에 부처님께서 '정법의 머뭄[法住]'에 관하여 설하신 내용을 전해 듣고는 입적을 앞두고 제자들의 의문에 대한 답변 형식으로 설명한 내용을 담고 있다. 대부분의 경전은 서두를 '여시아문(如是我聞)', 곧 '이와 같이 나는 들었다.'로 시작한다. 부처님을 20여 년간 시봉한 아난 존자가 부처님의 설법을 가까이에서 들은 내용을 암송하여 전하기 때문이다. 그런데 『법주기』는 난제밀다라 존자가 전해 들은 내용을 자신의 권속들에게 설한 '성문설(聲聞說)'의 일종이다. 그래서 '여시전문(如是傳聞)', 곧 '이와 같이 전해 들었다.'는 문장으로 다르게 시작한다. 난제밀다라 존자가 열반에 들기 전에 제자들이 궁금한 것을 묻는다.

> "저희는 석가모니 부처님의 무상정법(無上正法)이 어느
> 때까지 머물게 될지 알지 못합니다."

존자가 대답하였다.

"부처님께서 이미 다음 여래께서 오시기까지 법을 어떻게 전하며, 언제까지 머물게 되는지에 대한 『법주경(法住經)』을 설하셨다. 부처님께서는 반열반에 드실 때 위없는 깨달음의 법을 16아라한과 그의 권속들에게 전하며 그들로 하여금 잘 보호해서 사라지지 않게 하시라고 부촉하셨느니라."

제자들이 또 묻는다.

"저희는 16나한이 누구시며 어디에서 법을 전하고 계시는지도 모릅니다."

그러자 경우 존자는 16나한들을 한 분씩 두루 소개한다. 그리고 말을 잇는다.

"이 『법주기』는 예전부터 스님들 사이에 암송되며 대대로 전해왔다. 중생들이 깨끗한 업을 닦아서 마땅히 다음에 오는 세상에 미륵불을 만나 해탈하여 열반을 얻는 즐거움을 생기게 하려는 까닭이고, 부처님의 바른 법을 보호하고 전해서 영원토록 사라지지 않게 하려는 것이다."

그 사명을 맡으신 분들이 아라한이시다. 그러고는 석가모니 부처님 정법의 완전한 소멸에 대하여, 또 16나한이 사명을 다하고 스스로 몸을 태워 열반에 드는 숭고한 장면을 설명한다.

"이같이 이 남섬부주의 인간의 수명이 육만 세에 이르

11-3, 11-4 상주 남장사 나한도 1, 2(1790년, 직지사 성보박물관)
위 나한도는 제 7,9,11,13,15존자의 홀수번째 나한으로 경북지역에서 활동한 화승 영수와 위전 2명이 그렸다.
아래 나한도는 제8,10,12,14,16존자의 짝수번째 나한으로 서울, 경기지역에서 활동한 상겸 등 5명이 그렸다.
이런 이유로 화풍에서 차이가 난다. 본래는 16나한을 네 폭에 모셨지만, 두 폭만 현존한다.

기까지 위없는 정법이 세간에 유행하고 그 치열함이 그치지 않게 되리라. 다음으로 인간의 수명이 칠만 세에 이를 때에는 위없는 정법이 마침내 영원히 사라지게 되느니라. 이때 이 열여섯 대아라한께서 여러 권속들과 함께 이 남섬부주에 모두 오시어 집회를 여시고 신통력으로 온갖 칠보로 아주 화려하면서도 높고 크게 솔도파(窣堵波, 탑)를 지어 석가모니 부처님이 남기신 사리를 모두 그 안에 모아 두게 되느니라.

이때 열여섯 대아라한께서는 여러 권속들과 더불어 솔도파를 돌면서 갖가지 향과 꽃으로 공양하여 공경하고 찬탄하며 백천 번을 돌면서 우러러 예배한 후, 모두 허공으로 올라가 솔도파를 향하여 다음과 같이 말씀하시게 되느니라.

'세존 석가모니 부처님께 예배드립니다. 저희들이 가르침을 받들어 바른 법을 호지하고 인천세계(人天世界)에 온갖 이로움을 베풀었습니다. 그러나 법장(法藏)이 이미 사라지고 연이 다하였기에 저희들은 지금 부처님께 하직 인사를 드리고 열반에 들겠습니다.'

이와 같이 말씀하시고 나서 일시에 모두 무여열반(無餘涅槃)에 들어 예전에 기약된 원력으로 불을 일으켜 스스로 몸을 태우시니, 마치 등불이 꺼지는 것처럼 해골조차 남기지 않게 되느니라. 이때에 솔도파도 바로 땅으로 꺼져 들어가 금륜제(金輪際)에 다다라서야 멈추게 되니, 이때 세존 석가모니 부처님의 무상정법은 이 삼천대천세계에서 영원히 소멸되어 다시는 나타나지 않게 되느니라. 이어 인간의 수명이 8만 세에 이를 때가 되면 독각의 성중들도 모두 멸도하게 되느니라.

그 이후로 미륵불께서 세간에 출현하시는 때에는 (중략) 세 번의 설법으로 무수한 성문 대중들을 제도하시게 되느니라."

땅에서 넘어진 사람, 땅을 짚고 일어서야 한다

영천 거조사 영산전은 이런 아라한들의 세계다. 거조사는 '조(祖)'가 머무는 절이다. 그런데 거조사의 '조'는 누구를 말하는 것일까? 영천을 품고 있는 팔

11-5 영천 거조사 영산전

공산 자락에서 유행한 아미타 신앙을 바탕으로 아미타불로 여기기도 한다. 하지만 아무래도 불법을 전하고 수행하는 선종의 조사(祖師) 느낌이 더 강하다. 아라한의 이미지가 선종의 조사에 겹친다. 거조사의 이름과 오백나한상이 인과(因果)의 선후로 연관되어 보인다. 특히 보조 국사 지눌 스님께서 거조사에 7년간 머물면서 정혜결사(定慧結社)를 천명한 역사적 사실을 떠올려 보면 고승 조사와의 인연이 예사롭지 않다. 거조사는 보조 국사 지눌과의 인연으로 인해 한국불교사에서 중요한 위치로 언급되곤 한다. 1190년 늦봄에 지눌은 이곳 거조사에서 "땅에서 넘어진 사람, 땅을 짚고 일어서야 한다."로 시작하는 「권수정혜결사문」을 발표했다. 한 마음을 몰라서 끝없는 번뇌 속에 있는 이가 중생이고, 한 마음을 깨달아서 한없는 지혜를 드러낸 이가 부처이니 마음을 떠나서는 불교를 논할 수 없다고 했다. 지눌 스님은 깨달음에 이르는 올바른 길로 선정과 지혜를 함께 닦아나가는 '정혜쌍수(定慧雙修)'에 힘쓸 것을 권했다. 한국불교사의 큰 획을 그은 파사현정의 결사를 이곳 거조사에서 선언한 것이다.

해인사 장경판전을 닮은 고려 건축, 영산전

거조사의 중심 불전은 영산전이다. 영산전의 외양은 한눈에 보기에도 흔치 않은 구조다. 현존하는 고려 건축에서 보이는 법식이 눈에 띈다. 막돌허튼층(자연석을 이용한 불규칙한 쌓기)으로 쌓은 기단, 벽체의 살창 창호, 전돌을 깐 내부 바닥, 약한 배흘림양식의 기둥, 내부 서까래를 노출한 연등 천장, 독특한 대공과 솟을합장, 간결한 주심포식 건물 등에서 오래된 연륜을 짐작할 수 있다. 주심포식 건물은 지붕 처마의 하중을 받치기 위해 가로 세로로 포개 쌓는 받침목 구조를 기둥 위에만 설치한 건축 형식이다. 근래 해체 수리 과정에서 발견된 묵서명에 의해 고려 우왕 1년인 1375년에 지은 건물임이 밝혀졌다. 영주 부석사 무량수전, 안동 봉정사 극락전 등과 함께 국내에 여섯 곳밖에 없는 고려 시대 목조건물 중 하나가 되었다.

영산전은 정면 7칸, 측면 3칸의 맞배지붕 불전이다. 세로 10.4m. 가로 31.2m의 크기로 평수로는 약 98평에 이른다. 가로 : 세로의 비율이 3 : 1로 수평성이 강하다. 장대한 크기에 비해 가구 구조는 단순하고 간결하다. 군더더기가 없다. 벽체의 창호는 창틀에 세로 살을 끼워 넣은 고식의 살창으로 투박하다. 가구들은 단청을 전혀 입히지 않았다. 건축에 흙과 돌, 나무 외에 더한 것이 없다. 자연주의 심성이 고스란히 묻어난다. 여러 면에서 해인사 장경판전을 연상케 한다. 전면 좌우에 네 개, 후면 중앙에 한 개, 전후면에 모두 다섯 개의 커다란 살창을 시설했다. 특히 좌우 측면의 벽체엔 장경판전의 환기창처럼 아래위로 두 개의 살창을 냈다. 내부 천장 역시 서까래 목재를 노출한 연등천장이다. 대들보와 종보, 도리, 서까래, 솟을합장, 대공 등 목조 가구 구

11-6 영천 거조사 영산전 살창

11-7 영천 거조사 영산전 내부 가구

조의 뼈대를 숨김없이 드러냈다. 장식적 요소는 절제했다. 기능과 역학 구조의 필요에 충실할 뿐이다. 노출한 뼈대는 좌우대칭으로 정연하다. 마치 살을 발라내고 남은 생선 뼈대 같다. 종도리와 중도리, 주심도리(아래 그림 참조)에 걸어 단순한 평행을 반복하는 서까래 배열에서 가식 없는 윤리적 아름다움이 우러나온다.

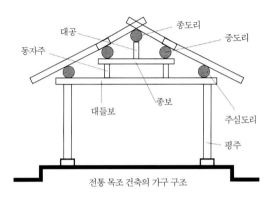

전통 목조 건축의 가구 구조

빗살무늬 형상으로 장대하게 반복되는 평행의 변주는 묘한 리듬감을 불러일으킨다. 불연속하는 일정한 간격의 평행선들이 대칭과 반복을 통해 연속하는 파장의 확산 이미지를 만들어 낸다. 고주와 결합한 가구의 형상들은 겨울 나무들이 죽죽 늘어선 숲의 장면을 닮았다. 결구된 나무들에서 미묘한 생명력이 흐른다. 그것은 못을 사용하지 않고 서로의 물림으로 짜맞추는 가구식 목조건축 내면에 흐르는 물리역학의 힘에서 나온다.

거조사는 중심 불전 영산전에 오백나한을 모신 우리나라 제일의 나한 신앙 근본도량이다. 거조사 영산전에 모신 오백나한상은 탱화 형식이 아니라 정으로 쪼은 석조조각이다. 10대 제자, 16나한, 오백나한을 결집한 526체의 대규모 나한 세계를 펼쳐 놓았다. 저마다 다른 형상을 취하고 있는 전대미

11-8 영천 거조사 영산전 내부 1
모두 526분의 나한이 계신다.

문의 나한 세계로 대단히 특별하고 파격적이며 세상에 보기 드문 장면을 연출한다. 경주 기림사 응진전, 청도 운문사, 광주 증심사 등의 오백전에도 오백나한상이 모셔져 있지만 거조사 영산전의 오백나한상과는 규모, 형식, 조형의 예술성 등에서 비교 불가다. 나한 신앙 기도 도량의 인연은 오늘에 이어져 2005년부터 매년 10월경이면 고려 때 국난극복을 위해 시행했던 '나한대재'를 봉행하고 있다.

오백나한 배치, 질서와 과학

영산전 내부는 통으로 트여 있다. 장대한 길이에다 통으로 트인 여백의 효과로 깊은 공간감을 자아낸다. 어칸 중앙에 불단과 후불벽을 시설하여 석가모

11-9 영천 거조사 영산전 석가모니불삼존과 후불탱화

236

니 부처님을 봉안하고, 건륭 50년(1785년)에 상언(尙彦)이 그린 영산회상 후불탱화를 걸어 뒀다. 붉은 바탕에 은니를 이용한 선묘와 번짐 기법으로 그린 독특한 불화다. 색채와 필선, 채색기법이 어디서도 본 적이 없는 매력적인 깊이를 갖추고 있다. 오백나한을 앉히기 위해 외벽을 따라 □ 모양의 긴 불단을 가설하고, 그 안쪽에 중앙을 기준으로 좌우 양쪽에 ⸤⸥꼴의 ㄷ자형 불단을 대칭 구조로 설치했다. 나한상 불단은 높이가 1m이고 폭은 1.5m다. 도로 가운데 중앙분리대처럼 불단 위 중앙에 높이 18cm, 폭 60cm의 상단을 불단 길이에 맞춰 마련해 뒀다. 위치에 따라 나한상을 서로 어긋나게 배열하면 다섯 행으로 중첩하는 나한상의 천태만상 집합을 연출하기도 한다. 불단의 최고 높이는 1.18m이고, 나한상 한 분의 높이는 대략 30~40cm 정도다. 그러니까 오백나한상은 1.5m~1.6m에 이르는 휴먼스케일 눈높이에 맞춰 배열하고 있

11-10 영천 거조사 영산전 내부 2

음을 알 수 있다. 보통의 오백나한상은 거대한 군상의 집합으로 배관한다. 한 분 한 분 만나 뵙기 어렵다. 거조사 오백나한상의 경우 계획적인 동선 배치로 한 분 한 분의 표정과 분위기를 바로 눈앞에서 배관할 수 있다. 대면을 통한 친밀감의 강도가 대단히 높다.

거조사 오백나한상 봉안의 가장 중요한 특징은 다음 네 가지로 요약할 수 있다.

첫째, 나선형 법계도에 따라 봉안하고 있어 법계도 동선대로 움직이면 오백나한 한 분 한 분에게 빠짐없이 예경을 올릴 수 있는 점.

둘째, 10대 제자, 16아라한, 500나한의 부처님의 세 상수제자 집단을 명확하게 구성한 점.

셋째, 526분의 나한 한 분 한 분의 존명을 밝히고 있는 점.

넷째, 영산전 건축에 석가모니 부처님, 문수·보현보살, 10대 제자, 오백나한, 사천왕 등의 석조 조각상을 한 자리에 봉안함으로써 사실감 있는 입체로 영산회상의 불국정토를 구현한 점 등이다.

누구나 간절히 3일만 기도하면 소원을 이룬다

오백나한상의 재질은 화강암이다. 신라 진평왕 13년 거조사 창건 때 혜림 법사와 법화 화상이 앞산에서 캐낸 돌로 석가여래삼존불과 오백나한상을 제작했다는 전설이 전해진다. 하지만 이를 뒷받침할 사료는 없다. 그런데 분명한 것은 1805년보다 훨씬 이전에 오백나한상이 제작된 사실이다. 그 같은 사실은 1805년에 은해사 운부암의 영파 스님이 쓴 『오백성중청문(五百聖衆請文)』의 책 내용에 근거한다. 서문에 다음과 같이 기록하고 있다.

거조사 옛터에 법당 하나 남아 있다. 들어가 살펴보니 오백 구의 성스러운 나한상이 전각 안에 별처럼 펼쳐져 있다. (중략) 그러나 풍진에 노출되어 색과 모양이 벗겨지고 훼손된 것이 있어 … 이에 양공 지연(志演)의 무리를 불러 훼손된 것을 보수하고 색을 바꾸게 하니 예스러운 모습이 제대로 갖춰졌다. 이를 공경하여 받들고 엄숙하게 모시니 누가 찬하지 않겠는가? 또 남은 재물을 사중에 보내 매년 3월 5일에 각각 헌공의 재물로 삼게 하였으나 나한을 맞이하는 의식문에 일찍이 전해 오는 규범이 없었다. 사방에서 구하지 못하던 차에 다행히 책 한 권을 얻었다. 함경도 안변 석왕사 창건 때에 무학 대사가 백 일 동안 오백나한을 모시고 행한 의례에 관한 것이었다. (이하 생략)

을축년(1805년) 봄 노승 영파 성규가 78세에 쓰다.

11-11 『오백성중청문(五百聖衆請文)』(1805년, 은해사 성보박물관)
영파 스님이 무학 대사의 의례집을 참조하여 편찬한 나한 의식문이다. 1800년대 무렵 거조사의 상황, 불전과 오백나한상의 중수 등에 대한 기록도 들어 있어 귀중한 사료로 평가받는다.

서문을 보면 1805년 이전부터 오백나한상이 이미 하나의 법당에 있었고, 그해에 오백나한상을 손질하고 개채하여 새롭게 단장하였음을 알 수 있다. 또 이전부터 나한상에 색을 입혔음을 알 수 있다. 오백나한상에 입힌 색상은 오늘날에도 몇 차례 변화를 거쳤다. 1970년대 컬러사진 자료에는 모든 나한의 가사가 지금과 다르게 흰색 호분으로만 채색한 모습이다. 머리만 페인트로 청색, 검정, 빨강, 초록, 노랑 등으로 알록달록하게 칠했다. 그러다 20년 전쯤에 새로 개칠하면서 페인트를 벗겨내고 대신 파스텔톤의 일본 안료로 채색해서 형형색색의 옷차림을 갖춘 현재의 모습에 이르고 있다. 그 과정에서 나한의 머리 색은 흰색, 검정색, 회색의 무채색으로 통일했다. 하지만 여전히 안타까운 점은 누가 언제 어떻게 제작하였는지를 정확히 모른다는 점이다. 어쩌면 일체의 제작 정황을 모르는 까닭에 더욱 신비감을 심화시키고, 사람

11-12 영천 거조사 영산전 내부 3
개채 과정에서 나한의 머리는 흰색, 검정색, 회색의 무채색으로 통일했다.

들의 신심을 불러일으켜서 나한 기도 도량의 영험을 미묘하게 지속해 왔는지도 모르겠다. 사실 거조암은 3일만 정성껏 기도하면 영험을 본다는 입소문이 자자해서 전국에서 신자들의 발길이 끊이지 않는다.

그렇다면 거조사 오백나한상은 언제쯤 제작됐을까?

현존하는 오백나한상 최고의 작품으론 일본 지온인에 소장되어 있는 14세기 고려불화 〈오백나한도〉를 꼽는 데 이견이 없다. 〈오백나한도〉엔 화면 중앙의 석가삼존을 중심으로 10대 제자, 16나한, 오백나한이 산수화풍의 화면 전체에 빼곡하게 그려져 있다. 하나의 화면에 석가삼존과 526체의 오백나한을 모두 수용하고 있는 놀라운 장면을 보여 준다. 이런 구성을 비교해 볼 때 거조사 오백나한상은 나한 신앙이 유행한 고려 후기 때 제작된 조각상으로 유추가 가능하다. 그런데 강원도 영월 창령사지와 나주 불회사에서도 조선 전기에 제작한 것으로 보이는 오백나한상이 발굴된 바 있다. 특히 창령사지에선 2001년과 2002년 두 차례 발굴을 통해 296구의 석조 나한상을 발굴했다. 창령사지 나한상은 높이 약 45~50cm 내외로 다양한 자세와 표정, 지물을 표현하고 있어 주목된다. 크기나 표정, 인간적인 모습 등에서 거조사 오백나한상과 상당한 친연성이 있다. 실제로 조선 전기인 15~16세기에도 오백나한 불사가 끊이지 않았던 것으로 보인다. 제2대 정종 때의 조선왕조실록『정종실록』권6을 보면 왕이 서울 화장사에 행차하여 새로 조성한 석가삼존과 오백나한상을 친견했음을 기록하고 있다.(潛幸華藏寺以觀新造釋迦三尊五百羅漢也) 이런 정황과 제작 흐름들은 거조사 오백나한상의 제작 시기를 고려 후기에서 조선 전기 무렵으로 추정하는 데 힘을 실어 준다.

11-13 영월 창령사지 나한상 모음
2001년과 2002년 두 차례 발굴을 통해 296구의 석조 나한상이 발견되었다.
ⓒ국립춘천박물관

오백나한의 이름표

거조암 오백나한상의 불가사의한 특징 중 하나는 모든 나한의 존명을 밝히고 있다는 점이다. 모두 이름표를 달고 있는 격이다. 오백나한상의 존명과 차례 번호는 영파 스님이 무학 대사의 석왕사 오백나한 의례집을 참조하여 편찬한 『오백성중청문(五百聖衆請文)』 의식집에 따른 것이다. 『오백성중청문』은 은해사 박물관에 보관 중인 40여 쪽의 의례집이다. 석가모니 부처님의 십대제자와 십육나한, 오백나한을 차례로 봉청하고 모든 분의 존명을 낱낱이 밝혀 두고 있다. 이 의식집에서 밝힌 나한 존자의 순번과 이름은 국립중앙박물관이 소장 중인 7점의 나한도를 포함해서 현존하는 고려 오백나한도 14점의 화제 묵서에서 밝히고 있는 순번·존명과도 거의 일치한다. 그것은 나한 신앙이 하나의 의례 규범을 갖추고 있었다는 사실을 뒷받침한다.

526체의 나한은 의상 스님의 210자 『화엄일승법계도』처럼 법계도의 흐름으로 봉안하여 『법화경』의 핵심 가르침인 결국 부처가 되는 하나의 길, 일승불의 회삼귀일(會三歸一) 사상을 일깨운다. 청문에 따른 나한의 봉청 차례를 살펴보면 후불벽 뒷벽 끝자락에서부터 '십대제자' 제1 가섭 존자, 제2 사리불 존자 … 제10 부루나 존자로 이어지고, '십육나한'은 제1 빈도로 존자, 제2 가락 존자 … 제16 주다반탁가 존자의 순서로 청하고 있으며, '오백나한'에 와서는 제1 법해 존자, 제2 전광 존자 순으로 봉청해서 제500 무량의 존자의 봉안으로 끝난다. 법계의 흐름은 다음 그림처럼 순환과 대칭의 커다란 나선형 구조로 순환하면서 사방팔방으로 돌고 돈다.

그런데 왜 응진전이나 나한전, 오백전이 아니고 영산전에 오백나한을 모셨을까? 건축과 불상, 오백나한이 불가분 한몸을 이룬다. 영산전에 모신 삼존은 석가모니 부처님과 문수, 보현보살 세 분이다. 영산은 고대 인도 마가다국의 수도였던 왕사성 근처에 있는 '영축산'의 줄임말이다. 영축산에서 석가모

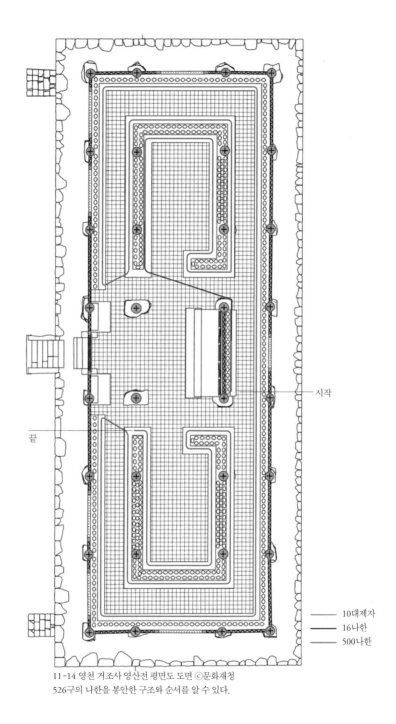

시작

끝

10대제자
16나한
500나한

11-14 영천 거조사 영산전 평면도 도면 ©문화재청
526구의 나한을 봉안한 구조와 순서를 알 수 있다.

11-15 영천 서소사 영산전 내부 4

니 부처님은『묘법연화경』을 설하셨다. 꽃 한 송이를 들어 가섭과 미소를 주고받은 '염화미소'의 이심전심 장면이 그 설법 자리에서 있었다. 영축산에서『법화경』을 설한 성스러운 진리의 자리를 '영산회상(靈山會上)'이라 부른다. 그 자리에는 문수·보현보살 등 보살 8만인, 10대 제자·오백 아라한을 비롯한 아라한 1만 2천인, 범천·제석천 등의 천인과 그 권속들, 사천왕과 팔부신중·용왕 등 호법신중, 비구·비구니·우바새·우바이 등 사부대중이 구름같이 운집했다. 석가모니삼존과 10대 제자, 오백나한을 한 자리에 모신 거조사 영산전은 그 자체가『법화경』진리를 설하는 영산회상의 구현이라 할 수 있다. 영산전 장엄은 건축과 조형으로 구현한 영산회상의 청정 불국정토 성격을 갖는다.

천태만상 오백나한

거조사 영산전에 526체의 나한들이 옹기종기 결집해 계신다. 영산전은 그분들의 삶의 기침 소리로 가득하다. 사람의 다양한 표정을 취한 오백나한이 천태만상이다. 같은 얼굴, 같은 표정이라곤 없다. 자유분방하고 명랑하며 왁자지껄하다. 영산전에 들어서면 공간은 삶의 애환이 밴 저잣거리 골목처럼 익숙하다. 골목을 접어들면 한 번쯤은 스쳐 지났을 법한 한국인들의 표정을 만난다.

어떤 분은 즐겁고, 어떤 분은 심각하며, 어떤 분은 깊은 사유에 젖었다. 마치 인생의 모든 표정과 감정을 조각한 것 같다. 이 골목 저 골목, 이 마을 저 마을에서 만나는 인생 도처의 얼굴들, 인생 도처의 표정들이다. 낯설지 않은 친근한 이웃들을 만난다. 저마다의 표정에는 생로병사의 애환과 깊은 탄식, 놀라움, 기쁨, 슬픔이 숨김없이 드러나고 눈빛이 살아 있다. 인간적인, 너무도 인간적인 모습이다. 아라한에 앞서 사람의 아들로 이 세상에 오신 삶의 길이 읽힌다. 사람의 아들에서 부처님의 제자가 되어 아라한과의 최고 계위에 올랐다가 석가모니 부처님으로부터 여래로 수기 받으신 분들, 헤아려 볼수록 감동적이고 위대한 두타행의 걸음이다

지눌 스님의 「권수정혜결사문」의 한 구절을 떠올린다. '수심지외 무별행문(修心之外 無別行門)' 마음을 닦는 것 외에는 따로 수행하는 문이 없다. 절집의 빛은 만고청산 수행자의 빛임을 알겠다. ✿

11-16 영천 거조사 영산전 나한 1

11-17 영천 거조사 영산전 나한 2

12

불지종가(佛之宗家)의 정점, 금강계단

계율, 승가공동체 존속의 생명력

양산 통도사의 근본은 금강계단에 있다. 부석사 가람 배치의 기승전결에서 궁극의 결절점이 무량수전이라면 해인사 동선의 정점은 장경판전일 것이고, 통도사의 소실점은 금강계단으로 귀결될 것이다. 통도사가 금강계단이고, 금강계단이 곧 통도사다.

계단에 석가모니 부처님의 진신사리를 모셔 '불지종가(佛之宗家)', 즉 절집 종가의 위의를 갖추었다. 통도사의 이름도 금강계단에서 뿌리를 찾을 수 있다. 금강계단(金剛戒壇)의 '계단'은 층계를 오르내리는 '계단(階段)'이 아니다. 계를 받는 단, 즉 '계단(戒壇)'이다. 통도사 금강계단의 내력과 형상에 대한 기록은 『삼국유사』의 권3 '전후소장사리조'와 권4 '자장정률조'에 잘 나타난다.

> "선덕여왕 때인 정관 17년 계묘(643년)에 자장 법사가 당나라에서 부처님의 머리뼈와 어금니, 불사리 100과, 부처님께서 입던 붉은 비단에 금색 점 문양이 있는 금점가사 한 벌 등을 가지고 왔다. 그중 사리를 셋으로 나누어 한 등분은 황룡사 탑에, 또 한 등분은 태화사 탑에, 나머지 한 등분은 가사와 함께 통도사 계단에 두었다. 그 나머지는 소재를 알 수 없다. 통도사 계단은 이층으로, 상층 가운데에는 진신사리 석함을 모셨는데, 마치 그 형상이 가마솥을 엎어놓은 것과 같았다."(전후소장사리조)

> "이때에 이르러 나라의 사람들이 계를 받고 부처를 받드는 것이 열 집에 여덟아홉이었고, 머리를 깎고 출가하

계산림

12-1 통도사 금강계단

12-2 양산 통도사 금강계단 진신사리탑

기를 청하는 것이 시간이 지날수록 늘어났다. 이에 통도
사를 창건하여 계단을 짓고서 사방에서 몰려드는 사람
을 받아들였다."(자장정률조)

통도사 창건주인 자장 스님은 한국불교에 계율의 정신을 심고 뿌리내리게
한 분으로 평가된다. 『삼국유사』 '자장정률조(慈藏定律條, 자장이 계율을 정하다)'
편에 율사로서의 자장 스님 면모가 잘 드러난다. 왕이 나라의 재상 자리를 거
듭 청함에도 수행에서 나오지 않자 엄포를 놓았다. "나라의 부름에 나오지
않으면 목을 베겠다." 자장 스님이 말했다. "내 차라리 하루 동안 계율을 지키
다가 죽을지언정 파계하여 100년 동안 살기를 원치 않는다." 통도사 금강계
단엔 그 결기가 서려 있다. 금강계단은 한국불교 계율의 거울이자, 불지종가
통도사의 정신적 상징으로 승화되었다.

(조계종을 기준으로) 한국불교에서 출가자는 6개월 정도의 행자 생활을 거치고, 사미(남), 또는 사미니(녀) 계를 받는다. 4년 동안 의무적으로 밟는 사미(니) 과정은 예비 스님 과정이다. 동국대학교 불교대학이나 중앙승가대학교, 사찰 강원 등에서 4년 동안 교육을 받고 스님으로서의 소양을 익힌다. 그 이후 비구(니)계를 받고 승가의 일원으로 정식 스님이 된다. 비구(니)의 계를 '구족계(具足戒)'라 한다. 구족계라는 말은 모든 계율을 두루 익히고 갖추어서 받는 계라는 의미다. 비구는 250계, 비구니는 348계에 이른다. 그 많은 계율은 삶을 얽매는 족쇄가 아니다. 일체의 악을 멀리하게 하고 일체의 중생을 사랑하게 한다. 이런 이유로 계율은 불가를 존속케 하고 세상을 살린다.

계율은 율장에 바탕을 둔 승단의 규범이다. 부처님 생존 당시 제정한 것이 율장이다. 청정한 몸과 삶을 유지하게 함으로써 깨달음의 원동력이 된다. 계율이 무너지면 중생의 믿음이 무너지고, 곧 불가가 무너진다. 그래서 계율은 금강처럼 굳건한 것이 될 수밖에 없다. 또 구족계의 전통은 석가모니 부처님으로부터 내려온 승가공동체 성립의 알파요, 오메가에 해당한다. 깨뜨릴 수 없는 성스러운 의식으로 승단 유지의 불문율과 같다.

금강계단, 수계 계단의 원형이자 전형

수계 의식은 원래 단을 갖춘 계단에서 이뤄진다. 통도사, 해인사, 범어사의 수계 의식은 익히 알려져 있다. 총림의 숲에서 이뤄진다. 그런데 수계의 무대장치 형식을 갖춘 절집은 흔하지 않다. 김제 금산사 방등계단, 달성 용연사 석조계단, 완주 안심사 계단 등 서너 곳에 지나지 않는다. 하지만 '금강계단'의 현판을 갖춘 사찰은 더러 있다. 양산 통도사 대웅전, 합천 해인사 대적광전, 부산 범어사 보제루, 순천 송광사 설법전, 하동 쌍계사 팔영루, 대구 동화

12-3 김제 금산사 방등계단

12-4 대구 용연사 금강계단

사 통일대전, 대구 용연사 보광루 등에 금강계단의 편액이 붙어 있다. 통도사 금강계단은 역사적 정통성과 형식성을 두루 갖춘 수계 계단의 원형이자 전형으로 공인된다. 존재 자체가 한국불교의 율장이 깃든 정신적 성소로서의 아우라를 갖는다.

계단은 석가모니 부처님께서 비구들의 수계 의식을 진행하기 위해 기원정사 동남쪽에 단을 세운 데서 비롯되었다. 계단은『사분율』,『오분율』등에 등장한다. 동북아시아에서 두루 나타나는 야외 계단 형식은 당나라 승려 도선(道宣)이 667년에 쓴『관중창립계단도경(關中創立戒壇圖經)』, 곧『계단도경』의 규범에 따른 것으로 파악한다. 물론『계단도경』은 자장 율사가 통도사 금강계단을 세운 646년 무렵보다 20여 년 늦게 나왔지만 이전부터 내용은 유통되고 있었다. 도선은『계단도경』에서 수계 의식을 행하는 계단의 기원과 모양 등을 목판화 그림으로 세세히 소개하였다.『계단도경』에 따르면 계단은 3층으로 쌓은 층급 방형 계단 형태다. 방형 계단은 한 변의 길이가 9m인 정사각형이다. 사면의 중앙부엔 수계 의식 때 층을 오르내리는 계단을 한 곳씩, 또는 두 곳에 냈다. 3층이라 하지만 마지막 층은 높이가 12cm로 부도 받침에 가까워 2층으로 보기도 한다. 3층 층단의 중앙에 솥을 엎어 놓은 형상인 복발형 부도를 모신 후 그 위에 보주를 올려 상륜부 형식을 갖춘다. 계단은 결국 다섯 층위의 수직 구조를 가진다. 계단의 다섯 층위는 부처님의 오분신(五分身)을 상징한다. 3층의 방형계단+복발형 부도+보주로 상승하는 구조다. 최상위에 배치하는 보주의 상징적 의미가 숭고하다. 그것은 부처님께서 깨달은 진리를 상징한다. 그렇게 조성한 후 계단과 주위에 장엄이 이뤄진다. 계단 주위에는 사천왕을 조성하고, 층단의 면석에는 여러 천신, 칠성신인 28수 등 천신들을 새긴다. 계단 앞에는 두 개의 석등을 조성해서 조명 시설로 활용한다.『계단도경』에서 소개하고 있는 계단의 조영 원리를 정리하면

12-5 양산 통도사 대웅전 금강계단 편액

12-6 합천 해인사 대적광전 금강계단 편액

12-7 순천 송광사 설법전 금강계단 편액

12-8 부산 범어사 보제루 금강계단 편액

12-9 하동 쌍계사 팔영루 금강계단 편액

12-10 대구 용연사 보광루 금강계단 편액

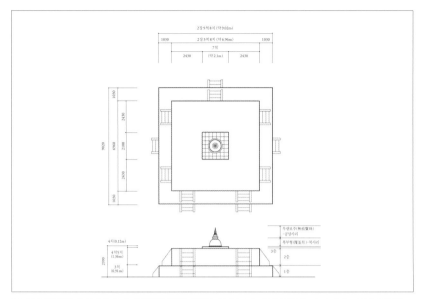

2장 9척 8치 (약 9.02m)

1030　　2장 3척 8치 (약 6.96m)　　1030

7척
2430　　(약 2.1m)　　2430

1030
2430
2100
2430
1030

9020
6960

4치(0.12m)
4척 5치
(1.36m)
3척
(0.91m)
2390

무량보주(無量寶珠)
공양사리
복부형(覆鉢形)- 복사리

3층
2층
1층

12-11 『계단도경』에 서술한 초기 계단의 평면도와 측면도. (이미지 출처: 건축역사연구 제16권 2호 통권 51호에 실린 박언곤, 이재인, 최효식의 한국 불교사원의 계단과 계단도경의 비교연구 논문 중 p106)

12-12 양산 통도사 금강계단 2
『계단도경』에서 기록하고 있는 계단 형식과 상당히 유사하다.

262

다음과 같다.

1) 사각 평면
2) 사면 중앙에 계단을 낸 3층 층급 형태
3) 3층 중앙에 보주 상륜부를 갖춘 복발형 부도 봉안
4) 1, 2층 기단면석과 주위에 천신, 칠성신 등을
   부조로 새기고 사천왕상을 배치
5) 계단 앞에 조명 시설인 석등 조성

『계단도경』에서 기록하고 있는 계단의 모습은 한국에 현존하는 통도사 금강계단, 금산사 방등계단과 매우 흡사하다. 2층 기단과 연화대좌를 갖춘 진신사리탑, 천인과 사천왕상, 그리고 계단 앞 석등 등 공통된 장엄 소재와 특징이 나타난다. 단지 한국에선 진신사리탑 형상이 복발형이 아닌 범종 형상으로 바뀌었다. 계단 중심부에 석종형 부도를 봉안한다. 무엇보다 한국의 불교 건축에만 나타나는 계단의 가장 독특한 특성은 수계 공간과 예배 공간의 유기적 통합에 있다. 수계 공간인 야외 금강계단과 예배 공간인 적멸보궁을 하나의 묶음으로 일체화한 한국불교 고유의 계단 조영 원리를 보여 준다.

전해지는 기록에 의하면 통도사 금강계단은 신라 선덕여왕 때인 646년에 처음으로 단을 쌓은 후 1997년까지 총 10차례 중수를 거듭했다. 고려 말 잇따른 왜구의 침탈과 임진왜란을 거치면서 원형이 훼손되거나 변형된 것으로 보인다. 석축 울타리를 제외한 2층 기단 위 석종형 부도를 갖춘 지금과 같은 모습은 1705년의 제4차 중수 때 정비한 것으로 추정한다. 금강계단을 둘러싼 석축 울타리 난간은 일제강점기 때인 1911년 9차 중수 때 증설한 것이다.

돌난간 시설을 제외한 통도사 금강계단의 크기는 동서 10.4m, 남북

12-13 양산 통도사 금강계단과 적멸보궁
금강계단 사면에 조명 시설인 석등이 설치되어 있다.

12-14 양산 통도사 적멸보궁

10.3m로 정사각형에 가깝다. 상하 2층의 기단 구조에 석종형 진신사리탑을 봉안한 형식으로 기단부가 1.4m, 진신사리탑이 약 1.8m로 전체 높이가 3.2m에 이른다. 방형 계단의 하층기단 면석에는 동서남북 각 면마다 8구씩 총 32구의 부처님상과 천인상을 부조로 새겨 장엄했다. 각 면의 8개 면석 중에서 중앙 한 면에만 부처님상을 새기고(정면인 남측면에는 유독 9개의 면석을 끼우고 좌우 2개 면석에 부처님상의 부조를 새겼다.), 나머지 7면에는 천의가 휘날리는 천인을 새겼다. 천인은 각 방위 면마다 일곱 분씩, 총 28분을 조성하였다. 이는 『계단도경』에서 소개하고 있는 28수 별자리 성신들의 표현으로 보인다. 상층기단 네 방위의 면석에도 드문드문 천인상을 부조로 새겨됐다.

2층의 기단 중앙에 모신 진신사리탑은 한국 특유의 범종 모양의 사리탑인 석종형 부도로 조영했다. 조선 후기의 일반적인 승탑과 동일한 형태다. 복련(伏蓮, 아래로 핀 연꽃)과 앙련(仰蓮, 위로 핀 연꽃)의 두 개 층을 가진 연화대좌 위에 진신사리탑을 봉안했다. 사리탑 몸돌 사면에는 정면인 남측면에 향로, 북측면에 위패, 동측면과 서측면엔 공양비천을 각각 새겼다. 향로, 위패, 비천 등은 한국의 승탑 장엄에 한결같이 등장하는 소재들이다. 몸돌 위 상륜부에는 2단의 연화대에 반구형 연꽃봉오리를 올려 보주 장식을 대체하고 있다. 이러한 석종형 사리탑의 형상은 연화대좌 위에 결가부좌해 계신 부처님의 실루엣을 연상케 한다. 무상정등각을 깨친 석가모니 부처님은 법신과 일체화된 몸으로서 우주법계에 충만한 일승원음의 범종과 상통함을 조형의 방편으로 일깨워 준다.

금강계단은 금강석 다이아몬드처럼 깨뜨릴 수 없는 계율의 엄중함과 영원성을 상징한다. 부처님의 진신사리가 있는 계단에서 계를 받는 것은 부처님으로부터 직접 계를 받는 것과 다를 바 없다. 법식에 따르면 세 명의 스승과 일곱 명의 증인, 곧 '삼사(三師)와 칠증(七證)'의 덕망 높은 열 분의 스님

12-15 양산 통도사 금강계단 기단에 새긴 천인

12-16 양산 통도사 금강계단 기단 중앙부의 여래

12-17 양산 통도사 금강계단 진신사리탑 1
비천 문양이 보인다.

12-18 양산 통도사 금강계단 진신사리탑 2
향로 문양이 보인다.

12-19 양산 통도사 금강계단 진신사리탑 3
위패 모양이 보인다.

들이 동석해서 수계 의식을 진행한다. 계율의 전수와 승인 과정에 최고 최상의 규범을 갖춘다. 이런 식으로 보면 통도사라는 사찰 이름도 자연스레 풀린다. 통도사의 '통(通)'은 통과의례, '도(度)'는 건너는 것이다. 법도의 '도(道)'가 아니다. 금강계단에서 구족계를 받음으로써 정식 스님의 통과의례를 거친 것이고, 수행자의 길에 들어서 청정승가의 일원으로 건너온 것이다. 자장 스님께서 영축산 자락에 계단을 축조하고 진신사리를 봉안한 사리탑을 마련해서 몰려드는 출가자들에게 계를 내린 뜻의 가닥이 비로소 풀린다. 청정승풍의 스님으로 건너가는 출세간의 길이 금강계단에 있음을 명확히 일깨워 준다.

금강계단과 적멸보궁, 일체화된 건축

금강계단 건축의 배치 방식과 운용은 대단히 독특하고 극적이다. 석조건축 금강계단은 목조건축 대웅전과 유기적으로 연결되어 있다. 대웅전은 법당인 동시에 적멸보궁이다. 석가모니 부처님은 보리수 아래서 위없는 정각을 얻었을 때 법신불인 비로자나불과 한몸을 이루셨다. 그런데 비로자나불은 형상도 소리도 없는 진리 그 자체이므로 공(空)과 같다. 공의 인격화로서의 법신이지만 일체 만물은 비로자나불의 현현이다. 다만 국토에 광명을 놓아 시방세계의 실상을 본래면목 그대로 드러내거나 위신력으로 여러 대승보살을 대리 설법 주체로 내세운다. 법신은 침묵과 광명으로 대신할 뿐이다. 그러므로 적멸보궁은 일체의 번뇌가 사라진 침묵의 집이자 적멸의 공간으로 간주된다. 불상 같은 예배의 존상을 모시지 않는다 하더라도 하등 이상할 것이 없다. 하지만 종교예술과 건축은 관념을 지향하는 것이 아니라, 관념을 현실화하고 구체화해서 사람들의 신심을 고양함을 목적으로 한다. 모든 종교 장엄은 그런 추상 관념의 구상화라 볼 수 있다. 적멸보궁은 침묵과 고요로 비워

두어 관념의 정신세계를 무한으로 확장하고 있다. '텅 빈 충만'으로서의 우주 법계다. 대신 유리 창호 프레임 너머 금강계단에 석가모니 부처님의 진신사리탑을 경영함으로써 예배자로 하여금 심원한 종교적 깊이와 숭고함을 추체험하게 이끈다.

　　건축은 한 사회의 시대정신과 철학적 관념을 담고 있는 사회구조물이다. 건축 속에 시대정신이 배게 마련이다. 저마다 건축은 한 시대의 고민을 담고 있고, 또 표정을 갖춘다. 적멸보궁과 금강계단의 배치 양식은 조선 유교 사회의 성리학적 세계관이 불교 조영에 깊숙이 투영된 것으로 보인다. 적멸보궁은 사방에서 볼 때 지붕의 용마루 선이 T자형으로 중첩해서 정자각 형태를 띤다. 앞에 있는 적멸보궁이 배향 공간이고, 뒤에 있는 금강계단은 불사리를 봉안한 능침공간으로 비견한다면 조선 왕릉의 정자각-왕릉의 능침공간 배치와 유사하다. 뿐만 아니라, 병산서원, 도동서원, 옥산서원 등 조선 중기 서원의 전형 양식인 전학후묘(前學後廟)의 배치와도 꽤 닮았다. 현재의 적멸보궁 건물이 임진왜란 이후 1644년 조선 중기에 재건한 것이란 점에서 설득력을 가진다.

계·정·혜 삼학(三學)의 통일장

금강계단 중앙의 불사리탑은 범종 형태를 빌렸다. 범종은 일승원음의 방편 반야다. 범종의 소리는 진리법의 설법과 통한다. 사시사철 푸르른 소나무 진영 너머로 영축산 자락이 광대하게 펼쳐져 있다. 영축산은 석가모니 부처님께서 『법화경』을 설하고 염화미소로 꽃을 들어 보이신 영산회의 성산이다. 둘러보면 이곳에 계(戒)·정(定)·혜(慧) 삼학이 결집해 있다. 그런데 통도사에서 삼학의 중심은 엄연히 계율에 있다. 금강계단이 통도사의 근본이자 역사

12-20 양산 통도사 금강계단 진신사리탑 입면도 1. 남측과 북측 ⓒ문화재청

12-21 양산 통도사 금강계단 진신사리탑 입면도 2. 동측과 서측 ⓒ문화재청

270

인 까닭이다.

적멸보궁, 대웅전, 영축산과 금강계단, 불사리탑 등 건축과 조형에 율장의 계율과 법계의 교(敎), 선정의 정(定)이 두루 중첩하고 교차하고 있다. 적멸보궁-금강계단의 일체화된 유기적 건축체제는 계·정·혜 삼학의 거시적 통일장을 구현한다. 특히 금강계단의 계율을 근본으로 삼아 삼학을 통합하고 있다는 점에서 금강계단은 한국불교의 생명력을 추동한다. 수행에서 계와 율, 청규의 승가규범의 강력한 정통성 토대로 작용한다. 오직 진리를 구하고 요익중생을 위해 부처님 법대로의 결사청풍을 구현한 건축적 방편, 그것이 금강계단의 본질이다.

금강계단의 석종에 율장의 커다란 울림이 내장되어 있다. 자장 율사께서 부처님의 진신사리를 모셔와 계단을 쌓은 본질이 도대체 무엇일까? 그것도 깨뜨릴 수 없는 금강의 계단이라면 그 뜻은 확고하다. 이 땅에 율장의 기틀을 마련한 것이다. 계단의 중심에 석가모니 부처님께서 적멸의 고요에 계신다. 그곳은 '부처님 법대로'를 일깨우는 부동의 구심점이다. '고귀한 단순, 고요한 위대'의 조형 정신이 금강처럼 빛나는 그 절집의 빛이다. ✽

IV

천강에 비친 달
하늘에 박힌 별

13

불보살,
바위에 나투시다

경주 굴불사지 사면석불

땅속에서 사방불 바위 나와 굴불사

『삼국유사』「탑과 불상」'사불산, 굴불산, 만불산'조에는 아래와 같은 기록이 있다.

> "경덕왕이 백률사(栢栗寺)에 거동해서 산 밑에 이르렀을
> 때, 땅속에서 염불하는 소리가 들려 그곳을 파게 했다.
> 사면에 사방불(四方佛)이 새겨져 있는 큰 돌이 나왔다.
> 거기에 절을 세우고 절 이름을 굴불사(掘佛寺)라고 했으
> 나, 지금은 잘못 전해져서 굴석사(掘石寺)라 한다."

한국은 화강암의 나라다. 화강암이 지닌 물성은 영원성과 견고함이다. 그래서 화강암 큰 바위는 예로부터 숭배 대상이 되어 치성을 올리는 바위 신앙을 만들었다. 신라 사람들은 그 바위 신앙에다 불교를 습합했다. 화강암 바위로 부처님 형상을 만든 것이 아니라, 바위 속에 깃든 부처님 형상을 쪼아 낸 것으로 여겼다. 불필요한 부분을 제거하고 나니 바위 속 부처님이 나투셨다고 보았다. 그래서 부처님 바위가 하늘에서 내려오고(문경 대승사 사방불), 부처님 바위가 땅에서 나오고(경주 굴불사 사방불), 바위에 흔적을 남기고 부처님이 사라지신(경주 남산 불무사) 행적을 곳곳에 설화로 남겼다.

경주 시내에서 7번 국도를 따라 포항으로 가다 보면 오른쪽에 소금강산이 있다. 경주의 북쪽 주산으로 꼽히는 산이다. 177m의 나지막한 산이다. 법흥왕 때 불교 공인 과정에서 본명이 박염촉(朴厭觸)인 이차돈(異次頓)의 목을 베자 흰 피가 솟구쳤고 목은 날아가 북쪽 산에 떨어졌다고 전한다. 목이 떨어진 곳이 소금강산이고, 그곳에 세운 절이 자추사(刺楸寺)였다. 지금의 백률사가 그 자추사다. 백률사 오르는 계곡에 굴불사지 사면석불이 있다.

13-1 경주 굴불사지 석조사면불상 서측면
대세지보살 - 아미타불 - 관음보살의 아미타불삼존을 모셨다.

13-2 경주 남산 탑골마애불상군 동측면(사방불)

바위 네 면에 여덟 구의 불보살 조영

굴불사 사면석불 바위는 긴 폭이 4m, 높이 약 3.5m의 크기로 사면(四面)을
갖춘 입방체다. 하지만 탑신의 직육면체 같은 정형을 갖춘 것이 아니라, 네 면
을 가진 부정형의 자연 바위다. 네 면에 여덟 구의 불보살이 대단히 밀도 있게
배치된 공간 구성이다. 특이하게도 조형은 자유분방하고, 또 각 면의 조형 기
법이 저마다 다르다. 석조 조형, 혹은 마애불에서 나타나는 모든 조형 기법이
망라되어 있다. 전방위의 조각 기법인 환조, 곧 원각불(圓刻佛)을 비롯해서 높
은 돋을새김(고부조), 낮은 돋을새김(저부조) 등의 양각기법과 회화적 선각(線
刻)의 음각 기법까지 두루 동원하고 있다. 조형 기법뿐만이 아니라 조형 양식
과 조형에 흐르는 미의식에서도 다양한 스펙트럼을 보여 여러 측면에서 학
자들의 의견이 분분하다. 투박하고 고졸하며 토착화한 신라 양식부터 인도

13-3 양양 진전사지 삼층석탑 부분 (1층 탑신부 사방불)

13-4 경주 남산 칠불암 마애불상군 사방불

굽타 양식을 수용한 성당(盛唐, 중국 당나라의 문화를 보통 네 시기로 나누는데 초당, 성당, 중당, 만당이다. 그중 둘째인 성당 시기 양식을 가리킨다.) 양식까지 색다르다. 바위 하나에 토착의 전통과 새로운 국제문화의 미술 양식이 혼재해서 미묘한 느낌을 불러일으킨다. 사면석불은 대체로 통일신라 8세기 불상으로 여긴다.

일반적으로 불보살의 조형은 32상 80종호에서 보듯 조형 규범이 엄격한 편이다. 그런데 굴불사 사면석불에서는 사면이 조금씩 다른 조형 양식을 보인다. 조형에 시차를 둔 시대적 편차인지, 동시대 조형 주체의 기술력 차이, 혹은 협업에 의한 의도된 연출인지는 논쟁거리가 될 것이다. 그러든 어쩌든 한자리에서 양식적 편년에 따른 박물관 진열장의 동선처럼 다양한 조형 양식의 석조 조형을 만날 수 있다는 것은 커다란 즐거움이 아닐 수 없다. 어찌 보면 굴불사터 사면석불은 경주 남산의 축소판이라 할 수 있다. 아니, 더 정확하게는 경주 남산의 보편적 마애불 양식의 원형이 여기서부터 비롯된 것일지도 모른다.

그런데 『삼국유사』에는 굴불사 바위를 '사면각 사방불(四面刻 四方佛)'로 묘사하고 있다. 굴불사 사방불은 보편적 의미의 '사방불'과는 다른 양식이다. 일반적으로 석탑의 탑신석 등에 나타나는 사방불 형식은 직육면체의 면에 주존불한 분씩 새긴다. 남쪽에 석가모니 부처님, 북쪽에 미륵불, 동쪽에 약사여래불, 서쪽에 아미타불을 배치한다. 이 같은 규범은 우리나라 최초의 석조 사방불로 알려진 6세기 초 백제계 석불 예산 화전리 사방불에서도 똑같이 나타난다. 물론 굴불사지 사면석불도 그런 법식과 규범을 따르고 있다. 단지 서쪽과 남쪽 방위에서 삼존불, 또는 이존불 형식의 협시보살을 모시면서 사방불이라 하기엔 애매모호한 모양이 된 것이다.

몸체는 바위에, 얼굴은 따로 조각해 결합

굴불사 사면석불 조형의 중심은 배례석이 마련돼 있는 서쪽 면이다. 아미타불을 중심으로 좌우에 관음보살과 대세지보살이 협시하고 있다. 아미타불은 사면석불의 조형 중에서 가장 크다. 아미타 본존상은 바위에 고부조로 새겼지만, 두 협시보살은 별석(別石)을 두어 원각불로 환조했다. 이러한 형식은 선도산 마애삼존불에서도 똑같이 나타난다. 협시보살을 따로 별석으로 만든 것은 재료 바위의 화폭 한계에 기인한 것으로 보인다. 그런데 협시보살은 목과 허리를 지그재그로 살짝 튼 삼곡(三曲) 자세를 취하고 있다. 조형에 부드러움과 세련미가 엿보인다. 그 같은 조형 기법은 동시대의 인도, 중앙아시아, 중국에 걸친 활발한 문화교류와 국제적 조형 양식을 보여 준다. 좌협시불은 삼산보관(三山寶冠)을 쓰고 있다. 보관 중앙에는 아미타불을 모시고 있어 관음보살임을 알 수 있다. 우협시보살은 상체와 얼굴 부분이 심하게 파손되었다. 대세지보살임에도 오른손에 정병을 들고 계신다. 조형에 따라 불보살의 삼매야형(三昧耶形, 본원과 증득을 나타내는 표식)으로 들고 계시는 지물에 차이를 보이곤 한다. 두 보살은 흙바닥에 맨발로 서 계신다. 중생이 아프면 보살도 아프다던데 보살이 아프면 중생도 아픈 것일까?

서쪽 면의 조형에서 가장 두드러진 특징은 별석을 통한 조형의 결구 방식이다. 아미타 본존불의 조형은 대단히 인상적이다. 몸체는 원바위에 높은 돋을새김으로 조형한 뒤, 그 몸에 다시 얕은 저부조로 옷주름을 베풀었다. 그런 몸체 조형에다 얼굴을 다른 돌로 조형해서 촉과 철심을 시설해서 몸체와 연결하고 있다. 몸체는 커다란 바위에 조영하고, 얼굴은 별석으로 조각해서 철심이나 촉으로 결구하는 특유의 방식인데, 굴불사 사면석불을 그 시원으로 여긴다. 이 같은 기법은 산속 대형 석불 조성에 계승되어 나타났다. 경주 남산 약수곡 약사마애대불, 안동 제비원 석불, 파주 용미리 마애석불 등이 대표적인 사례다.

　동쪽 면은 약사여래불 한 분을 모셨다. 결가부좌한 채로 눈을 내려 감고 있어 깊은 선정에 든 모습이다. 왼손엔 둥근 보주를 들고 계신다. 조형에서 위엄과 근엄함이 우러나와 옷매무새를 돌아보게 한다. 바위의 경사면은 바깥으로 기울어져 있다. 그런 바위 면의 특성을 이용한 것인지 한 조형에 양각의 깊이에 상당한 차별을 뒀다. 얼굴과 상체 부위는 입체감 있게 고부조로 새기고, 하반신으로 내려올수록 저부조로 표현했다. 볼륨감이나 괴체(塊體, 덩어리 모양)의 양감은 아래로 내려올수록 급격히 약해지는 경향이다. 경주 남산 상선암 마애여래좌상을 비롯한 한국 마애불의 대다수가 그러한 특성을 지니고 있다. 비스듬한 바위의 특성을 고려한 것이거나 중심 대상에 대한 집중과 부각일 수도 있겠지만, 그런 기법을 통해서 불보살이 마치 바위 속에서 세상 바깥으로 몸을 일으켜 나오는 시각적 효과도 거두고 있음을 간과해서는 안 된다.

북쪽 면에 11면6비 관음상 선각

백제계 마애불은 서산마애삼존불상, 태안 삼존불상에서 보듯 고부조의 입체성이 강한 데 비해, 경주를 중심으로 하는 신라계 마애불은 울산, 포항, 고령 등에서 발견되는 암각화의 전통이 강해 선적인 요소가 강하다. 뿌리 깊은 암각화 전통 속에서 신라계 조형미술은 바위 예술에서도 회화성 강한 선각의 지역 특성이 곧잘 드러난다. 굴불사 사면석불의 북쪽 면에서 그런 전통의 맥락을 읽을 수 있다. 북쪽 면은 고부조의 양각과 선각의 음각이 동시적으로 공존하는 이색적인 면 구성을 보여 준다. 고부조로 쪼은 불상은 미륵불이고, 선각으로 음각한 조형은 국내 유일 사례의 석조물로 파악하는 11면6비 관음보살로 알려져 있다. 11면6비 관음보살은 11면의 얼굴과 여섯 팔을 가진 희귀

13-5 경주 굴불사지 석조사면불상 서측면(좌)과 남측면(우)

13-6 경주 남산사지 석조사면불상 동쪽면 약사여래불

한 변화신의 관음보살로 밀교적 특성이 강하다. 여섯 개의 손 중에서 두 손은 어깨 위로 올리고, 다른 두 손은 가슴 앞에, 나머지 두 손은 양옆으로 내려 옷 자락을 쥔 모습으로 희미하게 보인다. 얼굴은 양쪽 귀 부근에 2면, 머리 위에 5면, 그 위에 2면, 맨 위에 1면이 있고, 선각이라 표현할 수 없는 머리 뒤의 1 면까지 해서 모두 11면의 관음보살로 파악한다.

십일면관음보살에 대한 설명이 나오는 경전으로는『십일면관자재보살 심밀언의궤경(十一面觀自在菩薩心密言儀軌經)』이 있다. 줄여서『십일면관자재 보살경』이라 부른다. 경의 제1권에 십일면관음보살 조각 원리를 설명하고 있다. 경전에서는 11면4비상으로 나온다.

> "만일 성취하려고 하는 이라면 관자재보살신상을 조각
> 하되, 열하나의 얼굴과 네 개의 팔을 가진 11면4비상으
> 로 만든다. 오른쪽 제1손은 염주를 쥐고 있고, 제2손은
> 시무외인을 결하고 있으며, 왼쪽 제1손은 연꽃을 들고
> 있고, 제2손은 옷자락을 쥔다. 열한 개의 얼굴 중에서 정
> 면의 세 얼굴은 고요한 모습을 짓고, 왼쪽의 세 얼굴은 위
> 엄 있고 노한 모습을 지으며, 오른쪽의 세 얼굴은 날카로
> 운 이가 나와 있는 모습으로, 뒤의 한 얼굴은 크게 웃고
> 노한 모습을 하며, 가장 위의 한 얼굴은 여래상을 한다."

이와 같은 11면6관음과 같은 관음보살의 변화의 몸은 오직 중생제도를 위해 중생의 근기에 따라 여러 가지 몸으로 바꾸어 나투는 보문시현(普門示現)의 대자대비로 이해된다.『십일면관자재보살경』에서 관자재보살은 이 보살상 을 봉안하고 내밀한 진언을 염송하면 모든 질병을 없애고, 마음으로 희망하

13-7 예산 화전리 석조사면불상

13-8 언양 천전리 암각화
경주를 중심으로 하는 신라계 마애불은 울산, 포항, 고령 등에서 발견되는
암각화의 전통이 강해 선적인 요소가 강하다

는 것을 모두 이루게 된다고 강조하고 있기 때문이다. 굴불사지 사면석불에
서 11면관음보살은 반대편 남쪽에 배치한 석가모니 부처님 뒤에 조성했다.
그 배치에 있어서 석가모니 본존불 뒤에 십일면관음보살을 배치한 석굴암의
조형 원리와 닮아서 생각의 여지를 남긴다. 한편 미륵불께서 착의한 천의는
시폰(chiffon, 얇게 비치는 가벼운 직물)처럼 바람에 하늘거리며 율동적인 우아한
선율로 흘러내려 눈길을 머물게 한다. 미륵불의 법신 주변 가장자리는 빗살
무늬 같은 방사선 사선을 촘촘히 새겨 미륵불의 거신광(擧身光, 깨달은 자의 온몸
에서 나오는 빛) 효과를 연출한다.

　　남쪽 면의 조형은 통일신라 시기의 우아하고 세련된 예술적 미감이 돋
보인다. 등신불의 휴먼 스케일로 조각했다. 원래는 석가여래 삼존불로 전해
진다. 향좌측에 정으로 떼어 간 듯한 흔적이 남아 있다. 가운데 불상의 오른
손 끝 부근을 자세히 보면 훼손된 보살의 천의 자락이 여전히 남아 있음을 확

인할 수 있다. 원래 석가여래삼존상으로 조성하였다면 가운데 조상은 불상일 것인데 현재는 불두가 약탈, 또는 파괴되어 없다. 어쨌든 지금은 두 분의 존상으로 남아 있다. 불보살은 복련과 앙련을 새긴 이중기단 위에 서 있는 입상으로 조성했다. 불보살에 탄력적인 신체 볼륨과 풍부한 양감을 불어 넣어서 생명력을 한껏 증대시켜 이상형의 인간으로 완성했다.

　　남쪽 면에서 받는 인상은 무엇보다 경주 감산사(甘山寺) 아미타불과 미륵불과의 천연성이다. 풍부한 양감과 인체 굴곡의 육감적 묘사, 유려하고 세련된 여성미의 구현 등에서 서로 일맥상통하다. 조형 속에 인도 굽타 양식과 국제적인 성당(盛唐) 문화를 직접 수용하고 재해석한 통일제국으로서의 면모가 보인다. 사면석불 조형 속의 빛은 신라 천년의 문화가 절정으로 꽃 피우는 바야흐로 8세기 중엽 통일신라의 봄날이다. 땅속 바위에서 나투신 불보살, 신라 천년의 불국토에서 고요히 미소 지으신다. ❀

13-9 경주 굴불사지 석조사면불상 북측면
미륵불과 선각 십일면 관음보살 양각과 선각이 동시에 표현되어 있는
이색적인 모습이다. 선각으로 음각한 조형은 국내 유일 사례
11면6비(11면의 얼굴과 여섯 팔) 관음보살이다.

13-10 경주 굴불사지 석조사면불상 남측 석가모니불삼존(이존)

14

한 칸의
작은 집에 펼친
삼천대천세계

— 창녕 관룡사 약사전 53불 벽화

1,000억의 1,000억, 삼천대천세계

가장 최신의 연구 성과에 의하면 우주의 나이는 138억 살이다. 엄청난 밀도의 한 점에서 폭발하여 138억 년 동안 팽창해 온 우주의 크기는 대체로 400억 광년 크기로 추정한다. 광대한 그 우주 안에는 얼마나 많은 별들이 있을까? 해와 달이 있는 태양계와 같은 세계가 1,000억 개 분포해 있는 곳이 우리 은하다. 우주에는 우리 은하와 같은 은하가 다시 1,000억 개 존재한다고 과학자들은 말한다. 갠지스 강의 모래알 개수만큼 많다. 불교에서는 그토록 광대무변한 세계를 '삼천대천세계(三千大天世界)'라 한다. 삼천대천세계에 상주하는 부처님이 '삼천불(三千佛)'이다. 삼천불은 광대한 공간적 개념뿐만이 아니라 과거, 현재, 미래의 시간 개념을 초월한 시방삼세(十方三世)에 두루 상주하시는 분들이다. 『불조통기(佛祖統紀)』 등에서 전하는 삼세불 출현은 다음과 같다.

> 과거 장엄겁(莊嚴劫)　｜　1천불(화광불~비사부불)
>
> 현재 현겁(賢劫)　　｜　1천불(구류손불~누지여래)
>
> 미래 성수겁(星宿劫)　｜　1천불(일광여래~수미상불)

그렇다면 삼천불은 어떻게 삼세에 걸쳐 두루 성불하게 됐는가를 묻지 않을 수 없다. 삼천불에 대해 나오는 대표적인 경전으로 『관약왕약상이보살경(觀藥王藥上二菩薩經)』을 꼽는다. 석가모니 부처님께서 "약왕(藥王), 약상(藥上)의 맑고 순수한 모습을 볼 것"을 강조하셨던 경전이다. 경전에서는 53불을 지극히 예경한 인연공덕으로 삼세에 각각 천불씩 성불하였다고 석가모니 부처님께서 설하신다.

14-1 해남 미황사 대웅보전 천불벽화 부분

"이와 같이 모든 53 부처님들을 공경하고 예배한 인연의 공덕으로 무수한 억겁의 생사의 허물을 초월하여 벗어날 수 있었다. 그중 천명은 화광불로 시작하여 아래로 비사부불에 이르기까지 과거의 겁에 부처가 되었는데 과거의 천불이 바로 이분들이다. 현세의 천불은 구류손불로 시작하여 아래로 누지여래에 이르기까지 현재의 겁에서 차례로 성불을 하고, 미래의 천불은 일광여래로 시작하여 수미상불에 이르기까지 미래의 겁 가운데 마땅히 성불을 하게 될 것이다."

대승불교 다불사상(多佛思想)의 대표적인 형태인 천불신앙의 배경에 53불이 모태 역할을 하고 있음을 알 수 있다. 53불은 과거, 현재, 미래에 걸쳐 무수한 부처님을 나투게 하신 삼천불의 근원이자 불조(佛祖)인 셈이다.

그럼 대체 53불은 어떤 분들이실까?『관약왕약상이보살경』에 그분들의 명호가 나타난다.

경전에서 약상보살은 53불의 명호를 다음과 같이 밝힌다.

"53불의 명호는
1.보광, 2.보명, 3.보정, 4.다마라발전단향, 5.전단광, 6.마니당, 환희장마니보적, 일체세간락견상대정진, 마니당등광, 혜거조, 해덕광명, 금강뇌강보산금광, 대강정진용맹, 대비광, 자력왕, 자장, 전단굴장엄승, 현선수, 선의, 광장엄왕, 금화광, 보개조공자재왕, 허공보화광, 유리장엄왕, 보현색신광, 부동지광, 항복제마왕, 재광명, 지혜

승, 미륵선광, 세정광, 선적월음묘존지왕, 용종상존왕, 일월광, 일월주광, 혜번승왕, 사자후자재력왕, 묘음승, 상광동, 관세등, 혜위등왕, 법승왕, 수미광, 수만나화광, 우담발라화수승왕, 대혜력왕, 아축비환희광, 무량음성왕, 49.재광, 50.금해광, 51.산해혜자재통왕, 52.대통광, 53.일체법상만왕불 등이시다.

(중략)

만약 착한 남녀가 위 오십세 분 부처님들의 이름을 듣거나, 바른 마음으로 부르거나, 공경하고 예배한다면 모든 죄와 허물들이 제거될 것이다"

(번호는 경전에서 호명한 순서대로 필자가 매김)

경전에서는 53불에게 일심으로 예경을 올리면 살생, 도둑질과 승가에 해를 입힌 죄 등 사중오역(四重五逆)의 죄도 정화된다고 밝히고 있다. 경전에서는 줄곧 53불은 저마다의 내부에 간직하고 있는 불성(佛性)을 밝히는 힘, 즉 순수하고 청정한 마음임을 일깨운다. 석가모니 부처님께서는 고요한 바른 마음으로 약왕, 약상 두 보살의 맑고 순수한 모습을 보고 그와 같이 실천하라고 내내 가르치신다. '순수하고 바른 청정한 마음'이 곧 과거, 현재, 미래에 각각 현현하시는 부처님이라고 설하셨다. 그것은 『화엄경』에서 말하는 여래출현(如來出現), 혹은 성기(性起) 사상과 대단히 밀접하다. 성기의 '성(性)'은 청정한 본성인 불성을 이른다. 모두가 불성을 갖고 있지만 번뇌 망상과 집착에 빠져 마음속의 본래 여래를 증득하지 못하고 있을 뿐이다. 53불은 사람이 불성으로 간직하고 있는 순수하고 청정한 마음을 상징한다. 마음 밖에서 부처를 찾을 수 없다.

안동 봉황사 대웅전에도 53불 벽화

53불은 다불신앙의 모태다. 삼천불과 자연스럽게 결합해서 조형으로, 탱화로
조성해 큰 법당에 봉안하는 것이 보통이다. 금강산 유점사 능인보전에 봉안
돼 있었다는 53불 조형이 대표적인 사례다. 유점사 53불은 커다란 느릅나무
에 53구의 불상이 가지마다 앉아 있는 형상으로 조형한 희귀한 성보다. 하지
만 일제강점기와 한국전쟁을 거치면서 안타깝게도 소실됐다. 유점사(楡岾寺)
의 '유(楡)'는 느릅나무를 의미한다. 53불이 앉은 느릅나무와의 연기설화에
기인한다. 서울 봉원사, 경주 기림사 등에선 삼천불상을 봉안하고 있다. 53불
탱화로는 순천 송광사와 선암사에 현전한다. 두 곳 다 불조전(佛祖殿)에 모셨
다. 그런데 벽화로 그려 봉안한 53불도 현존하고 있어 경이로움을 불러일으
킨다. 53불 벽화는 두 곳에 현존한다. 한 곳은 안동 봉황사 대웅전이고, 다른
한 곳은 창녕 관룡사 약사전이다. 둘 다 내부 포벽에 그렸다. 두 곳에 벽화가

14-2 금강산 유점사 능인보전 53불(통일신라)
작은 불상 50여 구를 느릅나무 가지가지마다 올렸다. 남쪽에 불국사 석굴암이 있다면 북쪽에 유점사 53불이 있다
고 할 정도로 높은 평가를 받던 작품이다. 하지만 안타깝게도 한국전쟁을 거치면서 소실되었다.
사진은 일제강점기 때 촬영된 것이다. ⓒ국립중앙박물관

남아 있어 매우 흥미롭고 의미 있는 비교를 할 수 있다.

봉황사 53불은 과거칠불과 함께 내부 포벽에 그렸다. 이웃한 짝수 번호 끼리, 혹은 홀수 번호끼리 세 분씩 짝을 지어 듬성듬성 배치했다. 공포 한 칸에 세 분씩 그렸다. 벽화의 존상도 상대적으로 충분히 큼직하다. 대웅전 내의 53불은 법당이 부처님으로 가득한 중중무진의 삼천대천세계임을 조형 언어로 표현한다.

그에 비해 관룡사 약사전은 한 칸짜리 정방형 건물이다. 순천 송광사 약사전처럼 정면 1칸, 측면 1칸의 작은 법당이다. 작은 규모의 실정에 따라 법당 내부의 조형 장엄이라고는 석조 연화대좌에 결좌해 계신 석조약사불 한 분뿐이다. 53불 벽화는 창방 위 사방 포벽에 그렸다. 불상 뒤인 북쪽 벽에 15체, 동쪽 벽면에 10체, 서쪽 벽에 12체, 출입문이 있는 남쪽 벽에 13체 등 총 50분을 모셨다. 더 정확하게는 49분이다. 북쪽 벽면의 한가운데에 모신 부처님은 석가모니 부처님인 까닭이다. 그렇다고 경전과 달리 49분만 모셨다고 단정 지을 수도 없다. 지워진 흔적도 있으며, 중간에 부처님 명호(名號)만 적은 경우도 있기 때문이다. 예컨대 경전 속 22번에 해당하는 '보개조공자재력왕불(寶蓋照空自在力王佛)'은 존상의 그림은 없고 명호만 남기고 있다. 1929년 조선총독부에서 찍은 관룡사 약사전 유리건판 사진과 현재 흐리게 드러나 있는 바탕 벽화, 그리고 조형의 대칭을 고려할 때 총 54불을 장엄한 것으로 추정된다. 즉 북면-15불, 남면-15불, 동면-12불, 서면-12불로 배치한 구도다. 53불과 석가모니불 한 분을 더해 총 54불이 된다.

사방면의 불상 벽화 중에서 서북 방향의 6체와 북쪽 벽면의 15체 불상은 진채(眞彩)로 온존해 있지만 나머지는 색채의 박락으로 벽화의 옛 흔적만 남아 있어 안타깝다.

14-3 순천 송광사 불조전 53불 탱화 부분(1725년)

14-4 안동 봉황사 대웅전 53불 벽화 부분

14-5 창녕 관룡사 약사전 석불좌상(조선 시대)

광배, 법의, 연화좌 등 형상 통일한 53불

53불은 대개 좁은 공간에 집합적으로 그린다. 송광사 〈화엄경변상도〉에서 선재동자가 법을 구하기 위해 53 선지식을 찾아가는 장면도 마찬가지다. 효율성과 통일성의 관점에서 대체로 행과 열의 규격화를 지향한다. 그래서 회화의 예술성보다는 통일성이나 조형의 상징성이 더 부각된다. 관룡사 약사전 53불 벽화 속 부처님 장엄은 광배, 옷차림, 연화좌 등에서 동일하다. 한 분의 존상으로 반복하고 있는 느낌이다. 약간의 차이가 있다면 어깨 부근에 새긴 부처님 명호와 손으로 부처님께서 세운 서원을 드러내는 수인(手印) 정도다. 대부분의 수인은 법의(法衣) 속에 감춰져 있다. 몇 분의 부처님께서 설법인과 합장인, 지권인을 하였을 뿐이다. 오직 한 곳, 북면 중앙에 모신 석가모니 부처님에서 뚜렷한 차이를 발견할 수 있다. 53불은 한결같이 통견 차림이

14-6, 14-7 창녕 관룡사 약사전 53불 벽화 부분 1, 2

14-8 창녕 관룡사 약사전 53불 벽화 부분 3. 진채벽화의 박락으로 드러난 과거 벽화 원형.

다. 한 단 더 높은 연화좌에 결좌하여 항마촉지인을 하신 석가모니 부처님은 오른쪽 어깨를 드러낸 편단우견(偏袒右肩) 차림이라 차이가 뚜렷하다. 공간 위상에서의 위치와 크기, 장엄의 형식 등에서 차이를 둬서 조형의 중심을 드러내고 있다.

53불은 저마다 명호를 달고 계신다. 부처님의 오른쪽 어깨에 직사각형 붉은 방제란을 별도로 마련해서 명호를 묵서로 새겼다. 북측 포벽의 경우 석가모니 부처님을 중심으로 좌우대칭 구도로 일곱 분씩 모셨다. 배치 방식이 재미있다. 석가모니 부처님을 중심으로 향우측엔 홀수 번 부처님을, 향좌측엔 짝수 번 부처님을 모셨다. 중간 한 곳에 어긋난 곳도 있지만 큰 틀에선 그런 규칙을 적용하고 있다. 석가모니 부처님의 왼쪽 어깨에서 시계방향으로 1번 나무보광불, 3번 나무보정불, 5번 나무마니당불의 순으로 봉안하였다. 오른쪽 어깨에서 반시계방향으로는 2번 나무보명불, 4번 다마라발전단향불, 6

14-9 창녕 관룡사 약사전 53불 부분 4
53불은 광배, 옷차림, 연화좌 등이 모두 같다. 명호 외엔 구별이 어렵다.

14-10 창녕 관룡사 약사전 53불 부분 5
석가모니 부처님을 중심으로 향우측에는 홀수, 향좌측에는 짝수 번 부처님을 모셨다. 가운데
석가모니 부처님은 다른 53불과 달리 편단우견의 옷차림에 항마촉지인의 수인을 취하고 계신다.

14-11 창녕 관룡사 약사전 53불 부분 6
흙벽에 희미하게 남은 초기 벽화.

번 나무전단광불의 순으로 모셨다.(5, 6번 부처님은 경전 순서와 서로 바뀌어 있다. 4번 과 6번 부처님의 명호는 한두 글자씩 다르게 적은 것을 경전에서 밝힌 존명으로 복원했다.) 이런 방식은 송광사 국사전에서 16국사 진영을 보조 국사를 중심으로 홀짝수 순으로 교대로 봉안하는 방식과 같다. 지장전이나 명부전에서 열 분의 시왕 (十王)을 배치하는 방식도 동일하다. 1, 3, 5, 7, 9 시왕은 향우측에, 2, 4, 6, 8, 10은 향좌측에 모신다. 동쪽을 상징하는 향우측에서 1번을 시작하고, 음양 의 조화를 추구하는 동양철학의 원리가 스며 있다.

53불 벽화를 유심히 살펴보면 두 종류 벽화 양식이 공존하고 있음을 알 수 있다. 흙벽에 희미하게 남은 초기 벽화와 불명호가 남아 있는 진채벽화 두 가지가 중첩한다. 고운 찰흙으로 마감한 흙벽 위에 그린 벽화는 진채벽화 아래 층위에 있던 것이다. 진채벽화가 퇴락하면서 옛날 바탕 벽화가 드러났다. 그런데 진채벽화는 마감한 흙벽에 직접 그린 것이 아니다. 종이 위에 그려 흙벽에 붙이는 방식으로 조영했다. 이런 양식의 벽화를 첩부벽화(貼付壁畵)라 한다. 해남 미황사 대웅보전 천불벽화, 공주 마곡사 대광보전과 여수 흥국사 대웅전 후불벽 뒷면의 백의수월관음 벽화 등도 같은 형식의 첩부벽화다.

　　53불은 천불, 혹은 삼천불의 모태다. 통상 순천 송광사나 선암사에서처럼 불조전(佛祖殿)에 봉안한다. 관룡사의 경우 왜 불조전이나 대웅전이 아니고 약사전에 53불을 모셨을까? 그것은 아마도 53불을 잘 묘사하고 있는『관약왕약상이보살경』의 이름과 관련이 있는 듯하다. 약왕보살(藥王菩薩), 약상보살(藥上菩薩) 두 분은 형제였다. 병의 처방과 치료에 능통한 보살이다. 약사여래의 협시불인 일광보살과 월광보살을 의미적으로 대체할 수 있다. 두 보살이 주인공으로 등장하는 경전 속의 53불을 모셔 약사불의 서원을 극대화하려 한 조합으로 보인다. 자그마한 한 칸 법당 건물에 50여 부처님들을 결집해 모셨다는 것은 대단히 농밀한 신심의 발현임엔 분명하다.

동서 양측면에 민화 화조도 경영

약사전은 내부 크기가 세로 3m, 가로 3.5m 정도다. 세 평이 조금 넘는다. 한 칸의 작은 건축이라 입체 조형의 장엄은 뚜렷한 한계를 지닌다. 벽면의 평면을 이용한 벽화 장엄에 집중했다. 창방 아래 내부 벽 삼면에 베푼 화조도는 특히 인상적이다. 조선 후기 민화(民畵)의 흐름이 불교 영역 깊숙이 자리잡고 있다. 18, 19세기 조선 후기에 이르러 민화가 불교 장엄으로, 불교 장엄이 민화로 스며들며 한국미술사에서 경이로운 민화의 시대를 확산시켰다. 남쪽

면을 제외한 세 벽면마다 각각 4등분하여 각 면에 네 폭의 화조도를 그렸다. 3면마다 네 폭의 병풍을 두른 효과를 낸다. 북쪽 면의 벽화는 석조여래상에 가려 잘 볼 수 없다. 뇌록 바탕에 먹으로 투박하게 그린 묵매 4폭을 펼쳤다. 화면 가득한 여백에 매화는 수직 외길로 뻗었다. 고매에 여린 가지들이 듬성 듬성 뻗치고 가지 끝에 붉은 꽃망울들이 한껏 부푼 기세다. 고매 등걸엔 고색 창연한 태점(苔點, 수묵화에서 바위, 땅 등에 난 이끼를 나타내기 위해 찍는 작은 점)을 무 심히 툭, 툭 찍었다. 거친 묵매(墨梅) 속에 용맹정진의 기상이 흐르고 기운생 동의 힘이 꿈틀댄다.

14-12, 14-13 창녕 관룡사 약사전 내부벽화. 사진의 좌측 네 폭은 동쪽 벽화이고, 오른쪽 네 폭은 서쪽 벽화다.

좌우 벽면에 네 폭씩 대칭 구도로 펼친 벽화는 민화풍의 화조도를 제재로 삼았다. 동쪽 네 면은 매란국죽의 사군자를 온전하게 완성해 뒀다. 마주보는 서쪽 면엔 연꽃이 피어 있는 연지(蓮池)와 포도가 알알이 영근 포도 넝쿨, 탐스럽게 핀 국화를 소재로 삼은 화조도를 그렸다. 8폭 화면마다 생명력이 충만하다. 나비가 쌍쌍이 찾아들고 새들이 날아든다. 부처님 자비 속에 꽃 피고 새 우니 만유가 태평하다.

8폭 벽화의 색채는 고색창연하다. 천연 안료가 주는 맑음과 깊이가 고스란히 전해진다. 대상에 대한 묘사력에도 필력이 뱄다. 대상의 특성을 정확

하게 포착해서 표현했다. 농담이 자연스럽고, 붓의 터치는 막힘없이 매끄럽다. 구도를 경영한 안목에서도 내공이 느껴진다. 불필요한 것은 버리고 필요한 것만 갖췄다. 여백의 미학을 살려 냈다. 사찰 벽화로 만나는 화조도로선 단연 돋보이는 수작이다. 8폭 화조도에 담긴 무위의 자연은 포벽의 53불에 담긴 대자대비의 불국과 함께 중층적 평행우주를 이룬다. 서로 상입상즉(相入相卽)한다. 무위와 순수, 청정은 상통한다.

53불은 삼천불이니 삼천대천세계에 자비가 미치지 않는 곳이 없다. 한 칸의 작은 집에 불신보변시방중(佛身普遍十方中, 부처님이 시방 세계에 두루하시다.)의 법계우주를 태연히 들인 그 절집의 빛이다. ❀

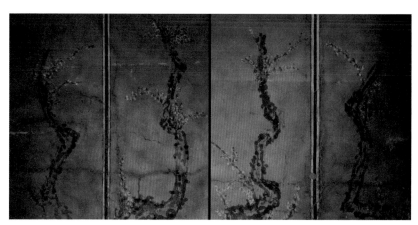

14-14 창녕 관룡사 약사전 벽화 북벽 부분
불상에 가려 잘 보이지 않는다. 묵매 네 폭이 펼쳐진다.

15

물고기 바구니 들고 저잣거리에 오신 관세음보살

— 양산 신흥사 대광전 〈관음삼존도〉

국내 유일의 관음삼존 벽화

법신불이 화현(化現)하여 보살의 모습을 하고 중생 속으로 나투시는 것을 '수적(垂迹)'이라 한다. '드리울 수(垂), 자취 적(迹)'이니 '발자국을 드리우다.'는 뜻이다. 권화(權化)도 같은 말이다. 이때 권(權)은 임기응변의 방편을 의미한다. 관음보살은 중생구제를 위해 중생의 근기에 따라 갖가지 모습으로 나타난다. 응신(應身)이다. 천인, 왕, 재상, 거사, 비구, 비구니, 소년, 소녀 등 다양한 몸으로 수적을 남긴다.『법화경』「관세음보살보문품」에서는 33응신으로,『능엄경』에서는 32응신으로 나타난다. 중생의 처지에 따라 여러 변화신을 보이는 것을 '보문시현(普門示現)'이라 한다. '보문'은 차별 없는 대자대비의 문 없는 문으로 천 개의 강에 빛을 뿌리는 보름달과 같다. 위난에 처했을 때 일심으로 관세음보살의 명호를 부르면 고난에서 벗어나게 하는 위신력을 가진 분, 그분이 바로 관세음보살이다.

대웅전, 극락전 등의 후불벽 뒷면에 관음보살을 독존으로 그려 예경과 치성을 드리는 경우가 몇 곳에 현존한다. 법당 후불벽 뒷면의 벽화 대부분은 수월관음 벽화다. 강진 무위사 극락보전, 부안 내소사 대웅보전, 창녕 관룡사 대웅전, 양산 신흥사 대광전, 공주 마곡사 대광보전, 김천 직지사 대웅전, 여수 흥국사 대웅전, 순천 동화사 대웅전, 완주 위봉사 보광명전, 고창 선운사 대웅보전, 청도 운문사 비로전 등 전국에 열한 곳의 사찰 법당에 수월관음 후불벽화가 남아 있다. 불국사 대웅전엔 후불벽 뒷면에 백의관음, 어람관음 두 분의 모습이 희미한 흔적만 남아 있는 상태다. 김천 직지사 대웅전, 부산 범어사 대웅전, 양산 통도사 관음전, 대구 용연사 극락전, 보성 대원사 극락전, 청송 대전사 보광전 등에도 내부 좌우 벽 등에 수월관음 벽화가 있다. 그중에서 양산 신흥사 대광전 후불벽 뒷면의 수월관음 벽화는 특별하다. 일반적인 독존 형식이 아니라 국내 유일의 관음삼존 벽화(觀音三尊壁畵)다. 백의관음, 수월관음, 어람관음의 세 존상을 모셨다. 어람관음 벽화는 어디에서도 찾아볼 수 없는 국보급 성보다.

15-1 양산 통도사 관음전 벽화 수월관음과 선재동자

사찰이 통째로 벽화 박물관

양산 신흥사 대광전은 사찰 벽화의 보고(寶庫)다. 양산 통도사 영산전, 강진 무위사 극락보전, 안동 봉정사 영산암 응진전 벽화만큼이나 소재, 표현 등이 풍부하고 다양하다. 〈아미타여래삼존도〉, 〈약사여래삼존도〉, 〈팔상도〉, 〈관음삼존도〉, 〈육대보살도〉, 〈사천왕도〉 등 희소성과 예술성이 뛰어난 벽화 성보를 두루 장엄했다. 외부와 내부에 걸쳐 69개체의 도상이 베풀어져 있다. 벽화의 향연을 펼친 작은 성보박물관에 가깝다. 벽화의 제작연도는 도상의 개채 여부에 따라 대광전 건축의 절대 연도인 1657년 무렵부터 19세기까지 편차가 있다. 〈관음삼존도〉 벽화는 대광전 내부에 걸려 있는 「신흥사 대웅전 중수기」 현판 기록에 근거하여 1801년 중수 당시에 장엄한 것으로 본다. 현재의 대광전은 100여 년 이전까지도 대웅전으로 불렸다.

〈관음삼존도〉 벽화는 후불벽 뒷면의 흙벽을 화폭으로 삼았다. 세로 223.7cm, 가로 444.5cm에 이르는 대형 벽화다. 색채부터가 다른 수월관음도와 확연히 다르다. 화면이 전체적으로 검다. 바탕을 묵으로 검게 마감하고,

흰 선으로 그린 독특한 백묘(白描) 벽화다. 표현 형식에서 김천 직지사 대웅전 후불벽 〈수월관음도〉와 비슷하다. 단지 직지사 벽화는 필선을 검은 먹선으로 사용해서 차이가 난다. 신흥사 〈관음삼존도〉 벽화는 검은 바탕에 흰 선의 선묘로 그려 문양 묘사력이 섬세하고 정밀하다. 화면 전체에 정교함과 세밀함이 가득하다. 중국 송나라 사신 서긍이 고려 나전을 보고 말했다는 '세밀가귀(細密可貴, 세밀함이 가히 귀하다.)'의 숭고한 아름다움이 돋보인다. 소재의 희소성에 채색 원리의 독특함까지 더해 더욱 고귀한 성보로 빛난다.

〈관음삼존도〉 벽화는 중앙에 수월관음보살을 중심으로 왼쪽에 어람관음, 오른쪽에 백의관음을 봉안했다. 무대는 보름 달빛이 파도를 타는 보타낙가산의 바닷가다. 베토벤의 피아노 소나타 제14번 〈월광〉의 선율이 흐를 것 같은 이 낭만적인 장면의 모티프는 『화엄경』 「입법계품」이다. 선재동자가 선지식을 찾는 구도 여행을 계속하다 스물여덟 번째 찾아간 곳이 수월관음이 계신 보름 달빛의 바다다. 수월관음도에 등장하는 보편 소재들, 보타낙가산의 암반, 파도가 일렁이는 바다, 버드나무 가지를 꽂은 정병, 파랑새, 한쌍의 청죽 등을 다 갖췄다. 관음보살께 법을 구하는 선재동자만 없다. 벽화 앞에 선 예배자가 곧 선재동자가 된다. 수월관음의 광배는 좌우 두 관음보살의 광배에 비해 압도적으로 크다. 광배이면서 동시에 월인천강(月印千江)의 보름달로 해석할 수 있다. 하화중생의 대자대비는 강물을 비추는 보름달과 같다. 세조 때 간행된 『월인석보』의 서두에 그 글이 있다.

> "부처님께서 백억 세계에 화신하셔서 중생을 교화하심
> 은 마치 달이 천 개의 강을 비추는 것과 같다."

'월인천강'의 비유로 찬불경의 첫머리를 열고 있다. 그때 달은 곧 부처님이

15-2 양산 신흥사 대광전 향좌측 벽화

아미타여래삼존(대세지보살-아미타여래-백의관음보살)과 육대보살

15-3 양산 신흥사 대광전 향우측 벽화 약사여래삼존(월광보살-약사여래-일광보살)

다. 달빛으로 삼라만상의 뭇 생명에 자비의 빛을 뿌리며 현현하는 그분이 수
월관음보살이다. 부드럽게 고요히 미어지는 우아한 달빛의 부처님, 상상만
으로도 아름답고 감동적이다.

수월관음은 달 밝은 보름날 바닷가에 오른발을 내린 유희좌(遊戲坐)로
길상초(吉祥草)에 편안히 앉아 계신다. 길상초는 석가모니 부처님께서 보리
수 아래서 무상정등각을 깨쳤을 때 앉았던 성스러운 풀잎 방석이다. 화면에
서 왼손으로 짚고 계신 긴 풀잎들이 길상초다.

화면의 전체 색조는 검은 바탕에 백색선묘로 그린 흑백이지만, 찬찬히 살
펴보면 몇 곳에서 유채색도 눈에 들어온다. 육색의 피부, 뇌록색의 머리카락과
버드나무 가지, 한쌍의 청죽, 또 붉은 입술 등이 눈에 띈다. 대광전 뒤 창호문으
로 오후의 햇살이 들어오면 화면에 퇴적된 은은한 황금빛도 돋아나기도 한다.

〈관음삼존도〉에서는 크기로 대상의 중요성을 반영하는 비례대상의 법

15-4 양산 신흥사 대광전 벽화, 관음삼존(백의관음 - 수월관음 - 어람관음)

15-5 양산 신흥사 대광전 벽화
수월관음 부분

15-6 양산 신흥사 대광전 벽화
백의관음 부분

칙을 적용하고 있다. 가운데 수월관음의 화면 비중이 좌우 두 관음보살보다 훨씬 크다. 수월관음은 유희좌로 앉아 있고, 다른 두 보살은 선 자세다. 그런데 서 있는 모습이 친근하고 자연스럽다. 서 있는 자세가 〈밀로의 비너스〉 등 고대 그리스 조각상에 자주 보이는 소위 '콘트라포스트(contrapposto)', 삼곡(三曲) 자세다. 삼곡 자세는 목, 허리, 다리 세 곳을 엇갈린 방향으로 틀어서 신체가 S자 굴곡을 유지하게 하는 자세다. 그럼으로써 포즈의 사실성과 자연스러움, 또 부드러움을 연출한다. 신체 비례도 8등신에 가깝고 여성적이다. 포즈는 우아하고 현대적이며, 늘씬하다. 착의한 옷차림마저 하늘거리는 시폰 스타일이라 보티첼리의 〈봄〉 장면이 연상된다. 형식과 배치에서 두루 파격적이다.

맨발의 관음보살

〈관음삼존도〉 벽화에서 단연 주목을 끄는 분은 어람관음이다. 어람관음에게서는 저잣거리의 생선 냄새가 묻어난다. 어람관음은 왼손에 커다란 물고기가 든 바구니를 들고 있다. '어람(魚籃)'이란 말 자체가 '물고기 바구니'라는 뜻이다. 중생들에게 『금강경』, 『법화경』, 『관음경』을 스스로 읽게 해서 각자 가진 심신의 병을 치료하도록 세간의 저잣거리에 변화신으로 오신 분이다. 수월관음과 백의관음은 연꽃 위에 발을 딛거나 올려놓고 계신데 어람관음은 맨땅에 맨발로 서 계신다. 맨발의 발자국은 관음께서 세간의 물고기 장사꾼으로 오신 '수적'의 증표다. 머리 장식도 다르다. 머리에 보관을 장식한 두 분과 달리 어람관음은 민머리 차림으로 묘사했다. 두 분의 보관에는 아미타불의 화불을 새겼다. 찬찬히 살펴보면 옷차림도 다르다. 수월관음과 백의관음은 통견 형식의 대의에 일자형 띠와 영락 장식을 갖춘 승각기(僧脚埼, 위에 입는 내의)를 안에 받쳐 입었다. 어람관음은 실생활에서 입는 고름 달린 긴 저고리인 장삼 형식을 입고 있다. 저잣거리에 오신 평범한 차림을 두루 암시한다. 어람관음 벽화는 불국사 대웅전 후불벽 뒷면에서도 적외선 촬영으로 그 존재가 발견되기도 했다. 하지만 흔적만 겨우 남아 있어 실제 어람관음이 있는 벽화는 양산 신흥사가 유일하다.

15-7 곡성 관음사 어람관음

　　벽화가 아닌 조각상 형식의 어람관음은 효녀 심청 설화를 간직한 전남 곡성 관음사에 희귀하게 전해진다. 관음사 어람관음상은 원통전 앞마당에 덩그러니 놓여 있다. 보호각도 없다. 물고기는 바구니에 담지 않고 어람관음께서 왼쪽 옆구리에 끼고 왼손으로 직접 받쳐들었다. 재미있는 점은 물고기 머리 부분은 앞으로 돌출하게 하고, 꼬리 부분은 90도 꺾어 어람관음 등에 평행하게 조각한 점이다. 물고기를 두 부분으로 나눠 조영했다. 화강암으로 물고기 꼬리 부분을 몸 뒤로 돌출하게 조영하자니 얼마나 난처했으면 저랬을까?

　　벽화에서 어람관음 맞은편에는 백의관음이 계신다. 부안 내소사 대웅보전, 공주 마곡사 대광보전, 완주 위봉사 보광명전, 김천 직지사 대웅전, 보성 대원사 극락전, 부산 범어사 대웅전, 양산 통도사 관음전 등에서도 하얀 두건 차림의 백의수월관음보살을 볼 수 있다. 백의관음의 하얀 법의(法衣)는 '청정'을 상징한다. 벽화에선 선묘 형식이라 백의의 표현을 한눈에 살피기 어렵다. 백의관음 특유의 표현 양식인 머리에 쓴 ∏ 형태의 보관 장식과 투명한 사라(紗羅) 차림을 통해 유추가 가능하다.

15-8 양산 신흥사 대광전 벽화
어람관음 부분

15-9 양산 신흥사 대광전 벽화
백의관음의 발 부분

15-10 양산 신흥사 대광전 벽화
수월관음의 발 부분

15-11 양산 신흥사 대광전 벽화
어람관음의 발 부분

보살 한 분마다 생명력 가득한 우주

〈관음삼존도〉벽화에서 시선을 끄는 또 하나의 대목은 세 분의 법의(法衣)에 시문한 치밀한 문양들이다. 법의의 옷자락마다 꽃, 넝쿨문 등을 촘촘히 베풀었다. 법의에 베푼 문양은 다채롭고 조화롭다. 꽃과 영락, 물방울, 구름, 넝쿨, 나선형 기하문 등이 층층이 펼쳐지고 흘러내리며 문양의 물결을 이룬다. 화면은 율동미 넘치는 문양의 바다. 옷자락엔 질그릇의 빗살무늬, 조선 시대 책 표지를 찍어낸 능화판의 사방연속무늬도 굽이친다. 종횡무진의 선과 선, 결과 결에서 인드라망의 그물을 발견한다. 보주와 영락의 알맹이들이 대지에 뿌려져 생명의 환희심으로 피어나고, 순환하는 힘들은 은하수처럼 길게 이어져 화면에 신성한 기운을 불어넣는다. 어떻게 보면 마치 현대 수학의 수리적 놀이터 같다. 테셀레이션(Tessellation, 평면이나 공간을 도형으로 빈틈없이 채우는 것)이나 프랙털 도형을 보듯 자기 유사성의 반복과 무한 확산의 의지가 집약되어 있다. 벽화 장엄에 고려불화의 섬세함이 스며 있다. 보살 한 분 한 분이 생명력으로 충만한 우주다.

법의의 문양 장엄은 중앙의 수월관음보살 장엄에서 두드러진다. 문양의 섬세함과 세밀함이 마이크로 차원에 가깝다. 수월관음은 화불을 장식한 보관을 쓰고 겉옷인 대의(大衣)와 안에 받쳐 입은 승각기(僧脚崎), 넓게 늘어트린 치마 군의(裙衣) 차림을 하고 있다. 수월관음 법의의 문양들은 다채롭고 치밀하며 밀도 있게 장엄한데 비해 좌우의 백의관음, 어람관음의 법의 문양은 비교적 단순하고 느슨하게 시문했다.

세심히 살펴보면 세 분의 관음보살에 베푼 문양 소재에서도 차이를 찾을 수 있다. 수월관음과 백의관음의 중심 문양은 꽃이다. 여러 형상의 꽃으로 화려하게 장엄했다. 그에 비해 어람관음은 나선형으로 회전하는 사각형 연속 문양이 중심을 이룬다. 하나가 자연을 소재로 한 구상미술이라면, 다른 하나는 기하학적 추상미술에 가깝다. 이때의 추상은 자연을 참조한 재해석이 아니라 순수한 정신적 산물이라고 봐야 한다. 내부에 나선형 도인(道印)을 갖춘 사각형들의 연속 문양은 연기법계의 화엄 사상을 구현하고 있기 때문이다. 법의의 문양 속에 진리를 전하기 위해 세상의 저잣거리에 오신 어람관음의 본원력을 내밀히 아로새겨 놓았다.

　　관음보살의 옷에 왜 저토록 복잡 미묘한 문양을 베풀었을까? 단순히 장인의 치열한 예술혼의 산물인 것일까? 세밀한 문양 장엄의 근본 배경은 무엇일까? 바로 경전 내용의 치열한 구현에 있다. 한 획, 한 획 경전의 내용 아닌 것이 없다. 그러므로 벽화는 조형으로 표현한 경전, 곧 변상이 되는 것이다. 『관무량수경』의 16관상 중에서 제10관의 내용은 수월관음 벽화의 문양을 이해할 수 있는 단서를 제공한다. 제10관에는 석가모니 부처님께서 아난과 위제희 부인에게 관세음보살에 대해 설명하는 대목이 나온다.

　　　　부처님께서 아난 존자와 위제희에게 말씀하셨다.
　　　　"무량수불을 똑똑하고 분명하게 보았으면, 다음에는 관세음보살을 관하여라. 이 보살은 신장이 80억 나유타 항하사 유순이고 몸은 자금색이며 정수리에는 혹처럼 생긴 육계(肉髻)가 있고, 둥근 광명이 비친다. 그 원광(圓光) 속에는 5백 분의 화신불이 계시며, 한 분 한 분의 화신불마다 5백의 보살과 한량없이 많은 온갖 천인들이 모시고 있느니라. 정수리 위에는 보배로 된 천관(天冠)을 쓰고 있으며, 그 천관 속에 한 분의 화신불이 계시는데 그 높이가 25유순이니라.
　　　　관세음보살의 얼굴은 염부단금색과 같고, 미간의 백호

15-13 양산 신흥사 대광전 벽화 부분
어람관음 법의에 베푼 기하 문양

상(白毫相)은 칠보색을 갖추었으며, 그곳에서 8만 4천 가지의 광명이 흘러나오느니라. 하나하나의 광명마다 한량없이 많은 화신불이 계시며, 각각의 화신불마다 무수히 많은 화신 보살이 모시고 있느니라. 이들은 모두 자재하게 변화하여 나타나 시방세계에 가득 차 있는데, 비유하면 마치 붉은 연꽃과 같으며, 80억의 미묘한 광명이 영락으로 되고, 그 영락 가운데에 모든 장엄한 일들이 두루 나타나느니라. 손바닥에는 5백억이나 되는 여러 가지 연꽃의 색을 띠고 있으며, 열 손가락 하나하나마다 8만 4천 가지의 무늬가 있어 마치 도장이 찍힌 것과 같으니라.

보살이 발을 들 때에는 발바닥에 있는 천 폭의 바퀴살 무늬가 자연히 변화하여 5백억 개의 광명대(光明臺)가 되며, 발을 디딜 때마다 금강마니 꽃으로 변하여 모든 곳에 뿌려져 가득 차지 않는 곳이 없느니라.”

이토록 거룩한 관음보살을 어떻게 그려낼 수 있을까? 오직 조형의 상징으로 드러낼 뿐이다. 문양 하나하나에 그 뜻이 녹아 있다.

문양이 곧 생명력이며, 불보살의 대자대비 본원력이면서 화엄의 연기법계다. 치밀한 문양 하나하나가 자비심의 꽃으로, 화엄의 꽃으로 승화된 고도의 상징 관념을 갖는다. 세 보살이 가진 대자대비의 원력을 다양한 문양으로 강력히 표현하고 있다. 조형과 상징을 통해서 세 관음보살의 본원력과 이타행의 원대함을 드러내고 있는 것이다. 〈관음삼존도〉 벽화는 대자대비의 법계우주에 보름달이 세 개나 차올라 금빛을 뿌리고 있는 감동적인 장면으로 현현한다. ✿

16
석가모니 부처님은
이 자리에 앉으소서

통도사 열한 곳 전각에 벽화만 550여 점

고색창연한 사찰 벽화의 빛을 간직하고 있는 절집이 전국의 곳곳에 분포한다. 양산 통도사와 강진 무위사, 공주 마곡사, 고창 선운사, 양산 신흥사, 파주 보광사, 상주 남장사 등이 대표적이다. 그중 양산 통도사는 우리나라 사찰 벽화의 소재와 모티프를 집대성한 보고라 할 수 있을 만큼 다양하면서도 수준 높은 벽화를 간직하고 있다. 영산전, 약사전, 대웅전, 용화전, 명부전을 비롯해서 안양암 북극전까지 열한 곳의 전각에 걸쳐 550여 점의 많은 벽화가 현존한다. 18세기 초에서 20세기 초에 걸쳐 장엄한 성보들이다. 오래된 것은 300여 년에 이른다.

벽화의 개체 수만큼이나 소재도 풍부하다. 통도사 말사인 양산 신흥사 대광전까지 포함하면 우리나라 사찰 벽화에 등장하는 모든 소재가 통도사 전각들에 집대성돼 있다고 봐도 지나침이 없다. 〈석가모니불 삼존도〉, 〈아미타여래 삼존도〉, 〈약사여래 삼존도〉, 〈비로자나불도〉, 〈팔상도〉, 〈견보탑품

16-1 양산 통도사 극락보전 외벽 〈금강역사도〉

16-2 양산 통도사 명부전 내벽 〈호작도〉

도〉, 〈수월관음도〉, 〈지장보살 삼존도〉, 〈반야용선도〉, 〈나한도〉, 〈고사인물도〉, 〈금강역사도〉, 석가모니와 고승의 〈전법행적도〉, 〈주악비천도〉 등을 비롯해서, 민화풍의 〈호작도〉와 〈화조도〉까지 다채롭다. 심지어는 『서유기』와 『삼국지』 등 민간에 유통되던 소설 내용을 담은 벽화도 현존한다. 과히 사찰 벽화의 향연이다. 그중 영산전의 벽화들은 일괄적으로 2011년 보물로 지정되었다. 보물로 지정된 배경에는 영산전 내부 서쪽 벽면에 그린 〈견보탑품도(見寶塔品圖)〉의 희소성과 세계 불교미술사에서 차지하는 예술사적 가치가 주요한 바탕이 되었다. 통도사 영산전의 〈견보탑품도〉는 강진 무위사 아미타삼존 후불벽화, 고창 선운사 대웅보전 삼존불 후불벽화와 함께 우리나라 사찰 벽화의 정수로 손꼽힌다. 특히 〈견보탑품도〉는 불교미술사에서 유일무이한 희소성으로 특별한 시선을 끈다.

『법화경』의 「견보탑품」 내용 담은 변상도

〈견보탑품도〉는 『묘법연화경』 제11 「견보탑품」의 경전 내용을 담은 변상도다. 변상도는 경전의 내용이나 불교 가르침을 알기 쉽게 시각적으로 표현한 그림을 말한다. 「견보탑품」은 말 그대로 보배탑을 본 환희의 장면을 담고 있다. 벽화 속 보배탑은 칠보로 장엄한 '다보탑'이다. '칠보탑'으로도 부른다. 경주 불국사 대웅전 마당에 석가탑과 나란히 서 있는 다보탑과 동일한 의미의 탑이다. 석가탑은 석가모니 부처님의 상징이고, 다보탑은 다보여래를 상징한다. 석가탑의 원명은 '석가여래상주설법탑(釋迦如來常住設法塔)'이고, 다보탑의 원명은 '다보여래상주증명탑(多寶如來常主證明塔)'이다. 한 분은 법을 설하시고, 한 분은 진리임을 증명하신다. 불국사의 석가탑과 다보탑은 석가모니 부처님께서 영산회에서 『법화경』을 설하실 때 다보여래께서 칠보탑으로

16-3 양산 통도사 용화전 내부 〈현장병성건대회도〉 벽화
『서유기』이야기 중 한 대목을 벽화로 그렸다. 우측 하단에 주인공 중 한 명인 삼장법사가 등장한다.

변화신하여『법화경』이 진리의 가르침임을 증명하신 극적인 장면을 화엄불
국토에 쌍탑으로 구현해 둔 것이다. 통도사 영산전의 다보탑 벽화 역시 석가
모니 부처님께서 영축산에서『법화경』을 설하실 때 땅에서 홀연히 솟아오른
칠보탑을 여러 사부대중과 청중들이 경이롭게 예경하는 장면을 모티프로 삼
은 벽화다.

영산전 내부 벽면에는 〈견보탑품도〉 외에도『석씨원류응화사적』의 도
상을 그린 벽화 48점도 있다.『석씨원류응화사적』은 석가모니 부처님의 일
대기와 고승들의 전법 행적을 그림으로 그려 서술한 책이다.『석씨원류응화
사적』의 도상은 부처님 생애를 여덟 장면으로 나눠 그린 불화 팔상도(八相圖)
의 근간이 되기도 했다. '석씨'는 석가모니 부처님을 조선의 유생들이 낮춰 부
른 비속어다. 현존하는 영산전의 벽화들은 1713년 봄의 화재로 영산전이 소
실된 이후 1714년부터 1716년까지 3년에 걸친 중창불사 때 그려진 것으로
추정한다. 이 같은 사실은 1716년에 제작한『영산전천왕문양중창겸단확기
문(靈山殿天王門兩重創兼丹雘記文)』의 현판 기록을 토대로 한다. 여기서 '단확
(丹雘)'은 벽화를 비롯한 단청 작업을 이른다. 기문에선 1715년에 총안(聰眼)
외 14명의 화사들이 단청 불사를 끝낸 것으로 기록하고 있다.

〈견보탑품도〉의 가치를 먼저 알아챈 사람들은 유감스럽게도 일본인이
었다. 벽화 보존 작업도 일본인들이 먼저 나섰다. 2006년부터 2008년까지
일본 간고지(元興寺) 문화재연구소에서 보존 처리하고, 모사 작업도 병행했
다. 그 이후 2011년 보물로 지정됐다.

다보탑과 두 분의 여래, 그리고 28분의 권속으로 구성
〈견보탑품도〉는 세로 4m, 가로 2.3m에 이르는 대형 벽화다. 영산전 내부 서

4 통도사 영산전 내부

16-5 양산 통도사 영산전 내부 〈견보탑품도〉

측면 3면에 걸쳐 조성했다. 중앙의 대형 화면에는 다보탑을 중심 소재로 삼았고, 좌우의 좁은 화면에는 영산회에 모인 성중들을 묘사하고 있다. 〈견보탑품도〉와 좌우측 벽화의 전체 구도는 불화 영산회상도와 유사하다. 화면의 중심에 영산회의 설주(說主)이신 석가모니 부처님 대신 다보탑이 있을 뿐이다. 견보탑품의 내용이 영산회의 한 장면이니 어쩌면 당연한 일이다. 화면에 등장하는 성중들도 같을 수밖에 없다. 보살과 10대 제자, 사천왕과 호법신중, 용왕과 왕비 등으로 동일하다.

〈견보탑품도〉와 좌우측 벽화에 등장하는 인물은 모두 30분이다. 중심 화면에 10분, 향우측에 11분, 향좌측에 9분, 총 30분이 등장한다. 두 분의 여래와 28분의 권속으로 구성했다. 구성 인원을 분류하면 다음과 같다.

1) 석가모니 부처님과 다보여래
2) 보살 열한 분
3) 제자 열 분(10대 제자)
4) 사천왕 : 한 분(향좌측 벽면 최상단 맨 왼쪽)
5) 팔부신중 : 네 분
6) 용왕과 왕비 : 두 분

벽화 속 다보탑은 신령한 오색구름 속에 나투었다. 형상은 다층다각탑으로 그렸다. 탑의 층수는 황금빛 지붕의 개수로 헤아릴 수 있는데 11층으로 보인다. 몸체는 육각형, 또는 팔각형으로 표현하고 있다. 형상에서 경천사지 10층 석탑이나 원각사지 10층 석탑 이미지와 일정하게 겹친다. 탑의 1, 2, 3층은 특별히 난간 시설을 갖추었고, 5층까지는 처마 아래에 화려한 보배 장식의 드리개를 달았다. 몇몇 층의 추녀 끝엔 금빛 풍경도 달아 뒀다.

16-6 양산 통도사 영산전 포벽과 상벽의 『석씨원류응화사적』 벽화

16-7 양산 통도사 영산전 상벽 벽화
오른쪽에 '般若眞空(반야진공)'이라는 화제가 있다. 석가모니 부처님께서 급고독원에서
수보리의 질문에 『반야경』을 설한다는 내용이다.

16-8 양산 통도사 영산전 상벽 벽화 2
오른쪽에 '度跋陀女(도발타녀)'라는 화제가 보인다. 발타나가비리야(跋陀羅迦卑梨耶)라는 여인이
석가모니 부처님에게 귀의하는 내용이다.

16-9 양산 통도사 영산전 포벽 벽화
좌측에 희미하게 화제가 남아 있다. 『석씨원류응화사적』 내용으로 추정컨대 '玄裝取經(현장취경)'으로 짐작된다.
현장이 경전을 취하는 서사를 담고 있다.

16-10 16-11 16-12 양산 통도사 영산전 서측면 벽화들. 세 벽화를 합치면 한 폭의 영산회상도가 된다.

『법화경』제11「견보탑품」의 주인공은 석가모니 부처님과 다보여래 두 분이다. 석가모니 부처님은『법화경』을 설하신 설법주이고, 다보여래는『법화경』의 가르침이 진리임을 증명하신 증명주다. 벽화에서 두 분은 이불병좌(二佛竝坐) 형식으로 탑의 3층 법당에 나란히 정좌해 계신다. 두 분은 서로에게 합장의 올리는 모습을 취하고 계신다. 두 여래께서 계신 3층 내부는 두 분의 법신에서 발광한 오색광명으로 찬란하다. 그야말로 보기 드문 대단히 진귀한 벽화다. 〈견보탑품도〉는 우리나라에서 유일한『법화경』「견보탑품」벽화라는 중요한 의의를 가진다.

다보사 대웅전에도
〈견보탑품도〉현존

「견보탑품」의 내용을 담은 벽화는 통도사가 '유일'하다는 기사가 많다. 심지어 단행본이나 학술보고서에도 그렇게 쓰고 있는 곳이 있다. 하지만「견보탑품」의 내용을 담은 벽화는 통도사 영산전에만 전하는 건 아니다. 나주 다보사 대웅전 좌우 외벽에도 〈견보탑품도〉가 있다. 조선 후기에 활동했던 화원 석옹 철유(石翁 喆侑,

16-13 나주 다보사 대웅전 〈견보탑품도〉

1851~1918)의 작품으로 추정한다. 특히 사찰명도 '다보사'이니 다보탑 벽화 장엄은 예사로운 것이 아니다. 그 역시『법화경』의 내용을 담고 있다. 더욱 이 탑 옆의 여백에 벽화의 내용을 암시하는『법화경』제11「견보탑품」의 경전 내용을 아예 적어서 그 뜻을 명확히 밝히고 있다. 물론 벽화의 규모 면이나 붓질의 수준에서는 통도사 〈견보탑품도〉와 현격한 차이를 가지지만, 경전 구절과 변상도를 나란히 함께 한 화면에 표현하고 있다는 점에서 비교와 고증의 가치는 충분하다.

『법화경』「견보탑품」의 환상적 서사

『법화경』「견보탑품」의 내용은 대단히 드라마틱하고, 환상적이다. 소설이나 서사극의 플롯처럼 기승전결의 짜임이 매력적이다. 무대의 막이 오르면 인도 왕사성의 영축산이다. 석가모니 부처님께서 정좌해 계시고, 1만 2천 사부대중과 8만 보살, 천인, 신중들이 부처님의 설법을 듣고자 모였다. 그런데 부처님 앞의 허공에 큰 보배탑이 머물러 있다. 어떤 인연으로 땅에서 솟아난 칠보탑이다.「견보탑품」의 내용은 다음과 같이 시작된다.

> "그때 부처님 앞에 칠보탑이 하나 솟았다. 높이는 5백 유순이고, 너비는 250유순으로, 이 탑은 땅에서 솟아나 공중에 머물렀다. 탑은 가지가지 보물로 장식되어 있으며, 5천의 난간과 천만의 방이 있었다. 한량없이 많은 당번으로 장엄하게 꾸미고, 보배 영락을 드리웠고, 그 위에 또 보배 방울을 수없이 주렁주렁 달았다. 탑 주위로는 다마라발전단향(多摩羅跋栴檀香)이 피워져 그 향기가 세계

16-14 양산 통도사 영산전 〈견보탑품도〉 중간 부분

16-15 양산 통도사 영산전 〈견보탑품도〉 상륜부

에 가득하고, 모든 번기와 일산들은 금·은·유리·차거·
마노·진주·매괴 등 칠보로 만들어 휘황찬란했다. 탑의
꼭대기는 사천왕궁에까지 이르렀다."

칠보탑은 말 그대로 가지가지 보물과 보배 영락, 보배 방울을 장식하고 있고,
5천의 난간과 천만의 방이 있는 엄청난 크기의 탑이다. 높이가 500유순이고,
폭은 그 절반이다. 1유순을 대략 15km로 잡으면 7,500km에 이른다. 지구 반
지름이 6,400km이니 달보다는 크고 지구보다는 작다. 경전에서는 탑의 꼭
대기가 수미산 중턱에 있는 사천왕궁에까지 이른다고 표현한다. 그 웅장함
에다 수미산 꼭대기에 있는 도리천의 천신은 하늘의 만다라꽃을 비 내리듯
공양하고, 천, 용, 건달바, 아수라 등 천룡팔부(天龍八部) 역시 온갖 꽃과 향, 음
악을 공양 올린다. 탑의 사방에는 그윽한 전단향 향기가 가득한 그야말로 지
극한 환타지의 장면이다. 그때 탑 속에서 부처님의 『법화경』 설법을 찬탄하
는 큰 소리가 들린다.

> "거룩하시고 거룩하시도다. 석가모니 세존이시여, 평등
> 한 큰 지혜로 보살을 가르치는 법이시며, 부처님께서 보
> 호하는 『묘법연화경』을 대중을 위하여 설법하시니, 석
> 가모니 세존께서 하시는 말씀은 모두 진실이니라."

이것이 어찌 된 일일까? 이 미증유의 경이로운 장면에 모두가 놀라워하며 동
요한다. 저 목소리의 주인공은 누구시며, 어째서 이런 일이 생기는 것일까?
한결같이 그 의문을 갖는 것이다. 그때 대요설이라 불리는 보살마하살이 일
체 세간의 청중들의 한결같은 의심을 알고 부처님께 여쭙는다.

"세존이시여, 무슨 인연으로 저 칠보탑이 땅에서 솟아났
으며, 또 탑 속에서 저와 같은 음성이 들리는 것입니까?"

석가모니 부처님께서 그 인연을 말씀하신다.

"이 보배탑 가운데는 여래의 전신이 계신다. 오랜 과거
에 동방 천만억 아승지 세계를 지나서 보정(寶淨)이라
는 나라가 있었고, 그 나라에 부처님이 계셨다. 그 부처
님 존명이 다보불(多寶佛)이시다. 다보불께서 보살도를
행할 때 큰 서원을 세우셨다. '내가 만일 성불하여 멸도
한 후 시방 국토에 『법화경』을 설하는 곳이 있으면 『법
화경』을 듣기 위하여 하나의 큰 탑으로 몸을 일으켜 그
앞에 나타나 설법의 참을 증명하고, 거룩하시다고 찬양
하리라.'고 하셨느니라. 지금 이 다보여래의 탑도 『법화
경』을 들으려고 땅으로부터 솟아나서는 거룩하다고 찬
탄하고 있는 것이니라."

칠보로 된 보배탑은 곧 다보여래께서 변화신으로 일으킨 탑이고, 『법화경』
이 완전한 진리임을 증명하는 탑임을 밝힌 것이다.

우주를 재편하는 천지창조의 장면

일체 대중의 궁금증이 여기에 그치지 않는다. 부처님께 다보여래의 전신을
뵙고 예경을 올릴 수 있도록 간청한다. 그것은 어렵고도 어려운 일이다. 사부

대중에게 탑 속의 다보여래 전신을 나타내 보이려면 시방세계에 흩어져 있는 석가모니 부처님의 분신인 모든 부처님을 이 회중에 설법으로 다 모이게 하셔야 하기 때문이다. 『화엄경』 제39 「입법계품」에 등장하는 선재동자의 구법(求法) 순례 서사만큼이나 재미있고 극적이다. 부처님께서 선뜻 나서신다. 시방으로 백호의 광명을 놓아 분신불을 영산회의 회중으로 불러 모으신다. 그런데 항하사의 모래알 개수보다 많은 부처님 분신을 다 앉힐 자리가 문제다. 석가모니 부처님께서 그 모든 분신 부처님을 앉게 하려고 8방의 국토를 모두 청정케 하신다. 불국사 석가탑 주위에 있는 팔방연화좌가 그 청정의 자리를 상징하는 조형적 산물이다.

국토를 청정케 하는 대목이 기막히다. 우주 전체를 재배치하는 놀라운 장면을 연출하신다. 쉽게 비유하자면 대통령 순시가 있다고 관내 청소하고, 화분 갖다 놓고, 눈에 거슬리는 거 치우고 하듯이 육도세계를 재편하신다. 사바세계를 청정케 하고, 지옥·아귀·축생·아수라의 세계는 잠시 없앤다. 모든 천과 인간은 다른 공간으로 옮긴 후, 강과 산을 없애고 보배나무 보배꽃, 보배 휘장 등으로 새로이 불국토로 장엄한 것이다. 평행우주로 재편한 놀라운 능력을 보이신다. 새로운 천지창조의 순간이다. 준비는 끝났다.

이제 시방의 불국토 분신 부처님들이 8방의 보배나무 아래 사자좌에 앉아 부처님께 문안을 드린 후 모두가 보배탑 속의 다보불을 뵐 수 있기를 간구한다. 서사는 클라이맥스로 치닫는다. 석가모니 부처님께서 홀연히 허공 가운데 머무신다. 모두가 일심으로 합장하며 경배를 올린다. 석가모니 부처님께서 마침내 오른손가락으로 칠보탑의 문을 여신다. 드디어 천만억 겁의 오랜 과거에 멸도하신 다보여래께서 석가모니 부처님과 『법화경』을 찬탄하며 찬란히 나투신다. 하늘에서 숱한 보배꽃이 흩어져 내린다. 그때 다보불께서 탑 가운데 자리를 반으로 나누어 석가모니 부처님께서 앉으시기를 권하신다.

16-16 경주 불국사 석가탑 팔방연화좌

"부처님께서 이 자리에 앉으소서."

그러자 석가모니 부처님께서 탑 가운데로 가시어 반으로 나눈 자리에 결가부좌하신다. 석가모니 부처님께서 아득히 먼 곳에 있는 일체 대중을 신통력으로 허공 가운데로 이끌어 올리신 후 사자후를 토하신다.

"지금이 바로『묘법연화경』을 설할 때이니라."

모두가『법화경』의 법비에 젖을 때 서사의 대단원의 막이 내린다.

대단하고 대단한 서사다. 막이 내린 후에도 한참이나 자리를 뜰 수 없는 깊은 감격과 환희지의 여운이 남는다. 통도사 영산전의 〈견보탑품도〉는 그 경전 내용의 클라이맥스를 절묘하게 포착했다. 경전 내용을 이렇게 훌륭하게 표현한 벽화는 또 없을 것이다. 경전을 빌려 찬할 뿐이다. 선재 선재라. ✿

17

하나의 화폭에 담은
불국 만다라

17

하나의 화폭에 담은
불국 만다라

― 안성 칠장사 〈오불회괘불탱〉

법신-보신-화신은 삼위일체

법신, 보신, 화신의 삼신불(三身佛) 사상은 대승불교의 관점이다. 부처님은 모든 곳, 모든 때에 상주하신다. 그것은 해가 비추고 달이 비추는 것과 같다. 삼신설에 의해 법신은 불생불멸로 상주하며, 부처님은 중생의 눈높이에 맞춘 다양한 모습으로 시방삼세에 두루 나투셔서 처처불(處處佛)의 개념이 성립한다. 삼신불은 청정법신 비로자나불, 원만보신 노사나불, 천백억화신 석가모니 부처님 등 세 분의 부처님을 통칭하는 말이다. 법신(法身)은 진리의 뜻인 '법 그 자체'로 만유의 근본 원리가 된다. 그러므로 형상이 있을 수 없다. 단지 진리를 인격화하여 형상의 방편으로 드러낼 뿐이다. 보신(報身)은 말 그대로 '과보로 완성한 몸'이다. 화신(化身)은 특정한 시공간에 중생구제를 위해 역사적으로 나투신 변화신이다. 쉽게 말해 법신은 '법 자체인 몸', 보신은 '과보의 몸', 화신은 '변화의 몸'으로 오신 부처님으로 이해할 수 있다.

17-1 구례 화엄사 대웅전 석가모니불　17-2 구례 화엄사 대웅전 비로자나불　17-3 구례 화엄사 대웅전 노사나불

〈월인천강지곡〉의 지혜를 빌려 비유하자면 하늘의 달이 법신이라면, 만유에 작용하는 달빛은 보신, 천 개의 강물에 비친 달 형상은 화신으로 볼 수 있다. 본질이 작용하여 현상이 나타나는 원리와 상통한다. 다르게도 설명할 수 있다. 물의 기운, 또는 물 에너지를 법신이라 하자. 물의 기운은 우주 만유에 분명히 존재한다. 그런데 형상은 없다. 그 기운이 작용하여 복사꽃과 진달래, 유채꽃, 민들레가 만발한 무릉도원의 이상향을 만든다. 보이지 않는 물 기운의 작용이 곧 보신이다. 이때 무릉도원은 보신의 대원으로 이룬 공덕장엄에 해당한다. 물 기운이 변화하여 손의 감촉에 와 닿는 차가운 물로 현현한 것, 그것이 화신이다. 국토의 처처에 물이 있으므로 천백억 화신이 된다. 법신·보신·화신 셋은 천지인(天地人)처럼 불가분의 삼위일체로 하나를 이룬다.

『범망경』에는 노사나불이 천 개의 잎으로 된 연화대에 앉아 중생이 심지(心地)를 수행하고 계율을 지켜 깨달음으로 나아가는 길을 설한다. '범망(梵網)'은 색계 하늘인 대범천의 그물망을 말한다. 욕계 제석천의 그물망은 '인드라망', 또는 '제망(帝網)'이라 한다. 인드라망이 서로를 비추는 상호연결망 의미라면, 범망은 부처님 진리 설법을 하나라도 빠트리지 않고 모두 담아낸다는 의미를 지닌다.

> 그때 노사나불께서 곧 크게 환희하시어 상주법신삼매
> (常住法身三昧)를 나타내어 모든 대중에게 보이고, 말씀
> 하셨다.
> "모든 불자들아, 분명하게 듣고 잘 생각하여 수행하라.
> 나는 이미 백 아승기겁 동안 심지(心地)를 수행하였고,
> 그것으로 인(因)을 삼아 처음부터 범부를 버리고서 등
> 정각을 이루어 노사나(盧舍那)라 부르고 큰 연화대 속

에 있는 세계의 바다에 살고 있느니라. 그 큰 연화대 주
위에는 천 개의 잎이 있고, 한 잎은 한 세계로서 천 개의
세계를 이루고 있으니, 나는 1천의 석가모니를 화현(化
現)하게 하여 1천의 세계에 머물게 하느니라.

(중략)

그 1천의 연꽃 위에 있는 부처는 모두가 곧 나의 화신(化
身)이며, 천 백억의 석가모니는 곧 1천 석가모니의 화신
이며, 나는 그 본원(本原)이 되니, 이름하여 노사나라 하
느니라."

_『범망경(梵網經)』 상권, 「노사나불설 보살심지계품」 제10

여기서 노사나불은 『화엄경』의 불국토인 연화장 세계의 중심에 계신 비로자
나불로 통한다. 비로자나불은 절대 진리 자체이므로 음성도, 소리도, 형상도
없다. 그래서 설법의 주체를 대신 내보낸다. 그분이 노사나불이다. 불교 교리
에서 노사나불의 위상은 독특하다. 이미 등정각을 이뤄 화엄삼매의 열반에
계신 분이면서, 중생구제와 교화를 위해 설법의 보살행에 나선 분이기도 하
다. 그래서 노사나불의 장엄에는 소승의 자력 신앙과 대승의 타력 신앙을 통
합하는 독특한 형식을 취한다. 깨달음을 원만성취한 여래이면서 동시에 중
생교화의 이타행을 실천하는 보살로 표현한다. 불상, 불화 등 불교 장엄에서
보관을 쓴 보살 형식의 여래로서의 노사나불이 탄생하게 된 배경도 그러한
교리상의 위상에 기인한다. 구례 화엄사 대웅전의 목조삼신불상이나 공주
신원사 괘불, 여수 홍국사 괘불 등에서 노사나불은 보관을 쓰고 양손을 위로
든 설법인의 수인을 취한 보살로 등장한다.

보신은 앞서 '과보의 몸'이라고 했다. 그렇다면 과보의 결과가 있게 된

17-4 공주 신원사 〈노사나불 괘불탱〉(1644년) 부분

원인은 무엇일까? 그 원인은 오랜 바라밀 수행과 대원을 실천해 온 공덕에 있다. 보신은 대원의 성취 공덕으로 이룬 불신(佛身)이다. 대표적인 보신불로 노사나불, 아미타불, 약사여래를 꼽는다. 노사나불은 아승기겁 동안 심지(心地) 수행을, 아미타불은 48대원을, 약사여래는 12대원을 완성하여 각각 연화 대장 세계, 서방 극락정토, 동방 유리광정토를 구현하였다.

　　보신불은 공덕의 과보로 받은 몸, 곧 '수용신(受用身)'이다. 공덕으로 받아 사용하는 몸이다. 이 수용신은 오래도록 마음 수행을 닦아 마침내 깨달음을 얻어 삼매의 자내증(自內證, 스스로의 마음으로 진리를 깨닫는 것)으로 즐거움 속에 계신 분도 있고, 오직 중생구제를 위해 차별 없는 이타행을 실천하시는 분도 있다. 전자를 깨달음의 삼매에 계신 '자수용신(自受用身)'이라 하고, 후자를 중생 구제와 교화의 대원을 실천하는 '타수용신(他受用身)'으로 부른다. 자수용신은 공덕으로 받은 몸을 자신을 위해 쓰고, 타수용신은 타자를 위해 쓴다는 의미다. 아승기겁 동안의 마음 수행을 통해 깨달음을 얻은 노사나불이 자수용신이라면, 아미타불과 약사여래는 타수용신으로 볼 수 있다. 그렇다고 둘로 구분되는 것은 아니다. 불가분의 관계다. 달리 말하면 보신불에는 자력 신앙과 타력 신앙이 동전의 양면처럼 한몸으로 통일되어 있다. 그것은 위로 진리를 추구하는 상구보리(上求菩提)와 아래로 중생구제를 실천하는 하화중생(下化衆生)의 관계와 같다. 상구보리가 자수용신에 연결된다면, 하화중생은 타수용신에 이어진다. 진리 없는 자비는 맹목적이고 자비 없는 진리는 공허하다.

　　이러한 삼신불의 교리 체계는 불상과 불화 장엄에 적극 수용되었다. 삼신불 체계로, 보신불 체계로, 또는 통합된 체계로 나타났다. 일본 주린지(十輪寺) 소장 〈오불회괘불탱〉(15세기)에선 삼신불과 세 보신불을 독특한 배치 구도로 통합한 모습을 보여 준다.

17-5 양산 신흥사 대광전 향좌측 벽화 아미타불. 타수용신의 대표적인 부처님이다.

17-6 양산 신홍사 대광전 향우측 벽화 약사여래. 아미타불과 함께 타수용신을 대표한다.

17-7 일본 주린지 소장 〈오불회도〉
세로로 비로자나불, 노사나불, 석가모니불을 배치했고
가로로 아미타불, 노사나불, 약사불을 배치했다.

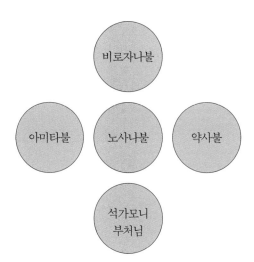

주린지 소장 고려불화 〈오불회괘불탱〉 부처님 배치도

수직과 수평이 십자 형태로 교차하는 구도로 그렸다. 수직은 법신-보신-화신의 위계로 삼신불을 봉안했다. 수평으로는 아미타불-노사나불-약사불 구도로 보신 세 분을 배치했다. 보신 세 분을 나란히 배치한 경우는 보기 드문 사례다. 노사나불이 교차점 중앙에 있다. 대개 비로자나불이나 석가모니 부처님이 화면의 중심에 위치한다. 노사나불을 중심 자리에 봉안한 배치는 파격에 가깝다. 그것은 삼신불과 보신불의 교집합에 노사나불이 위치하기 때문이다. 이 경우 화면 구도의 뚜렷한 목적성을 보여 준다. 한 화면에 삼신불과 삼보신불 교리 체계를 바탕으로 조화로운 불국세계를 구현하고 있는 것이다.

　　그런데 불화 구성에서 보다 풍부한 다의적인 교리 체계를 담고 있는 또 하나의 괘불탱이 현존한다. 안성 칠장사 〈오불회괘불탱〉이 그것이다. 현존하는 의미 있는 오불회괘불탱은 세 점 있다. 앞서 소개한 일본 주린지 소장 괘불탱(15세기), 안성 칠장사 괘불탱(1628년), 영주 부석사 괘불탱(1745년) 등이다. 오불회도는 다섯 부처님을 그린 불화다. 대형 화면에 비로자나불, 노사나불, 석가모니 부처님, 아미타불, 약사불 등 다섯 부처님을 봉안한다. 문제는 다섯 부처님을 어떤 구도로 조합하고 배치하느냐에 따라 다른 도상으로 나타난다는 점이다. 세 불화 모두 공통점은 있다. 비로자나-노사나불-석가모니 부처님의 삼신불 교리 체계는 한결같이 중심축에 둔다. 어느 부처님을 구도의 중심에 두느냐에 따라 위치만 달라질 뿐이다. 배치 구도에서 결정적 차이는 두 보신불 아미타불과 약사불 중간에 어느 분을 봉안하느냐에 달려 있다. 두 보신불 사이에 비로자나불, 노사나불, 석가모니 부처님 어느 분도 가능하다. 앞서 주린지 소장 〈오불회괘불탱〉에선 두 보신불 사이에 노사나불을 모셨다. 보신불 세 분을 나란히 모신 희귀한 사례에 속한다. 일반적으로는 두 보신불 사이에 비로자나불이나 석가모니 부처님을 봉안한다. 아미타불-비로자나불-약사, 또는 아미타불-석가모니 부처님-약사불의 삼존불 형식으로 나타난다. 두 구성은 형식적으로 다른 듯 보이지만 본질은 같다. 왜냐하면 석가모니 부처님께서 보리수 아래서 정각을 얻은 순간 법신 비로자나불과 한몸이 되셨기 때문이다. 시대가 진행되면서 아미타불-석가모니 부처님-약사불의 큰 흐름으로 수렴되는 경향이 뚜렷했다. 위 삼존불을 모신 불전은 통상 '대웅보전'의 편액을 단다.

여기서 잠깐. 삼존불은 '삼세불(三世佛)'로도 칭해지기도 한다. '삼세불' 용어는 공간의 방위 관념을 반영한다. 서-북-동, 또는 서-중앙-동의 방위에 대응시킨 관점에서 파생했다. 그런데 '시방삼세(十方三世)'의 용어에서 보듯이 '삼세'는 과거, 현재, 미래를 의미한다. 방위 개념이 아니라 시간 개념이다. 삼세불은 연등불(과거불)-석가모니 부처님(현재불)-미륵불(미래불)의 세 분 조합에 붙여야 합당하다. 그러므로 삼존불에 사용하는 '삼세불'은 올바른 용어라고 할 수 없다. 군이 방위 개념으로 명명한다면 사방불, 오방불이라고 하듯

17-8 김천 직지사 대웅전
아미타불 - 석가모니 부처님 - 약사불의 삼존불을 모셨다.

이 '삼방불'이라고 부르는 것이 옳다.

여하튼 아미타불-석가모니 부처님-약사불의 삼존불을 봉안하는 형식은 석가모니 부처님-비로자나불-노사나불의 삼신불 체계와 함께 조선 시대 큰 법당 구성의 전형 양식으로 발전해 나갔다.

법신-보신-화신의 삼신불 구도가 수직적, 심층적이라면, 아미타여래-석가모니 부처님-약사여래의 삼존불 구도는 수평적인 개념에 가깝다. 삼신불과 삼존불을 한 화면에 모시면 석가모니 부처님은 중첩적으로 표현되어 또 하나의 오불회도의 개념이 성립한다. 거기에다 대자대비의 화신인 관음보살, 지장보살, 미륵보살과 성문의 수행자, 수호신중, 여래장을 지닌 일체중생을 한 화면에 구성하면 삼천대천의 불국토이자 통불교 형식의 거대한 법계우주로 현현한다. 안성 칠장사 〈오불회괘불탱〉이 그 희유의 불국세계를 탁월한 구성으로 표현하고 있다.

한 사람이 두 달에 걸쳐 완성한 대작

괘불탱은 대형 걸개그림 형식의 불화다. 중국이나 일본에는 그 예를 찾아볼 수 없는 한국만의 독특한 양식이다. 현존하는 괘불탱은 110여 점 정도다. 모두 17세기 이후에 제작됐다. 가장 이른 작품이 1622년에 조성한 나주 죽림사 〈세존괘불탱〉이다. 칠장사 〈오불회괘불탱〉은 부여 무량사 〈미륵불괘불탱〉(1627년)에 이어 남아 있는 작품 중에는 세 번째로 오래된 것이다. 괘불탱이 17세기 이후에 집중적으로 제작된 사실은 우연한 일이 아니다. 임진왜란과 정묘호란, 병자호란 등 잇따른 전쟁과 살육이 휩쓸고 간 시대 상황과 밀접하다. 전쟁과 기근 등으로 인한 대규모 인명 피해가 잇따랐다. 구천을 떠도는 원혼들의 극락왕생을 발원하는 천도재, 수륙재 등 야외 의식불교가 성행했

17-9 안성 칠장사 〈오불회괘불탱〉

다. 그에 따라 대형 괘불탱 조성도 활발히 이뤄졌다. 이전에 신앙 형태와 불보살의 세계에 따라 세분화되었던 건축과 불화는 하나의 중심 불전, 하나의 화폭에 봉안하는 통합적인 양식으로 변했다. 오불회괘불탱은 그러한 시대 상황을 반영한 종교 회화의 부응으로 대두되었다. 괘불탱에는 망자에 대한 천도의식과 극락정토 왕생발원, 또 현세구복의 마음 작용이 담긴 한 시대 상황의 숨결이 깊숙이 투영됐다.

칠장사 괘불은 세로 6.6m, 가로 4.0m의 크기로 괘불탱 중에서는 비교적 소형에 해당한다. 정묘호란 1년 후인 1628년 음력 3월 1일부터 화원 법형(法洞) 비구 한 사람이 두 달 걸려 완성한 불화다. 통상 괘불은 집단 창작으로 이뤄진다. 거대한 괘불탱을 단 한 사람이 2개월 안에 그렸다는 사실은 놀랍고도 경이로운 일이다. 아마도 4월 8일 부처님오신날에 맞춰 완성하였을 것이

17-10 양산 통도사 영산회상 괘불재

다. 얇은 비단 천에 채색한 괘불이다. 바탕 화면은 모두 8폭의 비단을 이어 붙여 만들었다. 불화 조성 기록을 적은 밑면의 화기에는 화제를 '용화회도(龍華會圖)'라고 밝히면서 "미래의 용화회에서 함께 기뻐하며 다 함께 성불의 수기를 받기를 빕니다."라고 발원하고 있다. '용화회'는 미래에 미륵불이 도솔천에서 하생하여 용화수 아래서 중생구제를 위해 진리를 설하기로 예정된 설법 자리다. 당연히 화면의 중심에 미륵불이 계셔야 하지만 언뜻 보기에는 잘 살펴지지 않아 당황스러운 측면이 있다.

괘불탱의 화면은 무척이나 밝고 선연한 느낌을 준다. 녹색과 붉은색의 대비 효과도 있지만 채색에서의 특별한 비결이 결정적인 역할을 하고 있음이 밝혀졌다. 조선 불화에서는 보기 드문 채색기법인 배채법(背彩法)이 사용됐음이 괘불탱 정밀 조사 과정에서 확인됐다. 배채법은 화면의 뒷면을 채색하여 색감이 앞으로 은은하게 비치도록 하는 고려불화만의 독특한 채색 기법이다. 놀라운 것은 그뿐만이 아니다. 특별히 강조할 곳엔 배채에 금니 안료

 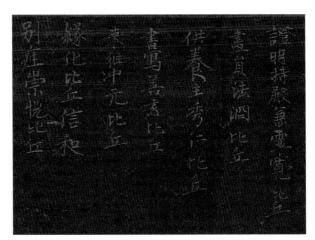

17-11 안성 칠장사 〈오불회괘불탱〉 화기의 발원문(좌). 용화회에서 다함께 성불의 수기를 받길 기원하고 있다.
17-12 안성 칠장사 〈오불회괘불탱〉 화기 세부(우). '화원 법형비구'의 기록이 보인다.

나 금박 사용도 병행했다. 상단 중앙에 봉안한 비로자나불의 경우엔 상호와 법신에 걸쳐 금박을 배채법으로 입히고 그 위에 금니를 덧칠하는 공정을 거쳤다. 다른 네 분의 부처님은 얼굴 상호에만 금박을 입혔다. 여타 다른 보살과 권속의 경우에는 광물성 안료의 진채를 사용하는 데 그쳐 오불과 권속의 위계 차이를 반영했다.

화면의 구도는 오색구름을 이용해서 상·중·하 삼단으로 나눠 조성했다. 화면의 크기 분할은 위계에 따라 대략 상단 : 중단 : 하단= 9 : 3 : 1의 비율을 보인다. 위계나 역할 비중에 따라 화면 속 인물 크기도 차별했다. 인물은 상단에 70명, 중단에 10명, 하단에 24명으로 총 104명이 등장한다. 등장인물 구성을 보면 다음과 같다.

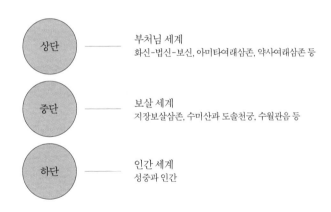

상단 ——— 부처님 세계
화신-법신-보신, 아미타여래삼존, 약사여래삼존 등

중단 ——— 보살 세계
지장보살삼존, 수미산과 도솔천궁, 수월관음 등

하단 ——— 인간 세계
성중과 인간

화면의 2/3를 차지하는 상단은 오불의 부처님 세계다. 오색광명의 성스러운 빛이 비추는 가운데 시방에서 화신불 열 분이 나투어 구름 위에 계신다. 최상단 중앙의 대연화는 이 세계가 연꽃 속에 장엄한 진리와 자비의 세계임을 상징한다. 석굴암 궁륭 천장에 조영한 대연화와 같은 의미를 가진다. 일본 주린

17-13 안성 칠장사 〈오불회괘불탱〉 상단 부분 1
부처님의 세계

지 소장본과 부석사 〈오불회괘불탱〉이 수직과 수평의 구도를 취하는 데 반해 칠장사 괘불은 두 칸의 수평 구도를 경영하고 있다. 상단의 위 칸엔 화신 석가모니 부처님-법신 비로자나불-보신 노사나불의 삼신불을 봉안하고, 아래 칸에는 아미타여래-약사여래를 모셨다. 아미타여래와 약사여래 좌우에는 각각 대세지보살-관세음보살, 일광보살-월광보살을 협시보살로 배치해서 아미타여래삼존도, 약사여래삼존도 형식을 취하고 있다. 불전 건물로 비유하자면 삼신불의 대적광전과 아미타여래-석가모니 부처님-약사여래의 삼존불을 모신 대웅보전, 극락보전, 약사전 등을 한 곳에 경영한 것과 다름없다. 각 부처님의 세계는 독립적이면서 유기적이고 대칭적이다. 법신·보신·화신의 삼신불은 그리스도교의 성령·성부·성자의 삼위일체와 마찬가지로 삼신즉일신관(三身卽一身觀)으로 하나의 몸이다.

상단의 중심에 모신 비로자나불은 오른손으로 왼손을 감싼 지권인을 하고 있다. 광배가 특별히 눈에 띈다. 두광과 신광을 두 원으로 표현한 다른 부처님과 달리 키형 전신 광배로 장엄했다. 광배 테두리엔 금강저 문양을 연속적으로 반복하고, 내부엔 넝쿨연화문으로 장식했다. 비로자나불은 깨트릴 수 없는 청정 법신의 진리 세계이며 꽃으로 장엄한 화엄 세계임을 표현했다. 법신불 좌우엔 가섭과 아난을 포함한 10대 제자가 보인다.

항마촉지인 수인을 한 석가모니 부처님은 다섯 분의 부처님 중에서 유일하게 오른쪽 어깨를 드러낸 편단우견(偏袒右肩)의 법의를 착의하셨다. 다른 분은 양어깨를 덮은 통견 형식이다. 상단 부처님의 세계에서 단연 눈길을 끄는 대목은 비로자나불 왼쪽에 계신 노사나불의 장엄이다. 두 손을 위로 올려 펼친 설법인의 수인을 취한 노사나불은 부처님의 위계임에도 보관을 쓴 보살의 형태로 화려하게 장엄했다. 가슴 부분의 노출 없이 전신을 감싼 독특한 법의 차림도 시선을 끈다. 선홍색 법의엔 온갖 영락 장신구를 갖추었고 동

17-14 안성 칠장사 〈오불회괘불탱〉 상단 부분 2
석가모니 부처님 - 비로자나불 - 노사나불

17-15 안성 칠장사 〈오불회괘불탱〉 상단 부분 3
아미타불 극락정토회(좌), 약사여래 유리광정토회(우)

심원 문양이 파문처럼 확산하고 있어 인상적이다.

　　상단의 아래 칸은 좌우에 삼존도 형식을 장엄했다. 향좌측인 서쪽엔 대세지보살, 아미타여래, 관세음보살의 아미타여래삼존도를, 향우측의 동쪽엔 일광보살-약사여래-월광보살의 약사여래삼존도를 그렸다. 두 부처님은 판박이처럼 닮았다. 상호도, 법의 차림도, 수인도 차이를 찾기 어렵다. 단지 약사여래께서 왼손에 금빛 약함을 쥐고 계신 점이 눈에 띄게 다를 뿐이다. 두 분은 각자 서방 극락정토와 동방 유리광정토에서 진리를 설하고 계신다. 주변에 보살과 사천왕, 화엄신중, 금강역사 등이 에워싸고 있다. 두 여래를 좌우협시하고 있는 네 보살을 유심히 살펴보면 보관과 손에 쥔 지물이 저마다 다르다.

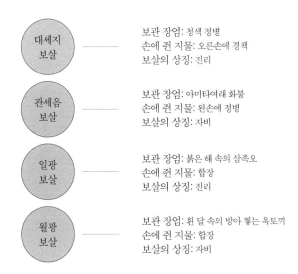

대세지보살 ── 보관 장엄: 청색 정병
손에 쥔 지물: 오른손에 경책
보살의 상징: 진리

관세음보살 ── 보관 장엄: 아미타여래 화불
손에 쥔 지물: 왼손에 정병
보살의 상징: 자비

일광보살 ── 보관 장엄: 붉은 해 속의 삼족오
손에 쥔 지물: 합장
보살의 상징: 진리

월광보살 ── 보관 장엄: 흰 달 속의 방아 찧는 옥토끼
손에 쥔 지물: 합장
보살의 상징: 자비

그런데 살펴보면 좌우 협시보살 네 분의 중간에 보살 한 분이 더 계신다. 네 분과 마찬가지로 전면을 드러낸 입상으로 서 있다. 대응하는 짝도 없이 홀로 계신 대체 이 분은 누구실까?

세상의 중심 수미산과 도솔천궁 표현

중단은 보살의 세계를 펼쳐 놓았다. 지장보살-(미륵보살)-관세음보살의 구도로 각각 독립된 병렬의 형태를 취하고 있다. 그런데 미륵보살은 눈에 띄지 않는다. 대신 그 자리에 세상의 중심에 있다는 수미산이 자리한다. 수미산은 구산팔해(九山八海)의 한가운데에 있다. 물결치는 바다 위에 솟아 있는 수미산은 다섯 발가락을 가진 오조룡이 몸을 감아 신성하게 수호하고 있다. 수미산 정상엔 도솔천의 궁궐을 묘사했다. 궁궐은 미륵보살께서 인간 세상으로의 하생을 기다리며 머물고 있는 도솔천 내원궁일 것이다. 괘불탱 중심 화면에 수미산과 도솔천을 표현한 사례는 유례를 찾기 어렵다. 화기(畵記)에서 괘불탱의 화제를 미륵하생도의 '용화회'라 기록한 이유를 알게 한다.

이제야 저 한 분의 보살이 누구신지 의문이 풀린다. 아니나 다를까 도솔천궁 바로 위에 서 있다. 도솔천에서 미륵하생의 용화회를 기다리고 있는 미

17-16 안성 칠장사 〈오불회괘불탱〉 중단 부분

륵보살임이 분명하다. 서 계신 위치가 중단의 보살 자리 도솔천에 발을 딛고 있으면서도 몸은 부처님의 자리 상단에 몸담게 했다. 미륵보살 주변의 구름을 보면 여기만 유독 위로 솟구치게 그렸다. 중단과 상단에 두루 걸쳐 있다. 이것은 미륵보살이 보살이면서 장래의 부처로 수기된 일생보처(一生補處, 마지막 생과 사를 겪고 다음 세계에는 부처로 태어날 수 있는 지위) 보살의 독특한 위상을 절묘하게 표현한 것이다. 수미산 아래에 마침 이 불화 조성과 관련이 있을 것으로 보이는 면류관을 쓴 왕과 왕비 등의 왕실 발원 장면이 보인다. 불화 화기에 남긴 용화회의 발원문과 연결된다.

　　관음보살과 지장보살의 장면은 그 자체가 형식적 완결성을 갖춘 수월관음도, 지장보살탱화에 가깝다. 수월관음과 수미산은 파도가 이는 바다 한가운데를 배경으로 그렸다. 수미산과 관음보살께서 한 발을 세워 편안히 앉아 계신 바위는 같은 바위라 할 정도로 비슷하다. 오조룡이 감싼 수미산과는 달리 수월관음의 암반은 푸르른 댓잎과 연꽃으로 장엄했다. 수월관음의 표현은 그 자체가 한 폭의 수월관음탱화다. 소재의 구성에서 모든 요소를 두루 갖추었다. 관음보살, 남해 바다 한가운데 있다는 보타낙가산의 암반, 버드나무 꽂힌 정병, 관음의 변화신인 파랑새, 한 쌍의 대나무, 선재동자까지 빠짐없이 표현했다. 이 모든 소재의 표현은 『화엄경』의 「입법계품」을 교의로 충실히 반영한 것이다. 심지어 한쪽 발을 세우거나 내린 유희좌(遊戲坐) 자세까지 수용했다. 눈여겨볼 점은 몸에서 발산하는 신광의 표현이다. 다른 불보살의 초록색 신광과는 달리 유일하게 흰색으로 채색했다. 왜 그랬을까? 수월관음이기 때문이다. 수월관음은 바다에 휘영청 돋은 둥근 보름달을 배경으로 계신다. 신광은 동시에 만월의 보름달이기도 하다. 그래서 신광을 희게 칠했다. 그런데 왜 달빛의 노르스름한 색이 아니고 흰색인가? 그것은 관음보살이 청정하기 때문이다.

　　지장보살의 표현 역시 한 폭의 지장보살탱화에 가깝다. 보관을 쓰지 않은 민머리 차림의 지장보살은 오른손에 고유한 상징 지물인 육환장을 쥐었다. 고통이 잠시도 끊이지 않는 무간지옥의 문은 그 누구도 열 수 없다. 지장보살의 육환장만으로 열 수 있다. 그 험악한 무간지옥에까지 가서 중생을 구제하기에 '대원본존(大願本尊) 지장보살'이라 부른다. 육환장은 죄 많은 중생에게 그 얼마나 거룩한 구원의 지물인가? 왼손에 쥔 보주는 희미하게 흔적만 남았다. 도명존자와 면류관을 쓴 무독귀왕이 좌우협시하고 있다. 보살 주위로 판관, 사자, 지옥 옥졸, 공양물을 든 천동, 천녀를 배치했다. 최하단의 화기에서 괘불탱 바탕 재료를 시주한 사람은 '양위선가(兩位仙駕)'를 발원하고 있다. 돌아가신 부모님의 극락왕생을 바라며 바탕 시주(그림의 바탕이 되는 비단이나 삼베 등을 시주하는 것)를 올렸다. 불화 속 지장보살을 향해 무릎 꿇어 빌고 있는 대중 중의 한 사람일 것이다. 화기에서 기록한 그 사람의 이름은 '분개(紛介)', 즉 똥개다.

맨 아래는 24명의 인물이 등장하는 육도(六道) 중생계다. 면류관을 쓴 왕과 왕비를 비롯해서 고관, 평민, 아귀에 이르기까지 다양하다. 무릎을 꿇어 빌거나 공양물을 올리는 모습이다. 왕과 왕비의 모습은 최상단의 오색광명의 서기가 뻗치는 공간에서도 등장한다. 왕실 발원의 괘불 제작을 짐작케 하는 대목이다. 선조의 계비 인목대비가 칠장사를 그의 아들 영창대군의 원혼을 달래는 원찰로 삼은 점도 왕실 발원을 뒷받침한다. 그런데 화기의 시주질 명단에는 평민과 천민층 부부들의 시주가 중심으로 나타나고 있어 단정 짓기 어렵다. 화기에는 평민 서른한 가정, 혹은 개인 명단이 등장한다. 고려 시대 시주자의 중심은 왕족과 귀족이었다. 조선 시대에 이르러서는 숭유억불의 기조와 함께 상공업의 발달 등으로 시주의 중심이 평민층으로 이동하는 흐름을 보였다. 그럼에도 얇은 비단 천으로 마감한 화면, 채색 안료에서 값비싼 금니나 금박을 사용하고 있는 점, 금문의 화기 등을 고려할 때 왕실 발원의 화풍이 계승되고 있는 점은 분명해 보인다.

17-17 안성 칠장사 〈오불회괘불탱〉 하단 중생계 1

17-18 안성 칠장사 〈오불회괘불탱〉 하단 중생계 2

화기에 열세 가지 색채 안료 목록

화기는 최하단 중앙에 있다. 왕실 발원 불화의 화기처럼 붉은색 바탕에 금니로 정성 들여 썼다. 제작 일시, 발원 내용, 시주 목록과 시주자, 불화를 그린 화승 등을 차례로 기록한 40행에 이르는 장문의 화기다.

시주자는 모두 31 가정에 이른다. 그 중 22 가정은 '양주(兩主)', 곧 바깥 주인과 안주인의 부부 명의 시주자다. 모두 관직명이 없는 평민들이다. 그중에는 성(姓)조차 없는 천민도 있다. 위에서 언급한 '분개'처럼 막 부르는 이름이라 한자로 음차하거나 이두식으로 표현했다. '육월(유월이)', '홍끝종', '문비', '춘옥', '줏덕' 등의 이름이 그러한 사례다. 시주는 모두 현물로 냈다. 시주 물품들을 정리하면 다음과 같다.

바탕 재료 : 천이나 종이, 장황 관련 물품
안료 및 아교 : 광물성 진채 안료, 금, 아교 등
복장물 : 원경(둥근 거울), 낙양축 등
공양주

화기에서 가장 주목되는 대목은 채색 안료 목록이다. 안료는 주홍, 대청, 중청, 수토황, 당하엽, 연지, 진분, 삼록, 황단, 청화, 금 등 열세 가지에 이른다. 여러 괘불탱 화기에서 밝힌 시주 안료 목록 중에서 가장 많은 개체 수를 기록하고 있다. 적색, 청색, 녹색, 황색 계열의 안료는 물론이고 흰색 호분, 금까지 망라한다. 그 목록은 전통 색채를 연구하고 복원하는 데 중요한 연구 자료가 될 것이다. 안료에 점성을 부여해서 접착제 역할을 하는 아교의 시주도 눈길을 끈다. 시주로 올린 아교는 쇠가죽으로 만든 것이 아니라 물고기 부레로 만든 어교(魚膠)다. 이 세세한 시주 목록은 당시의 사회경제적 어려움을 고스란

17-19 안성 칠장사 〈오불회괘불탱〉 화기 부분
제작 일시, 발원 내용, 시주 목록과 시주자, 불화를 그린 화승에 대한 기록 등 40행에 이르는 장문이다.

히 반영하고 있는 한 시대의 거울상이기도 하다. 현물 하나하나 어렵게 구했
을 정성이 고스란히 담겨 있다.

　　화기의 서두에 적은 발원문을 다시 살핀다.

　　　　"當來龍華會中隨喜等盡同受記者也
　　　　(당래용화회중수희등진동수기자야)
　　　　미래의 용화회에서 더불어 기뻐하며 다 함께 성불의
　　　　수기를 받기를 빕니다."

〈오불회괘불탱〉은 그 화기의 발원을 시각적으로 보여 준다. 『구사론』에서 정
립한 불교 우주관의 중심 소재인 수미산을 그려 넣고, 정상에 도솔천궁을 그
려 넣은 뜻도 그 발원에 있다. 중생계에서 보살의 세계, 부처님의 세계로 이
어지는 수직 구도의 법계우주를 펼쳤다. 저 불화 아래 서면 모두 환희의 법비
에 젖을 것이다. ✿

18

하늘의 별,
칠성신앙으로 빛나다

— 안동 봉정사 지조암 칠성전 벽화

한민족 별자리 신앙의 모태는 칠성 신앙

별자리를 성수(星宿)라 한다. 동아시아인들은 별자리를 별이 밤하늘에 잠자는 곳으로 보았다. 별들이 밤하늘에 잠을 잔다. 매력적인 생각이다. 한자 '별 수(宿)'는 '잘 숙'으로도 읽는다. 성수 신앙, 곧 별자리 신앙은 태고부터 전승해온 전통 민간 신앙이자 토착 신앙이다. 일월성신과 천지신명에 세상 만유의 정령이 깃들어 있다고 보았다.

〈성주풀이〉라는 남도민요가 있다. 이 노래에 이렇게 묻고 답하는 대목이 있다. "성주님 본향이 어디메뇨? 경상도 안동 땅의 제비원이 본이라." 성주는 집을 짓고, 또 집을 지켜주는 수호신이다. 집을 짓는 재목으로서 소나무를 상징하기도 하지만, 본질적으로는 민간신앙에서 수복강녕을 가져다주는 무속신이다. 민요에서 성주의 근본을 안동 땅 제비원에 있다고 천명하고 있어 흥미를 끈다. 안동 땅에 제비원 석불이 있다.

18-1 울진 불영사 대웅보전 천장반자의 별자리

18-2 덕흥리 고분벽화(고구려) 중 은하수를 사이에 둔 견우와 직녀

그런데 동양적 세계관에서 하늘과 땅은 서로 감응한다. '천지감응(天地感應)'이라 부른다. 하늘의 별은 인간의 탄생과 죽음, 수명, 길흉을 관장한다고 보았다. 해와 달과 별이 일월성신(日月星辰)이다. 일월성신이 성수 신앙의 모태다. 하늘의 별들이 인간의 삶 속에 깊숙이 매개한다. 해와 달, 목화토금수의 별들은 음양오행의 뼈대를 이룬다. 심지어 오늘날에도 일월화수목금토의 일주일 주기로 삶의 일상을 담당한다. 특히 남두육성과 삼태성, 북두칠성은 인간의 탄생과 수명, 길흉화복을 주관한다고 보았다. 전통 별자리 신앙의 모태는 일월성신, 특히 북두칠성에 강력히 닿아 있다. 중국의 도교가 북극성 중심이라면, 한민족은 북두칠성에 대한 칠성 신앙이 뿌리 깊다.

고구려 덕화리 고분 1, 2호에는 팔각벽면 한 면 전체에 크게 북두칠성을 그려 뒀다. 칠성 신앙의 뿌리 깊은 내력과 삶 속의 비중을 짐작케 한다. 전통 민속의 칠성신은 북두칠성을 인격화한 민간 신앙이다. 고구려 고분 벽화에는 칠성 신앙에다 중국으로부터 영향받은 도교적 요소가 결합해서 다양한 신들의 향연과 천문 우주를 펼쳤다. 고구려의 도교적 문화 요소들은 불교 국가 고려에 이르러 '치성광여래(熾盛光如來)'로 변화신한다. 도교와 불교의 습합(褶合)이 이뤄졌다. 습합은 관습에 의해 자연히 합해지는 문화 현상이다.

치성광여래는 북극성의 여래화

치성광여래는 북극성을 불교 세계로 재해석하여 수용한 여래화의 산물이다. 북극성의 도교적 의인화는 '자미대제(紫微大帝)'다. 동양의 별자리는 '3원(三垣) 28수(二十八宿)'의 천문 사상에 따른다. '원(垣)'은 '담장'이라는 의미이니 하늘의 궁궐로 해석할 수 있을 것이다. 천체를 중앙과 동서남북 사방으로 살핀 것이다. 하늘의 중앙에 북극성 중심으로 3원이 있고, 변방에 28수가 있다.

해는 동쪽에서 떠서 남쪽 천공을 지나 서쪽으로 진다. 별들도 동에서 떠서 서로 진다. 시곗바늘이 돌아가는 방향과 같다. 동-남-서-북의 순서로 도는 운동 방향을 '시계 방향'이라 한다. 해시계의 그림자가 움직이는 방향과 같다.

달의 공전 궤도를 '백도(白道, Moon's path)'라 부른다. 달은 하루에 약 13도 씩 공전하므로 360도 한 바퀴 도는 데 걸리는 시간, 곧 공전 주기는 약 28일이 된다. 그런데 달은 시계 반대 방향으로 돈다. 동-북-서-남의 순서로 돈다. 달은 28일 동안 공전하면서 날마다 다른 별자리에서 유숙한다. 달이 28일 동안 유숙하는 28개의 별자리가 '28수'다. 동북서남의 네 방위로 나누어 일곱씩 나눈다. 동-북-서-남의 공전 순서대로 28수도 같은 순서로 배열한다.

18-3 영천 은해사 대웅전 〈치성광여래도〉

3원: 태미원(太微垣)·자미원(紫微垣)·천시원(天市垣)

28수:

　　동궁 7수 | 각항저방심미기(角亢氐房心尾箕) | 청룡

　　북궁 7수 | 두우여허위실벽(斗牛女虛危室壁) | 현무

　　서궁 7수 | 규누위묘필자삼(奎婁胃昴畢觜參) | 백호

　　남궁 7수 | 정귀유성장익진(井鬼柳星張翼軫) | 주작

중앙은 하늘을 다스리는 천제가 있고, 변방은 동북서남 각 7명씩 28수의 제후들이 다스린다고 보았다. 이 같은 생각은 지상의 천자−제후의 봉건 통치체제를 하늘에 그대로 투영하였기 때문에 가능하다. 하늘 세계와 땅의 세계가 서로 통한다고 보았다. 천인합일(天人合一) 사상이 그대로 반영되었다.

　자미원은 천체의 중심부에 있는 3원 중의 하나로 천구의 북극을 포함한다. 북극성은 자미원 영역의 중심, 곧 천체의 중심에서 모든 별을 통솔한다. 그래서 '자미대제'다. 천문의 북극성이 도교에서 의인화하여 자미대제가 되고, 자미대제는 다시 불교에 수용되면서 치성광여래로 승화된다. '치성광'이라는 말은 맹렬히 타오르는 불빛같이 밝은 빛이라는 의미다. 인도에서는 묘견보살(妙見菩薩)로 불린다. 북극성 하나를 두고 인도, 중국, 한국 등에서 각각 보살, 대제, 여래로 섬기고 있는 셈이니 흥미로운 현상이 아닐 수 없다. 치성광여래를 주존불로 하고 밤하늘의 별자리를 의인화해서 그린 천문도적인 14세기 고려 불화가 〈치성광여래왕림도〉다. 미국 보스턴박물관이 소장하고 있다. 화면의 중심에 치성광여래께서 소가 끄는 수레를 타고 있고, 그 주변에 해와 달, 북두칠성, 12궁, 스물여덟 분의 보살로 신격화한 28수의 별자리 등을 이름표 갖춰 배열한 천문성수도(天文星宿圖) 불화다. 이 그림이 조선 시대 중후기에 대량생산의 양상을 뚜렷이 보인 칠성탱의 단초로 작용했다.

18-4 영천 은해사 대웅전 〈치성광여래도〉 상단 부분 1
동방 7수와 남방 7수를 묘사했다.

18-5 영천 은해사 대웅전 〈치성광여래도〉 상단 부분 2
북방 7수와 서방 7수를 묘사했다.

18-6 〈치성광여래왕림도〉(14세기 후반, 미국 보스턴박물관)

18-7 안성 칠장사 대웅전 칠성탱

18-8 서울 안양암 금륜전 〈치성광여래왕림도〉

칠성전은 민간신앙, 도교, 불교의 습합

칠성탱(七星幀)의 주존불은 금륜을 손에 쥔 치성광여래다. 좌우에 해와 달이 각각 일광보살과 월광보살의 이름으로 협시한다. 약사여래삼존불과 연동한 파격적인 도상이다.

그만큼 칠성신앙이 민중 속으로 깊숙이 파고들었다는 의미일 것이다. 그 주위에 북두칠성을 상징하는 칠성여래와 28수 별자리가 관복을 입은 성군으로 등장한다.

칠성탱을 봉안한 전각이 보통 칠성각, 또는 삼성각이다. 칠성각은 우리나라 사찰에서만 나타나는 고유한 현상이다. 칠성도는 대부분이 천에 그린 탱화다.

안양 삼막사 칠보전에는 유일무이하게 화강암 암벽에 새긴 치성광여래 마애삼존불이 현존한다. 그 외는 모두 탱화라 보면 된다. 그런데 국내에 칠성도 벽화가 존재해서 주목을 끈다. 성주풀이의 땅 안동에 국내 유일의 칠성 벽화가 있다. 안동 봉정사 지조암 칠성전 좌우 벽면에 그려져 있다.

보통은 칠성각인데 봉정사 지조암은 '칠성전'이다. 당호의 존격을 최상으로 높여 두었다. 칠성각은 여러 이름으로 불린다. 삼막사의 경우 '칠보전', 수원 용주사에선 '시방칠등각(十方七登閣)', 양산 통도사 안양암, 비로암에선 '북극전', 통도사 극락암에선 '수세전', 서울 봉은사는 '북극보전', 상주 남장사에선 '금륜전' 등으로 부른다. 나반 존자의 독성과 산신을 함께 봉안할 때는 '삼성각'으로도 부른다.

만해 한용운은 『조선불교유신론』에서 칠성 신앙을 미신이라면서 '논할 것도 없이 가소로운 것'이라 하였는데, 실제로는 한국불교의 포용력과 민간신앙의 흡수에 의해 한국 사찰 가람의 필수적 요소가 돼서 아이러니가 아닐 수 없다.

18-9 안동 봉정사 지조암 칠성전 외부

18-10 안동 봉정사 지조암 칠성전 내부

18-11안동 봉정사 지조암 칠성전 향좌측 부분

　　봉정사 칠성전의 벽화는 벽화만을 떼놓고 보면 완전한 도교적 도상이
다. 보통 칠성도는 같은 별자리를 상징하는 불교와 도교의 위계를 서로 대응
하는 구도로 그렸다. 상단에는 치성광여래께서 칠성여래를 거느리고, 하단
에서는 자미대제께서 칠원성군(七元星君)을 거느리는 형태다. 불교와 도교의
세계를 한 화면에 담아 보여 주는 방식이다. 하지만 봉정사 칠성전의 벽화는
도교적 세계관에 집중해서 대단히 독특한 특색을 보이고 있다. 벽화는 회칠
로 마감한 바탕의 좌우 벽면에 조성하였다. 좌우 벽면에 세 칸씩, 총 여섯 칸
의 화폭에 6폭 병풍처럼 전개했다. 벽화는 하늘의 천군세계의 도석인물화로
여길 정도로 모든 별자리의 이름을 밝혀 두어 민속학적 가치를 더 높인다. 별
자리 이름은 머리에 쓴 관모에 둥근 원을 마련해서 기입하거나, 인물 옆에 붉

18-12 안동 봉정사 지조암 칠성전 향우측 부분

은 글씨로 써 두기도 했다. 별자리 성수들은 한결같이 도교적 인물인 진군(眞君), 천자(天子) 등으로 인격화했다. 벽화에 등장하는 인원은 총 45분이다. 등장인물들은 모두 도가적 관복 복식을 갖추었다. 등장 무대는 신령한 구름이 뭉게뭉게 피어오르는 하늘 세계다.

도상의 배치 구도에선 내밀한 대칭 원리를 적용했다. 중앙 불단 위의 칠성탱과 산신탱을 중심에 두고 좌우대칭 구도로 벽화를 그렸다. 향우측은 제1궁 7수-자미대제-제3궁 7수, 향좌측은 제2궁 7수-태상노군-제4궁 7수의 구도로 대응시켰다. 가운데를 중심으로 홀수 궁은 동쪽에, 짝수 궁은 서쪽에 두는 방식이다. 명부전에서 시왕(十王)을 배치하는 방식과 동일하다. 1궁 7수는 동궁 7수에, 2궁은 북궁, 3궁은 서궁, 4궁은 남궁에 해당한다.

18-13 안동 봉정사 지조암 칠성전 향좌측 벽화 남극노인

18-14 안동 봉정사 지조암 칠성전 향우측 벽화 자미대제

북극성, 해와 달, 삼태육성, 28수 담아

향우측 벽화의 중심인물은 북극성을 인격화한 '자미대제'다. '북극진군(北極眞君)'이라는 별호도 덧붙였다. 중심인물을 더 크게 그리는 대상비례의 법칙을 적용하고 있다. 흰 수염이 길게 바람결을 타고 있고, 풍모에 위엄을 갖췄다. 같은 화면에 삼태육성(三台六星)과 일궁천자(日宮天子)를 배치했다. 일궁천자는 붉은 해를 그릇에 담아 어깨 위로 떠받치고 있어 태양의 의인화임을 손쉽게 알 수 있다. 삼태육성은 세 개의 별로 보여 삼태성이라고도 부른다. 하지만 각 별은 두 개씩 이뤄져 있다. 벽화에서도 두 사람씩 짝지어 시립해 있다. 관모에 적어 둔 존명에 의해 삼태육성은 허정(虛靜), 곡생(曲生), 육순(六淳)임을 알 수 있다. 자미대제 좌우의 화면에는 별자리 28수 중 제1궁과 제3궁의 별자리를 인격화해서 배치했다. 1궁엔 각·항·저·방·심·미·기 등의 동쪽 하늘 일곱 별자리를, 3궁엔 규·누·위·묘·필·자·삼 등의 서쪽 하늘의 일곱 별자리를 그렸다. 채색에 사용한 색채는 오방색인데, 청색의 채색이 수채화 물감의 덧칠 터치 기법과 유사해서 채색의 근현대성을 짐작하게 한다.

향좌측 벽화의 중심인물은 '남극노인(南極老人)'이다. 인간의 수명을 관장하고 무병장수를 상징해서 '수노인(壽老人)'으로도 부른다. 남극에 가까운 남쪽 지평선에서 관측할 수 있어 남극노인이다. 북극성의 자미대제에 대비해서 배치했다. 하지만 우리나라에서 관측할 수 있는 곳은 제주도 서귀포 일대뿐이다. 『조선왕조실록』에서는 왕실의 무병장수와 국태민안을 위해 제주도로 천문관을 보내 수노인성을 관측하고 올 것을 하명하는 대목을 간혹 접할 수 있다. 그런데 수노인은 때론 도가의 교조인 노자로 여기기도 한다. 수노인이 현생에 나타난 화신이 노자라 보는 것이다. 벽화에도 남극노인과 '태상노군(太上老君)'의 방제를 병행해서 써 놓았다. 동일 인물로 여기고 있는 것이다. 태상노군은 노자를 신격화한 도교의 존명이다. 태상노군 곁엔 붉은 그릇에 흰색 보름달을 어깨 위로 받쳐 든 월궁천자(月宮天子)가 협시하고 있다. 태상노군 좌우의 벽면엔 28수 별자리의 제2궁과 제4궁을 그려 두었다. 2궁엔 두·우·여·허·위·실·벽 등의 북쪽 하늘의 7수를, 4궁엔 정·귀·유·성·장·익·진 등 남궁 7수를 베풀었다. 28수제대성군(二十八宿諸大星君)을 한눈에 만날 수 있는 매우 놀라운 벽화다. 3원 28수 별자리들을 천신으로 의인화하여 표현한 불교 장엄 속 '천상열차분야지도'라 하여도 지나치지 않을 것이다.

봉정사 칠성전 벽화는 큰 규격을 갖춘 칠성탱에서 도교적 요소들만으로 재구성한 전대미문의 도상을 구현하고 있다. 북극성과 남극노인성, 해와 달, 삼태육성, 28수 별자리들이 결집한 동양의 천문세계관이 고스란히 드러난다. 벽화에 코스모스적 우주를 담고 있다. 더욱이 모든 일월성신을 인격화한 까닭에 사람의 무병장수와 복록을 기원하는 갸륵한 마음이 뱄다. 별은 빛이 있어 빛나는 것이 아니라, 사람의 동경과 간절한 마음이 있어 빛난다. 만유에 일심(一心)이 있어 해와 달과 별, 여래, 사람이 천지간에 빛나는 법이다. 마음 밖에 무엇이 빛나는가? 벽화 속 일월성신들에 사람의 마음이 총, 총, 총 빛난다. ✸

18-15 안동 봉정사 지조암 칠성전 벽화 삼태육성

18-16 안동 봉정사 지조암 칠성전 벽화 일궁천자

18-17 안동 봉정사 지조암 칠성전 벽화 월궁천자

19

우주법계에 충만한
화엄의 빛

— 봉화 축서사 보광전 비로자나불

법의 세 가지 용법

일본 불교학자 마즈다니 후미오는 『현대불교 입문』에서 불교 술어로써 '법(法)'은 대략 세 가지 용법을 지닌다고 분석했다.

첫째는 '제법무아(諸法無我)'와 같은 용법에 쓰이는 것으로, 이때 법은 실재하는 만유의 의미다. '제법무아'는 만유는 인연으로 생겨난 것이므로 자아라고 할 실체가 없다는 가르침이다.

둘째는 부처님의 출현 여부에 관계없이 만유에 성립하는 법칙성을 말한다.

셋째는 석가모니 부처님께서 무상정등각을 얻어 중생의 능력에 맞춰 설하신 가르침이다.

물론 이 셋은 따로 떨어져 있는 것이 아니다. 존재에 대한 깊은 사유 과정을 통해 진리법에 도달하는 것이다. 불교 궁극의 법은 서로 관계하며 의지하는 상의성(相依性)의 연기법(緣起法)에 이른다. 부처님께서 말씀하셨다.

"연기를 보는 자는 법을 본다. 법을 보는 자는 연기를 본다."

인과 연에 따라 생겨나고 없어지므로 일체는 공(空)하다. 그런데 『잡아함경』에 의미심장한 대목이 나온다.

> 이때 한 비구가 부처님께 여쭈었다.
> "세존이시여, 연기법은 당신께서 만드신 것입니까? 아니면 다른 분이 만드신 것입니까?"
> 부처님께서 말씀하셨다.
> "연기법은 내가 만든 것이 아니요, 또한 다른 사람이 만든 것도 아니다. 연기법은 여래께서 세상에 출현하거나 출현하지 않거나 항상 우주법계에 존재하는 것이다."

19-1 석조비로자나불좌상(통일신라, 국립중앙박물관 소장)

만유에 작용하는 법은 누가 창조하거나 없앨 수 있는 것이 아니다. 시공을 초월한 근본적인 원리임을 일깨운다. 법은 곧 우주에 가득 찬 진리 자체다. 도는 자연의 원리에 따른다는 노자『도덕경』의 '도법자연(道法自然)' 사상과 일맥상통한다. 법은 진리이며 만유의 생명력이고 자비인 까닭에 광명과 다르지 않다. 법, 진리, 광명을 인격화한 몸이 법신이고, 그분이 비로자나불이다. 비로자나불을 뜻하는 산스크리트어 '바이로차나(Vairocana)'는 한자로 풀면 '광명변조(光明遍照)'다. '변(遍, 편으로 읽기도 함)'은 '두루하다'는 뜻이다. 그러니까 비로자나의 뜻은 '온 우주 두루 비추는 빛'이라는 의미를 가진다.

법신은 중생의 여래장과 일체

법신 비로자나불은 법의 인격화다. 법의 인격화가 가능한 것은 사람의 마음 속에 법의 씨앗이 있기 때문이다. 우주에 충만한 진리는 결국 사람의 마음 능력인 근기(根機)에 따라 무명의 어둠 속에 묻히거나 광명으로 환하게 밝아진다. 마음 밖에서 부처를 구할 수 없다. 모든 부처님께서는 중생이 욕망, 갈애, 집착에서 벗어나 번뇌의 불을 끄면 진리의 길에 이를 수 있다고 누누이 가르친다. 석가모니 부처님과 그 이전에 출현하였다는 여섯 부처님을 일러 '과거 칠불(過去七佛)'이라 부른다. 그분들의 한결같은 가르침이 있다. '칠불통계(七佛通戒)'라 전하는 가르침이다.

제악막작 중선봉행 자정기의 시제불교

諸惡莫作 衆善奉行 自淨其意 是諸佛教

악을 행하지 말고, 선한 일을 행하며, 마음을 청정하게 하라고 한결같이 강

19-2 장흥 보림사 대적광전 비로자나불 부분
비로자나불의 수인은 보통 지권인이다. 왼손 집게손가락을 뻗치어 세우고 오른손으로
그 첫째 마디를 쥔다. 보통 중생과 부처님이 둘이 아니라는 뜻으로 해석한다.

조하셨다. 청정한 마음이 곧 법이고 진리라고 가르친다. 중생은 무명을 밝히는 광명을 마음속에 간직하고 있다. 중생 저마다 여래의 불성을 간직하고 있다. 여래의 씨앗을 가졌으니 중생의 마음이 여래장(如來藏)이다. 원효 스님께서는 『대승기신론소』에서 법신을 여래장으로 정의한 바 있다. 우주에 두루 비추는 광명변조의 빛인 법신은 중생의 여래장과 일체가 된다. 오른손으로 왼손의 검지를 감싼 법신 비로자나불의 독특한 지권인(智拳印)의 수인(手印)도 그 원리에서 나왔다. 비로자나불의 지권인에는 "부처와 중생은 둘이 아니다."라는 위대한 선언이 녹아 있다.

지권인을 한 여래형 비로자나불 불상이 세상에 탄생했다. 때는 바야흐로 8세기경의 통일신라 시대, 곧 남북국 시대다.

독창적인 지권인 여래형 비로자나불

현재 우리나라에 남아 있는 비로자나불상 중에 가장 오래된 것은 산청 석남암사지 석조비로자나불좌상이다. 통일신라 혜공왕 2년(766년)에 제작됐다. 9세기가 되어서야 제작하기 시작한 중국이나 일본의 비로자나불 불상 조성 시기보다 반세기 앞선다. 또한 중국, 일본에서처럼 밀교 양식의 화려한 보관을 쓴 보살형이 아닌 여래형 비로자나불이라는 점에서 한국만의 독창적인 불상이다. 화엄종 주불로서 세계 최초의 지권인형 비로자나불이 한국에서 탄생했다. 9세기에 이르러 신라의 화엄종찰 영주 부석사 권역을 중심으로 경북지방에 석조비로자나불 불상이 집중적으로 제작됐다. 이런 경향은 9세기 화엄학과 선종의 유입과 깊은 관련이 있다. 이 시기에 전국적으로 비로자나불과 철불이 크게 유행하였다. 비로자나불 조성은 화엄종과 선종 사찰의 중심 불상으로 모셔지면서 수도 경주를 벗어나 지방으로 확산했다. 돌과 철, 금동, 나무 등으로 만든 현존하는 통일

19-3 산청 석남암사지 석조비로자나불좌상 (766년) 현재는 산청 덕산사에 모셔져 있다. 대좌 안에서 발견된 사리호에 불상을 조성한 기록이 남아 있다. 현존하는 최고(最古)의 비로자나 불상이다.

19-4 장흥 보림사 대적광전 철조비로자나불좌상

신라 비로자나불은 56점에 이르는 것으로 알려진다. 장흥 보림사 비로자나 불(철조), 대구 동화사 비로암 비로자나불(석조), 철원 도피안사 비로자나불(철조), 괴산 각연사 비로자나불(석조), 합천 해인사 비로자나불(목조), 경주박물관 비로자나불입상(금동) 등이 대표적이다.

특히 의상 스님의 법맥이 흐르는 영주, 봉화 일대의 축서사, 비로사, 성혈사 등에 석조 비로자나불좌상이 집중적으로 조성됐다. 화엄 사상의 뚜렷한 반영을 의미한다. 부석사 자인당에는 세 분의 석조좌상을 모시고 있다. 가운데 분은 항마촉지인을 한 석가모니 부처님이고, 좌우 두 분은 비로자나불이다. 1957년 부석사에서 동쪽으로 1.5km 떨어져 있는 부석면 북지리의 동방사지(東方寺址)에서 옮겨온 불상이다. 두 비로자나불은 불상, 광배, 대좌가

19-5 영주 부석사 자인당 향좌측에 있는 비로자나불
(통일신라)

19-6 영주 부석사 자인당 향우측에 있는 비로자나불
(통일신라)

19-7 봉화 축서사 보광전 비로자나불(867년)

19-8 봉화 축석사 삼층석탑 납석제 사리호(867년, 국립경주박물관 소장)

19-9 봉화 서동리 동탑출토 납석제 사리호와 사리병,
소탑 사리장엄(통일신라, 국립경주박물관 소장)

19-10 포항 법광사 출토 납석제 사리호(846년, 국립경주박물관 소장)

19-11 산청 석남암사지 사리호(766년, 부산시립박물관 소장)

온존한 형태로 남아 있다. 이웃한 축서사 비로자나불상과 대단히 유사하다. 특히 축서사 비로자나불은 제작 연도를 경문왕 7년(867년)으로 추정할 수 있는 기록이 있어 이 일대 비로자나불의 기년작(紀年作)으로 중요한 의의를 가진다.

축서사 비로자나불의 867년 제작 연도 추정은 적묵당 앞에 있는 삼층석탑 탑신에서 명문이 새겨진 납석제 사리호(舍利壺)가 발견됨으로써 가능해졌다. '납석(蠟石)'은 밀랍처럼 연한 재질의 특성을 갖는다. 칼로 쉽게 자를 수 있을 정도로 경도(硬度)가 약하다. '곱돌'로도 부른다. '사리호'는 사리를 담은 항아리다. 사리호의 표면에는 석탑을 세운 발원자와 건립 연대를, 밑면에는 석탑의 돌을 다듬은 장인(匠人)의 이름을 새겼다. 장인 이름은 신노(神努)다. 10cm 높이의 사리호의 표면에는 16행 74자, 바닥 면에는 4자의 석탑 조성기가 새겨져 있다. 승려 언전(彦傳)이 진골 가문인 어머니로부터 시주를 받아 부처님의 사리 10과와 『무구정경』을 봉안하여 함통 8년(867년)에 탑을 세웠다는 명문이다. '무구정경'은 '무구정광대다라니경'의 약칭이다. 『무구정경』은 불국사 석가탑, 황복사지 3층석탑 등 통일신라 석탑에 두루 봉안돼 전해지는 대표적인 법사리다. 같은 봉화 지역 내 춘양면 서동리 동삼층석탑의 사리장엄구에서도 『무구정경』의 발원 양식에 따른 납석제 사리호와 『무구정경』을 봉안한 흙으로 만든 99개의 작은 탑이 나왔다. 축서사 석탑에서도 사리호와 함께 밑면에 구멍 뚫린 흙으로 만든 소탑 4기가 있었다고 1920년 발굴 당시의 일본인은 기록으로 남겼다. 소탑에 구멍을 뚫은 이유는 당시의 사리장엄 작법 정황으로 보아 아주 작은 『무구정경』을 봉안하기 위한 장치임을 알 수 있다. 여러 사례들을 보아 『무구정경』과 소탑 77기, 혹은 99기, 사리호의 갖춤은 『무구정경』 신앙에 따른 통일신라 시대 석탑 사리장엄의 중요한 형식이었음이 분명하다. 이렇게 『무구정경』을 봉안한 탑을 '무구정탑(無垢淨塔)'이라 불렀다. 축서사 석탑도 무구정탑이었음을 짐작할 수 있다.

납석제 사리호는 통일신라 시대 석탑의 탑신석, 혹은 불상대좌에서 종종 발견된다. 비로자나불 불상 조성과 연결되는 까닭에 불상 조성 시기를 간접적으로 확인할 수 있는 귀중한 성보다. 산청 석남암사지 불상대좌 납석제 사리호(766년), 포항 법광사지 삼층석탑 납석제 사리호(846년), 대구 동화사 비로암 삼층석탑 납석제 사리호(863년), 봉화 축서사 삼층석탑 납석제 사리호(867년), 봉화 서동리 동삼층석탑 납석제 사리호(9세기) 등이 그 같은 사례들이다. 이러한 사례들은 납석제 사리호가 통일신라 시대에 경상도 지역을 중심으로 유행한 형식이었음을 시사한다. 동화사, 축서사, 법광사지 출토 사리호는 그 생김마저 서로 닮아 눈길을 끈다. 특히 산청 석남암사지 불상대좌에서 나온 것으로 고증된 납석제 사리호는 중요한 의의를 가진다. 항아리 표면에

'영태 2년명(永泰二年銘)'을 밝히고 있기 때문이다. 영태 2년은 신라 혜공왕 2년으로 766년에 해당한다. 제작 연대가 8세기로 확인되면서 석남암사지 불상은 우리나라 최고의 비로자나 불상이자, 현존하는 세계 최고의 비로자나 불상으로 인정받게 되었다.

고요한 열반적정의 비로자나불

축서사 보광전의 석조비로자나불좌상은 불상 높이는 대좌 높이만 96cm, 불상 높이는 108cm에 이른다. 2019년까지만 해도 봉화 축서사 비로자나불은 흰색 호분을 두텁게 덮어쓰고 있었다. 대구 동화사 비로암 비로자나불, 영주 성혈사 비로자나불, 괴산 각연사 비로자나불에서도 같은 장면을 만날 수 있었다. 대구 동화사 비로자나불의 경우 10여 년 전에 호분을 벗겨 화강암 질감의 원형을 회복했다. 축서사 비로자나불은 1950년대에 하얀 회칠을 하여 최근까지도 흰색 부처님 상호로 계셨다. 그러다 2019년에 문화재청에 요청하여 회칠을 벗겨냈다. 2020년 1월 1일 마침내 통일신라 당시의 원형을 되찾았다.

축서사 비로자나불은 석조 연화대좌, 석조불상, 목조 광배 및 천개(天蓋)로 구성된 모습을 보여 준다. 석조불상과 연화대좌는 화강암으로 제작한 통일신라 시대 조형이지만 목조 광배와 천개는 후대에 보충한 18세기 조선 시대 장엄이다. 원래 광배도 화강암으로 만들어 연화대좌, 불상, 광배까지 온전히 갖춘 불상이었지만 알 수

19-12 괴산 각연사 비로전 비로자나불

19-13 봉화 축서사 보광전 비로자나불 2
2019년까지만 해도 불상에 흰 호분을 입혔다.

19-14 봉화 축서사 보광전 비로자나불 3
2020년 1월 1일 호분을 벗겨낸 후 현재의 모습.

없는 이유로 석조광배는 소실됐다. 소실된 석조광배 파편 일부는 적묵당 앞 삼층석탑 기단에 얹어 두고 있다. 광배 파편의 일부엔 9세기 석조비로자나불 광배에서 보편적으로 보이는 삼존화불을 새겨 뒀다. 9세기 비로나불좌상인 대구 동화사 비로암 불상, 괴산 각연사 비로전 불상, 영주 부석사 자인당 불상의 석조광배 최상단에서도 삼존화불을 표현하고 있다.

비로자나불을 모신 법당은 '보광전(普光殿)' 편액을 달고 있다. 『80권본 화엄경』에서 부처님께서 『화엄경』을 설하신 내력으로 '칠처구회(七處九會)'를 묘사한다. 모두 일곱 곳에서 아홉 차례 설법을 하셨다. 2회, 7회, 8회의 설법을 펴신 곳이 보광명전이다. 그래서 보광전은 화엄의 법당이다. 그런데 법당은 남향인데 비로자나불은 서쪽 편에 안치하여 동쪽을 바라보게 했다. 인근의 부석사 무량수전의 불상 배치와 같은 방식이다. 그러고 보면 두 곳은 가람을 경영한 앉은자리도 유사하다. 축서사 보광전 뜨락에서 보는 조망이 일망무제다. 문수보살을 상징하는 문수산의 해발 800m에 위치한다. 부석사 무량수전의 조망에 버금간다. 두 절 모두 의상 스님의 창건 설화를 간직하고 있다. 의상 스님은 축서사를 먼저 창건하고 그 후에 부석사를 세웠다. 축서사를 부석사 큰집이라 부르는 데는 그 같은 사연에 기인한다.

두터운 호분을 벗겨낸 후 불상 표면에 정으로 쪼은 원형의 질감과 옷주름, 문양이 돋아났다. 호분을 입혔을 때 느낄 수 없었던 화강암 조형에서의 부드러움과 투명함, 우아한 선율이 되살아났다. 특히 상체는 부처님 가사의 실제 천 두께와 부드러움을 그대로 구현이라도 하듯이 대단히 사실적으로 조각했다. 양어깨와 가슴팍, 양 무릎의 가사 자락은 몸의 양감과 일체화됐다. 조각에서 고요한 열반적정의 숭고함이 우러나온다. 바깥에 걸쳐 입는 가사인 대의(大衣)는 두 어깨를 감싸고 흘러내리는 통견(通肩) 양식이다. 옷깃에는 보상화 형상의 꽃문양을 베풀었고, 부드럽게 흘러내리는 옷주름은 평행

19-15 봉화 축서사 보광전 비로자나불 세부
호분을 벗겨낸 후 드러난 우아한 선율.

의 물결을 이룬다. 이러한 평행 물결의 옷 주름 표현은 9세기경에 제작된 통일신라 석조비로자나불상에 보편적으로 나타난다. 배꼽 부분에 저부조로 새긴 곡선의 띠 묶음도 눈에 띤다. 배 부분의 묶음으로 보아 대의 안에 받쳐 입는 치마 형식의 군의(裙衣) 매듭으로 보인다. 비로자나불의 입가에는 옅은 미소가 흐른다. 불상은 전체적으로 삼각형 구도의 안정감을 준다. 어느 석조비로자나불 불상보다도 단정하고 고요한 느낌을 불러일으킨다. 하지만 법신을 직각자처럼 수직으로 세워 힘을 과도하게 넣은 경직된 자세는 못내 아쉬움으로 남는다. 결가부좌한 오른쪽 다리도 마네킹처럼 굴곡 없이 너무 반듯하게 수평으로 깎아 자연스러움을 잃은 점도 아쉽다. 결가부좌한 다리 아래로 흘러내린 옷자락은 다섯 줄의 물결 문양으로 처리해 독특하다.

불상의 대좌는 팔각연화대좌 형식을 갖췄다. 지대석 위에 하대석, 중대

19-16 봉화 축서사 보광전 비로자나불 대좌

석, 상대석의 3단으로 구성했다. 상대석만 원형이고, 나머진 모두 8각형으로 다듬었다. 하대석은 아래로 꽃잎을 드리운 여덟 장의 복련으로 조영했다. 꽃잎을 기와지붕의 추녀선처럼 끝을 살짝 들어올린 곡선미가 매력적이다. 나오고 들어간 볼륨감도 풍만하고 탄력이 있다. 그에 대칭하는 상단은 꽃잎이 층층으로 활짝 핀 연꽃으로 형상화했다. 유심히 보면 꽃잎 위에 또 연꽃이 있다. 『범망경』의 상권에 나오는 노사나불의 설법을 다시 떠올리자.

> "(내가 사는) 연화대 주위에는 천 개의 잎이 있고, 그 한 잎은 한 세계로서 천 개의 세계를 이루고 있으니, 나는 1천의 석가모니 부처님을 화현(化現)하게 하여 1천의 세계에 머물게 하느니라."

19-17 수덕사 대웅전 연화대좌 부분

19-18 개심사 대웅보전 연화대좌 부분

여기서 노사나불은 곧 비로자나불이시다. 이 설법 내용은 석조비로자나불 연화대좌 조형을 이해하는 데 중요한 단서를 제공한다. 연화대좌 조형의 바탕이 되는 교의가 담겨 있기 때문이다. 팔각연화대좌 자체가 『범망경』에서 노사나불(=비로자나불)이 사는 세계로 묘사한 '연화대장(蓮華台藏) 세계'를 상징한다. 팔각연화대의 여덟 장 연잎은 경전에서 설명하는 천 개의 잎을 표현한 것이다. 천 개의 잎에 천 개의 세계가 있어 연잎에 연꽃을 새겨 둔 것이다. 하나의 연잎 위의 연꽃은 1천 석가모니 부처님 한 분 한 분의 연화좌에 해당한다. 수덕사 대웅전, 개심사 대웅보전의 연화좌에 구현한 섬세한 아름다움은 그 같은 경전 내용을 환기시켜 준다. 조형 속에 경전의 교의가 녹아 있다.

19-19 김제 금산사 대장전 석가모니 부처님 광배. 불상에 비해 광배가 유달리 크다.

이 자리는 진리의 설법 자리다. 사자후의 사자좌다. 하대석 받침에 8면마다 소위 '안상(眼象, 코끼리의 눈과 같이 생겼다는 뜻에서 붙여진 이름이다. 불교 경전 곳곳에 코끼리는 부처님을 모시는 상징적인 동물로 나온다. 연꽃 문양이라는 주장도 있다.)'이라고 부르는 성스러운 공간을 마련한 후 사자를 조각해 둔 것도 그러한 뜻을 반영하였기 때문이다. 경전에서 보듯이 진리를 설하는 자리이기에 보살과 천인의 예경과 공양이 뒤따르는 것은 당연하다. 연화대좌의 중대석에 보살상과 공양상을 새긴 것도 교의에 따라 자연스럽다. 여기 법당은 7처9회의 진리 설법이 행하여진 보광전이고, 비로자나불께서 앉아 계신 곳은 연화대장 세계임을 환기해야 한다.

광배는 놀랍게도 비로자나불의 연화장 세계를 구현한다. 연화장 세계는 커다란 대연화 속에 있는 광대무변의 불국 세계다. 광배는 앞서 설명한 대로 목조 광배다. 광배 뒷면에 143자에 이르는 묵서명이 있다. '신두패겸반룡기문(身頭牌兼盤龍記文)'이라는 제호를 달았다. 내용은 불화 화기처럼 연화질(緣化秩)과 시주질(施主秩)을 담고 있다. '신두패(身頭牌)'는 목조 광배를, '반룡(盤龍)'은 머리 위 닫집 천개 속의 용을 지칭하는 말이다. 묵서명에 의하면 목조 광배와 천개의 반룡 조각은 1730년에 조영했다. 제작한 사람은 승장인 세균 스님으로 밝히고 있다. 세균 스님은 17, 18세기에 뛰어난 조각승이었던 금문 스님 계보로 알려진다.

목조 광배는 김제 금산사 대장전 석가모니 부처님 광배처럼 불상에 비해 지나치게 크다. 두광과 신광이 법신의 머리나 몸 위치와 따로 논다. 두광은 원형이고, 신광은 사람 몸통 형상을 따랐다. 광배 전체도 불상을 확대한 형상을 띤다.

원형의 두광은 네 겹의 동심원 구조로 새겼다. 동심원 경계마다 금테를 둘렀다. 중앙의 원에는 범자 '옴(ॐ)'을 양각으로 새긴 후 금박을 입혔다. 두

19-20 봉화 축서사 보광전 비로자나불 광배 부분

번째 원에는 '만(卍)' 자로 채웠다. 卍자는 교묘한 기하학적 원리를 이용해서 卍-卐-卍-卐와 같이 우선(右旋), 좌선(左旋)의 문양이 교대로 연결되게 했다. 소용돌이처럼 생긴 만(卍)은 산스크리트어로 '스바스티카(Svastika)'라 부르는데, 문자가 아니라 상징 문양이었다. 한자 卍 자는 문양 그 자체가 글자가 된 특별한 사례. 당나라 측천무후 집권 시기인 7세기 말에 부처님의 공덕과 길상의 뜻을 담은 글자로 정식 채택했다. 부처님의 32상 80종호에서도 백호상의 흰 털이나 가슴 등의 신체에 난 털이 모두 오른쪽으로 말려 올라간다고 표현하여 부처님의 만행만덕을 상징하는 문양으로 통용했다. 『80권본 화엄경』의 「34 여래십신상해품」에선 보현보살이 여러 보살에게 부처님 몸에 나타나는 97가지 거룩한 구름 형상에 대해 설명한다. 53번째로 설명하는 것이 만(卍)자 형상이다. 보현보살은 만(卍) 자 형상을 '길상해운(吉祥海雲)'이라 설명했다.

"여래의 가슴에 거룩한 모습이 있습니다. 만(卍) 자 형상
입니다. 형상의 이름은 '길상해운(吉祥海雲)'입니다. 마
니보배 꽃으로 장엄하였습니다. 온갖 보배의 빛과 갖가
지 광명이 법계에 충만하게 하여 두루 세계를 청정케
합니다. 또 묘한 음성을 내어 진리의 바다를 선양합니
다. 이것이 쉰세 번째 거룩한 구름 형상입니다."

살펴보면 모든 만(卍) 자는 연결돼 있다. 그리고 연결은 무한하다. 만(卍) 자
하나가 낱낱의 불국토다.

범자 '옴(ॐ)'과 '만(卍)'을 광배에 함께 표현한 의미는 진리의 빛과 음성
이 우주공간에 무한히 확산하고 충만해 있음을 뜻한다. 진리 법이 충만한 우
주, 곧 법계우주다. 이때 범자 '옴(ॐ)'은 법신 비로자나불의 범자 종자자(種子
字)가 된다.

광배의 세 번째 동심원은 활짝 핀 열여덟 송이 꽃으로 장엄했다. 연꽃과
모란 형상의 두 꽃을 아홉 차례 반복했다. 네 번째 맨 바깥 원은 한 송이 커다
란 대연화다. 결국 광배는 대연화 속의 법계우주가 된다. 법신 비로자나불이
주재하는 연꽃 속에 함장된 불국토, 바로 연화장 세계다. 아, 비로자나불의
목조광배가 연화장 세계라니! 예술적 미의 차원을 넘어 『화엄경』의 교의를
구현하고 있는 놀라운 장면이다.

광배 아랫부분의 신광(身光)은 물의 기운과 생명력으로 가득하다. 신광
은 원래 32상 80종호의 하나로 부처님 몸에서 발광하는 빛을 표현한 것이다.
신광은 각을 둥글게 처리한 오각형 모양이다. 밑면을 제외한 오각형 테두리
엔 연속하는 넝쿨모란문의 띠로 새기고 내부는 상하 두 단으로 나눴다. 하단
의 아랫부분 중앙엔 커다란 연꽃을 조각했다. 연지의 세계임을 강하게 암시

19-21 봉화 축서사 보광전 비로자나불 광배 부분 연지

19-22 봉화 축서사 보광전 비로자나불 광배 부분 용

19-23 봉화 축서사 보광전 비로자나불 천개 부분 용

한다. 근 300년 세월에 검게 변해 버린 초록 연잎 사이로 물고기 일곱 마리
가 유영하고 있다. 그 위에는 붉은 서기를 몸통에 감은 황룡이 구름을 박차고
나오는 장면을 새겼다. 상단 화면 전체를 치밀하게 활용해서 표현한 용의 기
세가 대단히 역동적이다. 용은 네 개의 발가락을 가진 사조룡(四爪龍)이다. 입
엔 붉은 여의보주를 물었다. 발가락에 움켜쥔 것은 무엇일까? 구름 형상이
다. 왜 용이 움켜쥔 것이 구름일까? 용은 물 에너지의 상징이다. 비나 물의 기
운을 자유자재로 관장하는 수신(水神)이다. 그런 물 에너지 속성으로 용은 태
양, 구름, 비와 긴밀히 연결될 수밖에 없다. 사찰 장엄, 혹은 궁궐 장엄에서 용
이 구름 속에서 박차고 나오거나 붉은 여의보주, 혹은 구름을 움켜쥐려는 것
은 실체에 그림자가 따르는 것만큼이나 자연스럽다. 관중의 사상을 담은 『관

자』의 「수지」 편에는 "작아지고 싶으면 애벌레 크기로 변하고, 커지고 싶으면 천하를 감춘다. 올라가고 싶으면 구름의 기운을 빌리고, 내려가고 싶으면 깊은 못에 들어간다."고 용의 자유자재의 변신 능력을 언급한다. 그러면서 용, 곧 물을 만물의 생명 근원이라 주장했다. 이러한 모든 생명의 근원으로서의 용의 속성은 정치와 종교로 연결되어 왕의 상징, 혹은 부처님의 상징으로 적극 활용됐다. 광배에 새긴 용은 등정각(等正覺)의 깨달음을 구족한 부처님의 상징이다. 더욱이 광배에 새긴 용이 황룡이니 두말할 여지가 없다. 천개에 시설한 반룡도 같은 의미다. 광배 자체가 빛으로 충만한 자비의 세계이고, 생명의 세계이며, 화엄 세계다. 비로자나 불상과 연화좌대, 광배가 긴밀한 일체를 이루고 있다. 조각으로 구현한 거룩한 비로자나불의 연화장 세계가 그 절집에 있다. ❀

V

뜰 앞의 잣나무

20
봄의 직지,
그 절집의 고매(古梅)

—선암사·통도사·화엄사·백양사의 고매

20-1 양산 통도사 설중매

빙자옥질(氷姿玉質), 아치고절(雅致高節)의 고매

메마른 나뭇가지에 꽃이 핀다는 것은 실로 경이로운 사태다. 마음속 한 물건이 청정해지면 우주법계가 청정해지는 법이다. 한 꽃이 피니 수백수천의 꽃이 핀다. 매화는 그 봄의 경이로운 사태를 기별한다. 일지매(一枝梅)의 가지, 봄의 마중물이고, 봄의 직지(直指)다.

매화향을 일러 암향(暗香)이라 한다. 달무리의 교교한 기운이 흐르고 사위가 적막할 때 비로소 스며드는 은은한 향기인 까닭이다. 문인 묵객들이 고매(古梅)를 찾아 잔설이 남은 산야를 소요하는 것을 두고 탐매(探梅), 또는 심매(尋梅)라 한다. 꽃과 향을 찾아가는 탐미적 추구가 아니라 청빈하고 고아한 마음을 찾아가는 일종의 구도행으로 여긴 것이다. 깊은 산속에 깃든 고매 한 그루를 고결함과 지조, 고매한 덕망을 갖춘 성리학적 군자(君子)로 인격화하

20-2 구례 화엄사 흑매

였기 때문에 가능하다. 심사정(沈師正, 1707~1769)의 〈파교심매도〉, 전기(田琦, 1825~1854)의 〈매화서옥도〉 등에서 탐매와 심매에 나선 선비의 이상향을 향한 구도행을 접할 수 있다. 추위에 살아도 향기를 팔지 않는 군자를 찾아가는 길인 까닭에 불교의 수행 과정을 그린 심우(尋牛)의 운수행각에 견줬던 것이다. 그때 갖춘 매화의 덕성이 빙자옥질(氷姿玉質, 얼음같이 맑고 깨끗한 살결과 구슬같이 아름다운 자질)이요, 아치고절(雅致高節, 고상하게 운치가 있는 높은 절조)이다. 세한의 시간에 피는 매화에 차고 드높은 고고한 아름다움이 뱄다.

오래된 몇몇 절집에 아치고절의 품격을 갖춘 고매가 있다. 이른 봄 탐매가들의 숱한 발길을 불러모은다. 벌이나 나비보다도 사람들의 발길이 더 분주하다. 수령이 150년 이상 된 매화를 흔히 고매(古梅)라 부른다. 순천 선암사, 양산 통도사, 구례 화엄사, 장성 백양사, 순천 송광사, 부안 개암사, 산청 대원사, 울진 불영사, 밀양 표충사, 고창 문수사, 산청 단속사지 등에서 드물게 야매와 고매를 만날 수 있다. 그중에서도 선암사 백매와 홍매, 통도사 자장매, 화엄사 흑매와 야매, 백양사 고불매 등은 한국 고매의 아치고절을 대표한다고 해도 지나침이 없다. 매화를 관상할 때 세 가지 요소에 심미안의 초점을 둔다. 수형과 꽃잎 색, 꽃향기가 그 셋이다. 즉 형태와 색과 향을 관상하는 것이다.

탐매 기행 일번지, 선암사 고매

순천 선암사는 우리나라에서 유일하게 고매 군락의 집단성을 갖춘 탐매 기행 일번지다. 선암사 자체가 불국으로 경영한 전통 원림이자 자연생태 수목원이다. 전통 고매의 유전자와 원형질이 실존하고 있는 매화의 성지다. 수령 150년이 넘는 고매가 선암사에 스물두 그루나 있다. 무우전 돌담길과 대웅전, 원통전, 장경각, 해우소 부근 등 경내 곳곳에서 암향을 퍼트린다. 우리

20-3 순천 선암사 무우전 돌담길의 홍매와 백매 군락

20-4 순천 선암사 원통전 뒤 백매
수령 650년 정도로 추정되며 천연기념물로 지정되어 있다.

20-5 순천 선암사 고매 1

20-6 순천 선암사 고매 2

나라에서 가장 오래된 백매와 홍매도 그곳에 있다. 원통전 뒤 백매는 수령을 650여 년으로 추정하고, 무우전 돌담의 홍매는 수령을 550여 년으로 추정한다. 매화 수형과 꽃잎 색, 암향 등의 세 덕목을 두루 갖춰 고매의 전형을 보여 준다. 매화는 네 가지를 오히려 귀하게 여긴다. 늙은 나무를 귀하게 여기고, 마른 것을 귀하게 여기며, 성글게 핀 것을 귀히 여기며, 오므린 꽃봉오리를 귀히 여긴다. 통속적인 미학 관점과 반대다.

선암사 고매 등걸은 마른 명태처럼 여윈데 기운생동의 힘과 매혼이 흐른다. 먹빛 몸통과 가지마다 파란 녹의 이끼와 일엽초, 철편 같은 비늘을 뒤덮고 있어 쇠처럼 단단해 보인다. 쭈뼛쭈뼛 엉켜 붙은 비늘의 가지에서 숱한 풍상과 인고의 세월이 고스란히 묻어난다. 쇠처럼 단단해 보이는 몸에 봄의 꽃이 피니 그야말로 '철골생춘(鐵骨生春.)'이다. 무우전의 나무이니 무우수(無憂樹)의 인연에 닿는다. 무우수는 석가모니 부처님께서 룸비니 동산에서 탄생하실 때 마야부인께서 한 손에 잡고 계셨다는 나무다.

3월 말 선암사 무우전 돌담길은 철골생춘의 길이다. 백매, 홍매가 뒤섞여 핀다. 2015년경까지만 해도 장경각으로 가는 돌담길에 희귀한 수양 녹악매도 있었다. 백매, 홍매의 꽃잎들은 다섯 장 꽃잎을 가진 홑꽃인데 앙증맞도록 작다. 꽃잎의 색상도 차분하고 침착하다. 향은 맑고도 차가우며 깊다. 깊고도 오래된 색과 향을 지녔다. 고매들이 절집의 오래된 돌담길에 늘어서 있거나, 검은 먹빛의 기왓골에 무심히 가지를 드리운다. 무위의 경지다. 그때 '지금 여기'는 우리 안의 극락정토다. 고매와 어우러진 선암사의 봄 풍경은 전통의 고유성이 간직해 온 자연주의 미학의 융숭한 아름다움을 보여 준다.

봄의 기별, 통도사 자장매

한국의 고매 중에서 가장 이른 시기에 피는 매화는 통도사 자장매다. 자장매
는 영산전 뒤편 영각의 처마 밑에 뿌리를 내리고 있다. 이어령 선생이 책임
편집하여 2003년 발행한 『매화』라는 책에서는 이 자장매의 수령을 350년으
로 보고 있다. 얼음이 채 풀리지 않은 2월 중순에 연분홍의 꽃이 핀다. 그 무
렵이면 탐매객들의 발길로 자장매 아래로 반질반질한 길 위의 길이 생기고,
문 없는 문이 열린다. 무채색의 대지에 홀연히 피워 올린 연분홍의 꽃 사태로
사람의 마음에 던지는 파문은 크다. 오래된 색과 침향이 던지는 수직의 파문
이다. 어깨를 움츠린 사람의 마음에 생기를 불어넣으며 봄을 기별한다. 그때
자장매의 가지는 단순한 나무줄기가 아니라 관세음보살께서 손에 쥐고 계시

20-7 양산 통도사 매화. 1월~2월 중순쯤 연분홍의 꽃을 피운다.

20-8 양산 통도사 극락보전 옆 통도매

는 버드나무 가지와 같은 생명과 자비의 메타포로 사람들의 마음에 울림을 준다.

    매화의 이름은 통도사 창건주이신 자장 율사의 법명에서 차용했다. 『삼국유사』 '자장정률(자장이 계율을 정하다)' 편에 52 지식수(知識樹) 설화가 전해진다. 자장 율사께서 당신이 태어난 집을 허물고 원영사(元寧寺)라는 절을 지었다. 낙성회를 열어 강론할 때 하늘 사람 52분이 현신하여 강론을 들었다. 그때의 기이한 행적을 기념하여 제자들을 시켜 52그루의 나무를 심게 했으니, 그 나무들을 '52 지식수'라 부른다. 자장매의 이름은 52 지식수의 설화를 계승하려는 의지의 천명이다. 한 그루의 나무에 사람의 행적과 역사가 뱄다. 이미 식물학적 나무의 차원을 넘어선 인문의 나무가 되었다.

자장매가 필 때 매화나무 아래 영산회가 열린다. 석가모니 부처님께서 꽃 한 송이를 들어 보이시는지 나무 아래서 사람들이 미소 짓는다.

'염화미소'

뜰 앞의 잣나무, 화엄사 흑매

화엄사 각황전 추녀 밑의 각황매(장육매)는 색채에서 가장 인상적인 매화로 손꼽힌다. 각황매는 붉다 못해 검붉어서 '화엄사 흑매'로 부른다. 조선 숙종 때 계파 선사가 각황전을 중건하면서 기념으로 심었다고 하니 수령이 300여 년에 이르는 홍매다. 화엄사엔 천연기념물로 지정한 희귀한 470년 수령의 야생 백매가 길상암 가는 길에 있지만, 백매는 아예 뒷전이고 지정문화재도 아닌 이 홍매에 뭇시선이 쏠린다. 그만큼 매화의 수형과 색채가 독보적이다. 주간은 용틀임하듯 힘차게 솟구쳐서 양산처럼 살을 펼친다. 붉은 꽃을 달고 있는 가지들은 수양버들 가지만큼 가늘고 낭창하다. 가지들이 수양매처럼 아래로 처져 바람을 타곤 한다. 선홍의 나뭇가지들이 바람 타는 장면이 가관이다. 3월 말 각황전 추녀 밑을 장엄할 무렵이면 강렬한 선홍빛으로 사람의 시선을 단박에 사로잡는다. 한번 보고 나면 그 색채의 느낌이 쉽게 잊히지 않는다. 꽃잎은 홑겹 다섯 장인데 애틋하도록 자그맣다. 작은 크기의 꽃이지만 적색왜성처럼 찬란히 빛난다.

불가에 전하는 화두 중에서 48칙을 모아 해설한 책이 『무문관』이다. 그 중에 37칙이 '정전백수(庭前柏樹)', 곧 '뜰 앞의 잣나무'다. 화엄사 각황매는 선가의 화두인 뜰 앞의 나무로 다가온다. 교외별전(敎外別傳)으로 전하는 불립문자(不立文字)의 나무 같다. 고려불화 〈관경16관변상도〉는 극락정토의 열여

20-9 구례 화엄사 각황전 추녀 밑 각황매 1
붉다 못해 검붉어서 '화엄사 흑매'라 부르기도 한다.

20-10 구례 화엄사 나한전과 각황매

20-11 구례 화엄사 각황매

20-12 장성 백양사 고불매 1

20-13 장성 백양사 고불매 2

20-14 구례 화엄사 보제루 편액

섯 장면을 관상하는 16관을 일념으로 행하면 극락정토에 태어날 수 있음을 가르치는 불화다. 16관중 제4관이 수상관(樹想觀)으로 보배나무를 상념하는 관이다. 한 그루 매화나무를 관하고, 청정불국토의 상념에 젖는다.

　　보제루에 달린 편액은 '화장(華藏)'이다. 꽃 속에 간직한 세계가 화장세계이고, 화엄이다. 화엄사에 화엄의 꽃이 있다.

침향의 육법공양, 백양사 고불매

전통 사찰의 고매 중에서 암향의 깊이가 으뜸인 매화는 장성 백양사 고불매(古佛梅)다. '고불'은 '본연의 부처님'을 말한다. 고불매는 대웅전 뜨락의 우화루(雨花樓) 옆에 뿌리를 내리고 있다. 3월 말이면 연분홍 우화의 꽃 사태가 장관을 연출한다. 우화루 공간을 우화의 꽃비로 잡화엄식하니 기막힌 인연이다. 우정사업본부는 2010년 식목일 기념으로 발행한 '한국의 명목' 시리즈 두 번째 묶음에서 이 고불매를 소개했다. 우표 도안 설명문에는 1700년경에 심어진 후, 1863년에 지금의 자리로 옮겨 심었다고 소개한다. 1863년 큰 홍수로 대웅전 건물 등이 피해를 입은 것이 이전 불사를 하게 된 결정적 요인으로 전해진다. 불전 건물터를 새로 닦으면서 그곳에 있던 홍매와 백매 한 그루씩을 현재의 자리에 옮겼다는데 현대 들어 불사 과정에서 백매는 베어진 것으로 알려져 애석함을 남긴다. 수령 300여 년의 우여곡절이 기구하고 파란만장하다.

고불매가 피기 시작하면 절집 뜨락은 그윽한 침향의 향연에 잠긴다. 향공양은 부처님께 올리는 육법공양(六法供養) 중의 하나다. 절집 고매의 매향은 수백 년 묵은 침향의 공양이자, 헌화의 공양 예경이다. 지상의 노거수를 통한 향과 꽃의 공양은 용화삼회(龍華三會, 미륵보살이 성불하고 용화수 밑에서 세 차례 설법을 행하는 것)를 발원하며 펄에 묻어 침향을 길어 올리는 매향(埋香) 의식과 다르지 않다.

오래된 고매 한 그루, 세세생생 향을 길어 올리고 헌화의 예경을 올린다. 절집 고매의 빛 속에 결코 마르지 않는 화수분의 암향이 깃들었다.

모든 이론은 회색이로되 오직 영원한 것은 저 푸르른 생명의 나무다. ✾

21

나무 그대로 처마 기둥으로 옮겨 심다

— 구례 화엄사 구층암 모과나무 기둥

백련결사, 수행선원의 청정도량

나무에 피는 연꽃이 목련(木蓮)이고, 나무에 열린 참외가 목과(木瓜)다. 그 목과가 모과다. 노랗게 익은 모과는 영락없이 참외를 닮았다. 그런데 울퉁불퉁한 것이 못났다. 못나서 모개라 부르기도 한다. 어물전 망신은 꼴뚜기가 시키고 과일 망신은 모과가 시킨다고 한다. 맛은 오만 인상을 찌푸릴 정도로 시큼하고 떫다. 하지만 못난 모양과 맛에 비해 모과 향은 대단히 향기롭다. 여하튼 모양과 색, 향, 맛, 효능에 두루 놀라는 열매가 모과다.

　모과나무는 중국 원산이다. 학명은 카이노멜레스 시넨시스(Chaenomeles sinensis)이다. 카이노멜레스(Chaenomeles)는 명자나무속의 속명이다. 속명 카이노멜레스(Chaenomeles)는 라틴어로 '갈라지다'는 뜻의 카이노(chaino)와 '사과'라는 뜻의 멜론(melon)의 합성어다. 열매가 사과 같고 가지가 잘 갈라진다는 뜻이다. 시넨시스(sinensis)는 '중국의' 뜻을 지닌 라틴어로 원산지를 밝힌 종명이다. 학명을 쓸 때 속명을 앞에 쓰고 종명을 뒤에 쓴다. 나무의 학명은 라틴어로 통용한다. 라틴어는 생활언어로 사용하지 않으므로 시대에 변함없이 항구적으로 명명할 수 있기 때문이다. 대개 속명은 대문자로 시작하고, 종명은 소문자로 시작한다. 모과나무는 생물분류학적으로 분류하면 식물계-속씨식물문-쌍떡잎식물강-장미목-장미과-명자나무속-모과나무종의 계통에 따른다. 『흥부전』에 나오는 '화초장(花草欌)'도 바로 이 모과나무로 만든 장롱이다. 그런데 모과나무는 중심 줄기가 외길로 높이 자라지 않는 경향이 뚜렷하다. 속명에서 그 특성이 보이듯이 가지가 잘 갈라져 자라기 때문이다. 모과나무에서 하나의 사각형 판재를 얻기란 쉬운 일이 아니다. 모과나무로 화초장 장롱을 만들었다면 필시 귀한 물건임에 분명하다. 모과나무를 건축 목재로 사용하였다면 더구나 희한한 사례가 아닐 수 없다. 구례 화엄사 구층암에 그 진귀한 장면이 실재한다.

21-1 구례 화엄사 구층암 천불보전 앞 모과나무

지리산 화엄사 대웅전 뒤로 난 조릿대 터널 오솔길을 지나면 구층암(九層庵)에 닿는다. 『화엄사 사적』(1924) 등의 기록에 화엄사는 큰 절 여덟에 암자 여든하나, '8원 81암'이 있었다고 전한다. 구층암은 81개소 산중암자 중의 하나로 이어져 왔다. 요사채에 걸린 현판(光武元年, 1897년)에는 '구층연사(九層蓮社)'라고 기록하고, 『중수구층암기』(1899년) 현판에는 '구층난야(九層蘭若)'라고도 기록하고 있다. 또 1901년에 승려 등 60인이 구층암에서 염불 수행의 백련사결사(白蓮社結社)를 가졌다고 하는바, '구층연사'는 구층암의 백련사 성격을 환기시킨다. '절 사(寺)' 자가 아닌 '모일 사(社)' 자는 결사의 의미로서 용맹정진의 선원 성격을 강하게 드러낸다. '구층난야'의 기록은 구층암이 수행자들의 청정 선원이었음을 조명해 준다. 1937년 상량문에서는 '구층대'로 기록하고 있어 그 다양한 위상을 가늠하게 한다. 즉 구층암은 시대에 따라 구

21-2 창원 의림사 삼성각 앞 모과나무

21-3 구례 화엄사 구층암 천불보전

층연사, 구층난야, 구층대(九層臺) 등으로 불리며 백련결사, 선원, 강원 등의 도량으로 수행을 이어왔음을 파악할 수 있다. 결사 도량, 수행 선원이었던 만큼 도량의 청정한 기풍과 담백한 분위기는 어쩌면 당연한 유전적 생태환경이 아닐 수 없다. 구층암에서 받는 첫인상은 그에 조금도 어긋나지 않는 소박함, 고요함, 청정함 그대로다.

나무 그대로 처마 밑에 옮겨 심은 듯

10여 년 동안 구층암을 지키고 계신 덕제 스님은 구층암이 지닌 특성으로 자연스러움을 첫손에 꼽는다. 구층암 가람이 주변의 지리산 자연환경과 얼마나 천연성과 조화로움으로 경영하였는지를 보려면 천불보전 뒤 언덕에 올

21-4 구례 화엄사 구층암 천불보전 뒤에서 바라본 풍경

라가 보면 된다. 구층암을 구품연화대의
정토로 능히 해석할 수 있는 탁월한 가
람 배치여서 놀랍다. 청정한 숲속에 가
부좌를 틀고 앉은 형국이다. 마치 그 공간
을 구성하는 하나의 풍경처럼 자연과 건축이
유기적으로 일체화한 것이 깊은 인상을 남긴다.
구층암 건축에서 자연스러움의 요소를 발견한다는 것은 그리 어려운 일이 아
니다. 선원의 요사에서 기름기와 습기를 제거한 자연 그대로의 분위기를 구
현하는 것은 형상을 따르는 그림자만큼이나 당연해 보인다.

구층암은 천불보전에서 모신 흙으로 만든 천불불상과 공포 목조조각,
야생차 등으로도 유명하다. 하지만 아무래도 구층암의 상징으론 오래된 모
과나무 기둥을 꼽는다. 나무의 생김 그대로 기둥으로 쓰거나 들보, 창방으로
쓰는 경우는 왕왕 있다. 서산 개심사 심검당, 범종각 건물이나 안성 청룡사
대웅전, 아산 봉곡사 요사, 합천 호연정, 고창 용오정사 건물 등에서 무위(無
爲)의 소박한 심성들을 만나곤 한다. 그리스 건축에서는 사람의 인체 형상을
건축 기둥으로 사용하기도 했다. 그런데 모과나무 기둥은 의외다. 모과나무
는 소나무, 전나무처럼 외줄기로 자라서 통나무 목재로 쓰일 수 있는 재목이
아니다. 중간 키의 관목에다 가지 분화가 활발해서 통나무를 얻기 어렵고 등
걸 표면이 혹처럼 울퉁불퉁하고 옹이가 많아 목재로서의 기본 자질과는 거
리가 멀다. 그런데 구층암 좌우 요사 두 채에는 모과나무를 통째로 기둥 삼
아서 일찍이 사람들의 눈길을 사로잡고 있다.

천불보전 뜨락엔 다섯 그루의 모과나무가 있다. 천불보전 계단 양옆으

로 살아 있는 두 그루가 있고, 좌우 요사채에 기둥으로 쓰이고 있는 것이 세 그루다. 모과나무 기둥은 생김 그대로다. 모과나무 원형을 그대로 살려 야성적인 힘을 보존하고 있어 경이롭다. 잔가지만 툭툭 쳐내고 골격 그대로 기둥으로 활용했다. 툇마루와 창방의 기능적 결구를 위해 최소한의 홈을 파냈을 뿐이다. 그냥 서 있는 나무 그대로를 처마 밑에 옮겨 심어 둔 형국이다. 건축이 숲의 정서를 담고 있다. 건축과 자연의 경계가 모호해졌다. 서양의 고딕건축은 유럽의 떡갈나무숲의 재현이다. 활엽수의 숲과 나무들의 왕성한 생명력을 건축적으로 구현한 것이 고딕양식이다. 기둥은 나무이고, 아칸서스 잎은 활엽수의 풍성한 잎으로 재현했다. 자연은 끊임없이 부활하고 생산하며 재탄생한다. 숲과 나무로 해석한 건축적 형상을 통해 근원적인 분위기와 무한한 생명력을 담아냈던 것이다. 구층암 모과나무 기둥은 고딕건축이 담고 있는 정신의 전위에 가깝다. 보다 직접적이며 대범하다. 그리고 자연의 상징으로 재현한 것이 아니라, 자연 그 자체로 구현하고, 역사의 층위를 갖는 인문적 자연으로 재탄생시켰다. 모과나무 삶의 드라마틱한 반전이고 성스러운 회향(回向)이다.

존재에 대한 깊은 존엄성의 통찰

평범한 요사채 건물에 살아 있는 모과나무 기둥이 들어서자 건축 공간이 엮어내는 정신적인 장(場)은 아라한과를 얻은 듯하다. 중력으로 시공간이 휘는 것과 같은 놀라운 변화다. 어디에도 걸림이 없는 자유로움의 경지를 고양하고 있다. 고승대덕들이 남기고 간 지팡이처럼 삼엄하기도 하다. 관대함, 무소유, 무애자재, 용맹정진, 해탈 등 깊은 수행력의 정서가 공간에 흐르고 청정 도량의 결계(結界)로서도 보이지 않는 힘으로 작용한다. 나무가 아니라 나무 형태를

21-6 서산 개심사 심검당

21-7 합천 호연정 천장

21-8 고창 용오정사 홍의재 기둥

21-9 구례 화엄사 구층암 요사채 모과나무 기둥 1

21-10 구례 화엄사 구층암 요사채 모과나무 기둥 2
다실에서 내다본 풍경이다.

빌린 일깨움의 선지식 같다. 모과나무 기둥, 지리산 구층암의 방장 스님 같다.

　　아무도 눈여겨보지 않을 건축을 누구나 돌아보는 건축으로 전환시킨 경이로운 안목이다. 존재에 대한 존엄성의 통찰이 깊고도 숭고하다. 특히 비정규직 일회성 소모품으로 사회구조를 조정하는 시대에 존재의 존엄성을 이보다 더 깊이 일깨울 수 있을까?

　　하나의 건축에 구조적 안정성과 경제성, 심미적 아름다움의 요소는 언제나 숙고 대상이 될 수밖에 없다. 그 셋을 동시에 충족시키는 일은 전문 건축가에게도 쉬운 일이 아니다. 서로는 서로의 효과를 상쇄시키는 까닭이다. 구층암 모과나무 기둥은 그 셋을 동시에 구현하고 있어 깊은 인상을 남긴다. 모과나무 기둥은 수피가 벗겨진 뼈대의 구조다. 그런데 줄기는 인위로 다듬지 않은 원형 그대로다. 나무의 원형은 수백 년간 외부환경과의 투쟁 속에

22-11 구례 화엄사 구층암 모과나무 기둥 3
나무가 커다란 돌덩어리를 제 몸처럼 품고 있다.

서 역학적으로 가장 안정되고 최적화된 물리 구조다. 다듬지 않고 단청을 입히지 않았으니 경제성은 논하고 따질 필요가 없다. 심미적이며 독창적인 아름다움은 어떠한가? "우리가 독창적이라고 표현하는 것은 자연의 근원으로 돌아가는 것"이라고 한 건축가 가우디의 말을 상기할 필요가 있다. 힘줄 같은 나무 골과 옹이까지 자연주의로 수용했다. 심지어는 나무와 일체가 된 돌덩어리도 그대로 내버려뒀다. 자연 스스로가 형성하고 완성한 구조 그대로를 건축 체계로 포용했다. 나무 형태나 굴곡에 대한 차별적 분별을 여읜 차원이다. 건축에 표현된 비유클리드적이며 비선형적 구조역학의 경이로운 형태다. 자연에 대한 강력한 믿음이 그 바탕임에 분명하다. 군더더기 없는 뼈대가 가지는 구조미학과 윤리적 아름다움이 빛난다.

모과나무 세 그루 구층암 처마 밑에 기둥으로 심어져 있다. 휜 것은 휜 그대로, 파인 골은 파인대로, 옹이는 옹이대로 나무 스스로가 형성해 온 모양 그대로 집을 지었다.

건축이 살아 있다. ❀

22

가을의 전설,
은행나무 천왕목

— 영국사 · 용문사 · 보석사 · 적천사 은행나무

22-1 청도 적천사 은행나무
수령은 800년 정도이며 천연기념물로 지정되어 있다.

사찰이 숲이고, 숲이 청정도량

석가모니 부처님께선 룸비니 동산의 무우수 아래에서 태어나, 보리수 아래에서 무상정등각을 얻었고, 녹야원에서 최초의 설법을 폈으며, 쿠시나가라의 사라쌍수 아래에서 열반에 드셨다. 부처님의 탄생, 성도, 전법, 열반의 과정에 모두 나무가 함께한다. 부처님 입멸 후 무불상 시대 오백 년 동안에 부처님의 빈자리에는 보리수가 있었다. 한 그루 나무가 부처님의 상징이었다. 지금도 선원, 율원, 강원을 모두 갖춘 사찰을 '수풀로 우거진 숲', 곧 총림(叢林)이라 부른다. 경전 곳곳에서 전단향나무와 보배나무가 등장한다. 그 나무들은 부처님의 공덕과 위신력에 의한 현현(顯現)이다.

사찰 건축과 장엄에서 나무와 숲은 핵심적인 소재다. 불전 건물 자체가 나무들로 경영한 숲의 재현에 가깝다. 붉고 푸른빛의 '단청(丹靑)'은 한 그루 나무의 줄기와 잎의 차용으로 알려진다. 불교는 정성국토 숲의 종교다. 사찰

22-3 부안 내소사 느티나무

22-4 원주 반계리 은행나무

이 곧 숲이고, 숲이 곧 도량이다.

　　때때로 한 그루 나무가 그 절집을 상징하곤 한다. 운문사의 처진 소나무, 진안 천황사의 전나무, 부안 내소사의 전나무 숲길과 천년의 느티나무, 순천 송광사 천자암의 곱향나무, 양산 통도사의 자장매, 선암사의 백매 홍매, 천안 광덕사 호두나무, 고창 선운사 동백나무 등이 대표적인 사례일 것이다. 절집 초입, 혹은 불전 앞의 노거수들은 대단히 깊고도 강렬한 인상을 남긴다. 나무 한 그루가 절집의 얼굴이 되고, 청정도량의 상징이 되곤 한다. 그런데 하나의 사찰을 대표하는 데 가장 보편적으로 등장하는 나무 수종은 은행나무다. 은행나무로 유명한 사찰은 전국 곳곳에 분포한다. 태안 홍주사, 청도 운문사, 부산 범어사, 남양주 수종사, 창원 우곡사, 강화도 전등사, 거창 고견사와 연수사 등에 수령 500년이 훌쩍 넘는 은행나무들이 저마다 신화와 역사의 향기를 간직한 채 사람들의 이목과 발길을 끌어모은다.

천연기념물 절집 은행나무는 네 그루

　천연기념물로 지정된 은행나무는 2022년 6월 현재 원주 반계리 은행나무 등 모두 스물다섯 그루다. 2022년 5월에 새로 지정한 세종 임난수 은행나무를 포함해서다. 25그루 중 사찰에 있는 천연기념물 은행나무는 네 그루다. 양평 용문사 은행나무, 영동 영국사 은행나무, 금산 보석사 은행나무, 그리고 청도 적천사 은행나무가 그것이다. 네 그루 모두 절집의 초입에 있는 천년의 노거수들이다. 하나의 공간을 압도적으로 주도하는 수처작주(隨處作主)의 목신들이다. 그 은행나무 앞에 서면 내면 깊은 곳에서 우러나오는 경이로움과 거룩함을 감출 수 없다. 땅에서 솟아난 거대한 육신이 나무의 물리적 차원을 넘어서 신령한 기운을 내뿜는다.

1문 1강 1목 1과 1속 1종의 은행나무

가을이면 저 나무가 있어 지구의 모퉁이는 노랗게 물든다. 은행나무는 가을의 전설이다. 우주의 전설이, 우주의 순환이 저 나무에 기록되어 있다. 은행나무 유전자에 깃든 시공은 몇억 년을 거슬러 오른다. 3억 5천만 년 전쯤의 고생대에 출현한 것으로 추정한다. 빙하기가 닥치면 생명체들은 멸종하거나 환경에 맞게 진화를 거듭하기 마련이다. 그런데 반복되는 빙하기에도 은행나무는 멸종하지 않았고, 현재도 엄연히 존재하고 있다. 현재의 은행나무 잎은 고대 화석에서 발견되는 잎의 형태와도 거의 차이가 없다. 진화하지 않고 살아남은 까닭에 1문 1강 1목 1과 1속 1종의 식물분류 계통을 유지하고 있다. 천상천하 유아독존 격이다. 식물계-은행나무문-은행나무강-은행나무목-은행나무과-은행나무속-은행나무종의 독보적 체계를 가진다. 진화론의 찰스 다윈은 은행나무에게 '리빙 포실(living fossil)', 곧 '살아 있는 화석'이라는 별명을 붙여 주었다.

은행나무는 부채꼴 형상의 독특한 잎을 가졌다. 활짝 펼친 잎 모양이라 활엽수로 착각하기 쉽다. 하지만 은행나무는 침엽수에 속한다. 은행나무 잎을 자세히 보면 솔잎처럼 나란히맥을 갖추고 있다. 게다가 암수딴그루다. 더 놀라운 사실은 동물처럼 정충(精蟲, 수컷의 생식 세포)의 움직임으로 수정한다.

은행나무의 강인한 생명력은 익히 알려져 있다. 원자폭탄이 떨어진 히로시마 폭심에서도 은행나무는 살아남아 현재도 자라고 있다. 은행나무가 지닌 강력한 생존력과 내성에 놀라지 않을 수 없다. 이런 놀라운 생명력을 헤아려 보면 몇몇 은행나무 노거수에 전해지는 '삽목 설화'를 일정 정도 수긍할 수 있다. 영국사와 적천사 은행나무에 땅에 꽂은 지팡이가 노거수가 된 삽목 설화가 전해진다. 한 그루 나무에 자연과학과 역사, 종교, 민속의 인문이 밴 까닭에 노거수는 살아 있는 생명 문화재이다.

22-5 은행나무 숫꽃

22-6 은행나무 암꽃

22-7 은행나무 열매

스스로 하나의 후계목을 식목한 영국사 은행나무

영동 영국사 은행나무는 수령 1,000년으로 추정하는 31m 높이의 암나무다. 왕성한 생명력으로 지금도 매년 세 가마니씩 은행을 수확한다고 전한다. 그러고 보면 절집에 있는 네 그루 천연기념물 은행나무 모두 암나무라는 공통점이 있다. 숭유억불의 조선에 이르러 그 점이 사찰을 수탈하는 명목이 되기도 했다. 매년 수확량을 할당해서 공물로 공출한 까닭이다. 강화도 전등사 은행나무의 경우에는 수확량을 초과해서 공출을 요구하니 견디다 못한 스님들이 염불과 기도를 올려 암나무를 수나무로 바뀌게 해서 공출을 면했다는 설화가 전해지기도 한다. 영국사 은행나무의 가장 큰 특징은 서쪽의 가지에서 유주(乳柱)가 뻗어 내려 땅에 뿌리를 내린 후 독립한 나무처럼 자라고 있다는 점이다. 스스로 하나의 후계목을 식목한 경이로운 장면이다. 또 영국사에는 천왕문이 없다. 은행나무 자체가 사찰의 수호신이자 천왕인 까닭이다. 나라에 큰 변고가 있을 때 나무가 울었다는 구전은 수호목으로서의 덕성을 환기시켜 준다.

한국의 최고 최대의 은행나무, 양평 용문사 은행나무

양평 용문사 은행나무의 수령은 약 1,100년으로 추정한다. 높이는 42m에 이른다. 우리나라 최고, 최대의 은행나무인 셈이다. 지팡이를 꽂은 것이 나무가 되었다는 삽목 설화와 나라의 변고를 울음으로 알리는 신목 설화를 두루 갖추고 있다. 최고, 최대의 물리적 특성뿐만이 아니라 인간의 사회적 직위를 하사받은 유일한 은행나무로서 풍부한 서사도 갖추고 있다. 세종 때 장차관급인 정3품 당상관 품계를 하사받은 것으로 전한다. 이런 사실은 세계 수목 문화사에 남을 경이로운 기록이 아닐 수 없다. 나무에 유산을 물려주고(예천 석송령과 황목근, 고성 김목신 나무), 사람 이름을 지어 주고, 또 재산세를 내는 나무

22-8 영동 영국사 은행나무 1

22-9 영동 영국사 은행나무 2
서쪽의 가지에서 유주가 뻗어내려 땅에 뿌리를 내린 후 독립한 나무처럼 자라고 있다.

들이 있는 나라이기에 가능한 일일지도 모르겠다. 심지어는 더 높은 직위를 지닌 정이품송 소나무도 있다.

그런데 지금도 논란이 되고 있는 대목이 있어 사람들을 어리둥절하게 만들곤 한다. 바로 나무의 높이다. 시대에 따라, 안내문에 따라 67m, 63m, 60m, 57m, 42m, 41m 들쑥날쑥이다. 문화재청 기록마저도 갈팡질팡이다. 인공위성을 쏘아 올리는 시대에 한 나라를 대표하는 나무 한 그루의 높이 재는 것에서조차 충실하지 못한 무능함이 그저 놀랍다. 근래에 문화재청에서 공식적으로 발표한 건 42m지만, 2005년 연세대의 한 교수가 사다리차를 동원해서 실측한 길이는 39.2m여서 여전히 논란거리로 남아 있다. 여하튼 한 해에 맺는 은행나무잎의 무게만 2톤, 은행은 15가마를 거두는 거대한 천왕목임에 분명하다.

22-10 양평 용문사 은행나무

육바라밀의 신목, 보석사 은행나무

금산 보석사 은행나무는 보시, 지계, 인욕, 선정 등 육바라밀을 상징하는 종교적 신심이 투여된 이채로운 나무다. 조구 대사께서 886년 보석사를 창건하면서 다섯 제자와 함께 육바라밀의 실천을 다짐하며 창건 기념식수로 심은 여섯 그루의 나무가 오랜 세월을 거치면서 한 나무로 합쳐졌다고 전해진다. 그렇게 계산하면 1,130년 수령의 나무가 되고, 또 망국을 등지는 길에 마의태자가 심었다는 한국 최고의 용문사 은행나무보다 앞서는 것이라 혼란스럽다. 이 나무 역시 마을과 사찰에선 안녕을 수호하는 천왕의 신목으로 여기며 대신제를 올린다. 열반에 이르는 불교 신행의 지계, 선정 등 육바라밀을 담지하고 있다는 점에서 나무 자체가 선원이고 율원이며 유례없는 총림(叢林)이자, 삼엄한 심검(尋劍)의 나무이고, 열반에 이르는 신행을 일깨우는 거대한 '직지의 나무'라 하겠다. 나무가 있는 언덕이 침묵의 설법전이다.

천왕문 앞의 금강역사, 적천사 은행나무

청도 적천사 두 은행나무는 천왕문 앞에 두 분의 금강역사처럼 버텨 서 있다. 드물게도 한 공간에 500~800년 된 암나무와 수나무가 서로 가지를 맞닿아 있는 진귀한 형상이다. 보조 국사께서 짚고 다니신 은행나무 지팡이가 이 나무의 원형으로 전한다. 은행나무 앞에 이 사실을 기록한 1694년의 비석 '축보조국사수식은행수게(築普照國師手植銀杏樹偈)'가 세워져 있다.

절집의 천왕문 자리에, 혹은 천왕문 앞에 은행나무들이 있다. 사찰의 수호신이자 천왕으로 신격화하여 예우한다. 나무 한 그루가 절집이며, 마을 공동체이고, 정부(政府)다. 당산제를 지내고 대신제를 올리며 별빛축제를 연다. 은행나무가 천왕(天王)이고, 당산목(堂山木)이며, 하늘과 땅을 잇는 우주목이

22-11 금산 보석사 은행나무

22-12 청도 적천사 은행나무

다. 세세생생 나고 지는 생멸을 반복하며 제행무상을 불립문자로 일깨운다. 그 자체가 우주이고, 경전이며, 무정의 설법전이다. 진금색 빛이 나투신다. 바야흐로 가을의 전설이다. ✿

23

소나무,
절집에서 막걸리
공양을 받다

― 청도 운문사 처진 소나무

소나무 민족, 소나무 문화

우리 민족은 소나무 민족이라 해도 지나침이 없다. 소나무 가지를 엮은 금줄로 신성한 생명이 세상에 태어남을 알리고, 소나무로 지은 집에서 솔가지로 불을 지펴 밥을 지어 먹고 산다. 죽어서는 소나무로 만든 관에 들어가 솔숲이 있는 산에 묻힌다. 삶과 문화에 소나무 유전자가 깊숙이 유전하고 있다. 2006년 문화체육관광부는 우리 민족이 과거부터 현재에 이르기까지 공간적·시간적 동질감을 바탕으로 형성해 온 문화 중에서 대표성을 가진 100가지 상징을 뽑아 〈100대 민족문화상징〉을 발표했다. 식물 중에서는 정자나무와 함께 소나무가 응당 꼽혔다. 애국가에서는 남산 위의 저 소나무를 민족의 기상으로 받아들인다. 몇 해 전 한 정당의 이름 공모에는 '소나무당'이라는 당명이 막판 최종 심사까지 오른 적이 있으니, 과히 '소나무 문화'의 나라라고 할 만하다. 그런 나라이기에 천연기념물 소나무에 대한 예우는 세계에서 유례를 찾기 힘들 정도로 파격적이다. 나무에게 장관급 벼슬을 내리고(속리산 정이품송), 호적에 이름을 올려 전 재산을 물려주기도 한다(예천 석송령). 심지어는 부부의 연을 맺는 혼례식을 가지기도 한다(속리산 정이품송과 삼척 준경묘 소나무의 혼례식). 소나무에 대한 기념비적인 예우다.

2014년 현재 천연기념물로 지정된 자연유산은 총 455건 정도다. 이 중 소나무와 관련된 천연기념물은 곰솔, 백송을 포함해서 총 42건에 이른다(괴산의 왕소나무 포함). 그중 처진 소나무는 네 그루다. 울진 행곡리 처진 소나무, 포천 직두리 부부송, 청도 매전면의 처진 소나무, 그리고 청도 운문사의 처진 소나무가 그것이다. 운문사의 처진 소나무는 수형뿐만이 아니라 사찰 내의 종교적 상징, 생명에 대한 특별한 행사 등으로 인하여 각별한 주목을 받는다.

23-1 예천 석송령

23-2 보은 법주사 정이품송

500여 년 동안 완성한 불국토의 건축

운문사 처진 소나무를 외부에서 보면 초가지붕의 곡선처럼 부드럽고 아늑해 보인다. 그런데 안으로 들어가 보면 역동적이며 힘찬 기세에 놀라움을 금치 못한다. 3m에 이르는 주간은 역발산기개세의 웅혼한 기운을 내뿜으며 짙푸른 소나무 산을 들어올리고 있는 형세다. 세상을 떠받치는 세계의 기둥으로 하늘과 땅을 잇는 우주목의 신성함이 역력하다. 우주목의 몸통은 승천의 기세로 용트림한 후 천(千)으로, 만(萬)으로 시방삼세의 시공간으로 뻗쳐 우주법계를 이루었다. 위로, 아래로, 옆으로 때론 솟구치고, 파고들고, 굽히고, 낮추고, 나선형으로 배배 꼬고, 그 확산의 형세가 신출귀몰하고 기상천외하다. 나무 밑은 직선과 곡선, 나선의 거대한 만다라이자, 비정형과 비선형, 불규칙의 카오스 세계다. 그런데 전체 수형은 대단히 대칭적이며 안정적이고 조화로우니 귀신이 곡할 지경이다. 마치 고도로 체계적인 설계 도면을 바탕으로 공학적이며 역학적인 플랜트 구조물을 완성해 둔 듯하다. 그것도 500여 년의 비바람 속에서 오직 침묵으로 완성한 위대한 건축물이다. 나무 아래에서 고난의 수행으로 이룬 자연 스스로의 불국토를 만난다. 나무가 이뤄 온 수행의 길을 헤아려 보면 나무가 나무가 아니다. 소우주이자 화엄의 연화장 세계다. 그런데도 자신의 몸을 한없이 지상으로 낮췄다.

운문사 학인 스님들의 마음엔 저 나무가 선승이시다. 수행자의 자세를 일깨우는 겸손의 큰 스승이시다. 외경으로 공경하고 특별한 공양을 올린다. 매년 삼월 삼짇날 막걸리 열두 말 공양을 올린다. 그것도 절집의 독송 의식에 부쳐서 예우를 올린다. 나무의 건강과 왕성한 생명력을 발원하는 공양 행사다. 나무에 종교의식을 거치며 곡식으로 만든 발효주를 공양하는 사례는 세계 유일의 일이 아닐까 싶다. 생명 존중에 대한 커다란 울림의 자비행이다. 몇 해 전 삼짇날에 운문사에 가서 소나무에 막걸리를 공양 올리는 모습을 지켜보

23-3 청도 운문사 처진 소나무 1

23-4 무주 설천리 반송

23-5 청도 운문사 스님들이 처진 소나무에 막걸리
공양을 올리기 위해 준비하고 있다.

았다. 드라마틱하게 다가왔다. 감동적이며 가슴 뭉클하다. 생명의 무게를 다
는 저울은 어느 쪽으로도 기울지 않는다. 소나무에 대한 민족문화의 자긍심을
이보다 더 선명하게 보여 주는 장면은 없다. 운문사 승가대학 학장(인터뷰 당시)
일진 스님을 찾아뵙고는 무릎 가까이에 앉아 그 내력과 서사들을 들었다.

일 년에 열두 말 막걸리 공양
"1970년대 초 내가 학인 시절일 때에는 소나무에 막걸리 주는 행사가 없었어요.
    승가대학 졸업 후 1970년대 후반 다시 운문사로 돌아왔을 무렵에 그 행
사를 진행하고 있었죠. 그렇게 보면 막걸리 공양 행사는 40년쯤 되었네요.
공양 행사 초창기에는 봄, 가을로 나눠 일 년에 2회씩 막걸리를 줬어요. 봄엔

480

음력 3월 3일인 삼월 삼짇날에, 가을엔 음력 9월 9일인 중양절에 줬어요. 그런데 청도군청 산림과에서 일 년에 두 번 주는 것은 과하다는 거예요. 이후로 지금처럼 일 년에 1회 행사로 해 왔어요.

사람들이 궁금해 할 수도 있을 거예요, 왜 나무에게 하필 막걸리를 주느냐고? 그 이유를 저도 잘 몰라요. 그런데 막걸리를 영양 보충하는 거름의 방편으로 여긴 것은 분명해 보여요. 왜 난초나 정원수 등이 생기가 없을 때 맥주나 막걸리를 주곤 하잖아요, 같은 이치죠. 곡물이 발효된 액체 성분의 거름인

23-6 청도 운문사 스님들이 처진 소나무에 막걸리 공양을 올리기 전에 의식을 하고 있다.

23-7 청도 운문사 스님들이 처진 소나무에 막걸리 공양을 올리고 있다.

23-8 청도 운문사 처진 소나무 내부

거예요. 나무는 씹을 수 없으니까. 이전에는 우리 학인 스님들은 저 처진 소나무를 '주송(酒松)'이라 불렀어요. 막걸리 드시는 소나무라, 하하. 한때는 또 반송(盤松)으로도 여겼지요. 그런데 엄밀히 반송과는 다르니, 다시 형상을 보고 '처진 소나무'라 부르고 있지요. 여기 운문사 부근에 처진 소나무들이 다수 있어요. 제가 부근의 산을 오르내리면서 곳곳에서 어린 처진 소나무 여러 개체를 만났어요. 이곳 지형적 특성과 연관이 있는지 모르겠어요.

막걸리를 뿌려 주는 행사를 삼월 삼짇날에 잡은 것은 한 해 농사의 시작과 관련이 있어요. 음력 삼월에 청명, 곡우 등 봄의 절기가 있잖아요? 농가월령에서 이 시기에 농사를 시작하고 나무를 심지요. 농경사회의 시대상을 반영한 것이라 보면 될 거예요. 막걸리는 청도 동곡 양조장 막걸리에요. 쌀 7, 밀가루 3의 비율로 섞어 만든 막걸리라고 그래요. 청도에서 아주 유명한 막걸리죠. 한 해 열두 말씩 보내오죠. 그러면 절에서는 막걸리와 물을 1:1로 희석해 소나무와 은행나무에 공양 올리는 겁니다.

소나무와 은행나무에 막걸리 공양 올리는 의식은 간단하고 소박해요. 보통 오전 예불이 끝난 10시경에 시작하지요. 학인 스님들이 소나무 주위를 빙 둘러서요. 참가하는 스님들은 4학년 대교반 학인 스님과 대학원 스님, 그리고 강사 스님 등 대략 50여 명이 참여하지요. 둘러선 후 반야심경을 염송하는 의식을 가져요. 그 후 바로 나무 주위에 막걸리를 뿌려요. 소나무에 열두 말, 은행나무에 열두 말씩. 한 시간 정도 소요될 겁니다.

나무가 수행의 길이에요

수행 공간은 원래 숲이에요. 숲의 전체가 총림이잖아요. 나무 아래가 곧 수행 공간이에요. 부처님도 보리수 아래서 깨달음을 얻으셨죠. 이전에는 여기 종

무소 일대가 허름한 땅이었어요. 저 은행나무에 소 매어 두고 그랬죠. 삼사십 년 동안 명성 스님을 중심으로 정토로 일궈온 거예요. 그때는 강의실도 부족해서 따뜻한 봄날이면 소나무 밑에 둘러앉아 책을 펴 경전 공부를 했지요. 소나무 밑이 강의실이었고, 배움의 공간이었던 거죠. 그동안 저 소나무가 얼마나 많은 사람들과 학인들의 발자국 소리와 기침 소리, 또 삶을, 수행 과정을 지켜보았을까요? 그냥 서 있는 나무 한 그루의 생물학적 의미를 뛰어넘었어요. 나무의 수형(樹形)을 보면 아래로 처져 있잖아요. 저희 같은 수행자에겐 수행이 깊을수록 나를 낮추는 수행자의 덕목을 일깨워 줘요. 겸손의 덕목을 말없이 가르치는, 겸손의 큰 스승이지요.

제 생각은 그래요. 나무가 도량 한 자리에 10년 이상 서 있었다면 나무도 그 자리를 차지할 권리를 가졌다고 봐요. 함부로 베어낼 수 없죠. 한 자리에서 수처작주(隨處作主)가 된 거죠. 한 자리에 500년, 600년 뿌리내린 나무를 바라보는 마음은 어떻겠습니까? 제가 인도여행을 다녀와서 가진 생각이 그래요. '나무는 그가 있는 곳이 길이다.' 수행의 길이고, 성찰의 길로 다가오더군요. 나무가 한자리에 있는 것을 보면 화두 하나를 잡고 선정에 든 선승의 모습과 겹쳐져요. 그래서 나무 한 그루가 인격화된 스승으로 다가오곤 하지요. 운문사 처진 소나무도 학인들에겐 스승이에요. 다 바라보고 계시죠. 운문사의 조실이고 방장이신 셈이지요. 자연이 말없이 일깨우는 큰 가르침이 있지요. 나무가 길이에요."

일진 학장 스님의 소나무 공양 이야기를 듣고는 다시 처진 소나무 아래로 들어가 보았다. 나무줄기들의 기묘하고도 복잡한 결구들이 깊은 인상을 남긴다. 빈 공간을 전체 형태의 골간으로 예리하게 짜맞추며 비선형의 씨줄날줄로 역학적으로 건축한 탁월한 경영 능력이 그저 놀라울 따름이다. 용트림하

23-7 청도 운문사 처진 소나무 중간 부분

는 가지를 통해 무질서 속의 조화의 길을 본다. 역학의 불규칙 속에서도 전체적인 통일의 아름다움을 엮어 낸 과정은 한 편의 영화요, 장대한 다큐멘터리가 아닐 수 없다. 500여 년의 역사로 이룬 안정적인 대통일장의 구조, 그것은 모순과의 투쟁 속에서 성취한 주인됨의 거룩한 승리다. 수처작주의 빛은 무량수(無量壽)의 만고에 푸를 것인데, 저기 오백 년 푸르른 방장이 불립문자로 나투시었다. ✿

산사명작

ⓒ 노재학, 2022

2022년 12월 5일 초판 1쇄 발행

글·사진 노재학
발행인 박상근(土弘) • 편집인 류지호 • 상무이사 김상기 • 편집이사 양동민
책임편집 이상근 • 편집 김재호, 양민호, 김소영, 권순범, 최호승 • 디자인 쿠담디자인
제작 김명환 • 마케팅 김대현, 이선호 • 관리 윤정안
콘텐츠국 유권준, 정승채
펴낸 곳 불광출판사 (03150) 서울시 종로구 우정국로 45-13, 3층
　　　　대표전화 02) 420-3200 편집부 02) 420-3300 팩시밀리 02) 420-3400
　　　　출판등록 제300-2009-130호(1979. 10. 10.)

ISBN 979-11-92476-65-0(03910)

값 30,000원